Alles für alle

Indigo Drau & Jonna Klick

Alles für alle

Revolution als Commonisierung

Reihe
BLACK BOOKS

Schmetterling Verlag

Bibliografische Informationen der Deutschen Nationalbibliothek
Die Deutsche Nationalbibliothek verzeichnet diese Publikation in der Deutschen Nationalbibliografie; detaillierte bibliografische Daten sind im Internet über http://dnb.d-nb.de abrufbar.

Schmetterling Verlag GmbH
Libanonstr. 72A
70184 Stuttgart
www.schmetterling-verlag.de
Der Schmetterling Verlag ist Mitglied von aLiVe,
der assoziation Linker Verlage.
ISBN 3-89657-029-3
1. Auflage 2024
Printed in Poland

Satz und Reproduktionen: Schmetterling Verlag
Druck: Sowa, Piaseczno

Inhalt

Für Silke und Rebe, mit denen wir das Buch nicht werden diskutieren können und die trotzdem zwischen den Seiten wohnen.

1. Warum wir dieses Buch schreiben

Wann hast du zum ersten Mal gemerkt, dass etwas falsch läuft?

War es, als du gemerkt hast, dass sich andere Menschen besseres Essen, bessere Kleidung, luxuriöseren Urlaub leisten können als du? Oder andere sich weniger leisten können als du, obwohl sie doch genauso Menschen sind? Als du gelernt hast, unter welchen Arbeitsbedingungen deine Kleidung genäht, dein Kaffee angebaut wird? Als du in eine der Kategorien «männlich» oder «weiblich» gesteckt wurdest und dir gesagt wurde, manchmal auch ohne Worte, wie du dich entsprechend zu verhalten und wie du auszusehen hast? Als dir beigebracht wurde, dass es normal ist, wenn deine Grenzen von Anderen überschritten werden? Als du rassistisch diskriminiert wurdest oder gemerkt hast, dass deine Freund:innen Rassismus erfahren? Als du gelernt hast, dass einige Menschen auf der Straße, bei Behörden oder bei Familientreffen mehr Angst haben müssen als andere? Als du gemerkt hast, dass das, was du in der Schule lernst, dich gar nicht interessiert? Dass die Arbeit, der du oder deine Eltern oder deine Freund:innen nachgehen um Geld zu verdienen gar nicht erfüllend, sondern sinnlos ist bis auf den Sinn, die eigene Existenz zu sichern? Oder dass das, was du oder sie darin Sinnvolles tun, nie gut genug gemacht werden kann, weil die Rahmenbedingungen so beschissen sind und die Zeit einfach nicht reicht? Oder war es, als du zum ersten Mal von der Klimakatastrophe erfahren hast? Als du gelernt hast, dass wir dabei sind, nicht nur den Lebensraum von Eisbären zu zerstören, sondern auch unsere eigenen Lebensgrundlagen?

Wie wir[1] auf all das reagieren, kann sehr unterschiedlich sein. Es kann uns in Verzweiflung und Depression treiben. Es kann uns

1 An dieser Stelle ist das «wir» ein universelles «wir», das uns als Menschen meint, die in dieser Welt leben und mit ihr konfrontiert sind. An anderen Stellen werden wir mit «wir» all diejenigen meinen, die ausgebeutet und unterdrückt werden oder all diejenigen, die kämpfen. Und manchmal meinen wir mit «wir» uns als Schreibende. Dabei lassen sich all diese Wirs nicht klar voneinander abgrenzen und trennscharf definieren und in keinem dieser Fälle beschreibt «wir» ein unwidersprüchliches

zynisch werden lassen. Wir können uns von der Realität abkapseln, uns voneinander und unserem Leid entfremden. Wir können aber auch laut werden und Schreie der Empörung in die Welt hinausschreien.[2] Vielleicht erfüllt uns auch eine Sehnsucht, weil wir uns vorstellen können, wie alles anders sein kann. Manchmal ist dann aber gerade der Spalt zwischen dem, wie es sein könnte, und dem, wie es ist, besonders erdrückend.

Dieses Buch nimmt solche Gefühle als Ausgangspunkt. Wir nehmen an, dass die meisten sie kennen, sie vielleicht anders beschreiben würden und je nach Erfahrungen, Positionierung, Race, Klasse, Geschlecht unterschiedlich erlebt haben. Es geht uns jedoch nicht darum, eine möglichst vollständige Aufzählung von allem, was nicht richtig läuft, zu liefern, sondern zuallererst darum, darauf zu bestehen, dass diese Dinge veränderbar sind. Und dann geht es uns darum, uns hinter diese Phänomene zu wagen und besser zu begreifen, warum sie passieren. Es geht also zunächst darum, eine winzige Frage zu stellen: warum? Diese fünf Buchstaben, die Kinder sich in der Trotzphase aneignen, um die Welt auf den Kopf zu stellen, bergen eine große Macht. Indem wir fragen, warum das was ist, so ist, wie es ist, entlarven wir es als besonderes Phänomen einer besonderen Zeit und Gesellschaftsform. Eine Erklärung dafür, dass Menschen verhungern, während es genug Essen gibt, um alle zu ernähren, die einem nicht den Schlaf raubt, könnte sein: Das war schon immer so. Dementsprechend wird es auch für immer so sein. Alle anderen Antworten zwingen uns, wenn wir nicht die Menschlichkeit der Hungernden negieren, dazu zu handeln. Und indem wir fragen «warum?» hören wir auf, ein stumpfes «Das war schon immer so» zu akzeptieren. Stattdessen führt uns diese Frage immer weiter. Sie reißt immer mehr Umständen, die sich die Maske der Ewigkeit angelegt haben,

---

und einheitliches Subjekt. Das «wir» ist also ein «verworrenes ‹wir›», «eine Frage, die durch das ganze Buch grollen wird» (Holloway 2002, S. 14).

2 Mit diesem Schrei beginnt John Holloway sein Buch «Die Welt verändern, ohne die Macht zu übernehmen»: «Im Anfang ist der Schrei. Wir schreien. Wenn wir schreiben oder lesen, vergessen wir schnell, dass im Anfang nicht das Wort ist, sondern der Schrei. Angesichts der Verstümmelung des menschlichen Lebens durch den Kapitalismus, ein Schrei der Trauer, ein Schrei des Entsetzens, ein Schrei des Zorns, ein Schrei der Verweigerung: NEIN.» (Holloway 2002, S. 10)

die Verkleidung ab und enttarnt sie als etwas, das veränderbar ist, wenn wir die Bedingungen ändern, die ihnen zugrunde liegen.

In diesem und dem folgenden Kapitel geht es um dieses Warum. Und diese Frage ist für uns kein Selbstzweck. Vielmehr ist es die Bedingung dafür, zu erkunden, wie wir uns aus dem Zustand des Elends und der Perspektivlosigkeit, in dem wir uns befinden, heraus manövrieren können. Oder anders gesagt: Es ist eine Bedingung dafür, weitere Fragen beantworten zu können, in unserem Fall vor allem die Frage der Transformation. Also danach, wie wir aus der schlimmen Situation herauskommen können.

Transformation ist ein viel benutztes Wort, das mit unterschiedlichen Inhalten gefüllt wird. So redet auch die deutsche Bundesregierung von Transformation und meint damit mehr erneuerbare Energien oder einen Ausbau der digitalen Infrastruktur. In so einem weiten Sinne bedeutet Transformation ganz allgemein Veränderung.

Wir benutzen einen engeren Begriff von Transformation. Der lässt sich ganz gut am Wort selbst verdeutlichen. Zum einen steckt da die Vorsilbe «Trans-» drin, ein lateinisches Wort, das «jenseits» bedeutet. Und zum anderen der Begriff der «Form». Transformation bedeutet also, auf etwas jenseits der bestehenden Form zu zielen, die bestehende Form zu überschreiten. Und da wir hier über Gesellschaft reden, bedeutet es, die bestehende Gesellschaftsform zu überschreiten.

Wir gehen also davon aus, dass es Sinn ergibt, von verschiedenen Gesellschaftsformen zu sprechen, dass es bestimmte Mechanismen gibt, die eine Gesellschaft «formen» und dem menschlichen Handeln somit einen Rahmen setzen. Dieser Rahmen wird aber nicht von jemandem oder etwas gemacht, dass außerhalb der Gesellschaft steht, sondern von uns Menschen selbst. Wenn wir darüber nachdenken, wie wir das Leid, die Ausbeutung, die Zerstörung beenden können, die wir in der bestehenden Gesellschaft erleben und sehen, dann müssen wir uns anschauen, was die Mechanismen, die Strukturen sind, die diese Gesellschaft auf so eine Art und Weise formen, dass all dieses Leid entsteht. Auf die spezifische Gesellschaftsform, in der wir leben, werden wir ausführlicher im nächsten Kapitel eingehen.

Weil wir irgendwo anfangen müssen, weil sie alle anderen Probleme verschärft und unsere Lebensgrundlagen unwiderruflich zerstört, weil sie alle – wenn auch unterschiedlich – betrifft und allen klarmacht, dass sich etwas ändern muss, beginnen wir mit der Klimakatastrophe. Mit genauen Zahlen zu beziffern, auf wie viel Grad Erwärmung wir gerade zusteuern, wie viel Zeit und CO_2-Budget noch übrig ist, um Kipppunkte im Klimasystem abzuwenden oder welche davon schon erreicht sind, ist schwierig, denn wahrscheinlich wären sie bereits nicht mehr aktuell, wenn du dieses Buch in den Händen hältst. Eine Prognose folgt der nächsten, immer häufiger müssen wir hören: Es ist noch viel schlimmer als gedacht. Fest steht: Es ist verdammt dringend. Was auf dem Spiel steht, sind unser aller Lebensgrundlagen. Große Landstriche werden unbewohnbar, Dürren und andere Extremwetterereignisse nehmen zu und führen zu Nahrungsknappheiten und tödlichen Hitzewellen oder Überflutungen. Dieser Prozess ist bereits im Gange. Verhindern lässt sich die Klimakatastrophe nicht mehr, nur noch abmildern. Sie betrifft uns alle, jedoch nicht alle auf die gleiche Art und Weise. Um ein Bild zu bemühen: Wir sitzen alle im selben Boot, das auf seinen Untergang zusteuert. Doch während auf den oberen Decks noch munter die Schiffskapelle spielt, ausschweifende Feste gefeiert und der Kurs, der uns in Richtung des Untergangs führt, als alternativlos erklärt wird, dringt in die unteren Decks bereits das Wasser ein und Menschen ertrinken. In diesen unteren Decks befinden sich vor allem Menschen aus dem Globalen Süden, also aus benachteiligten und weniger industrialisierten Regionen der Welt, die durch Kolonialismus ausgeraubt wurden, etwa in Afrika, Südamerika und großen Teilen Asiens. Zugleich haben die Menschen in diesen Regionen selbst am wenigsten zur Klimakatastrophe beigetragen. Aber gelegentlich schwappt auch eine Welle auf die oberen Decks und fordert auch hier Menschenleben, wie die Flutkatastrophe im Sommer 2021 in Nordrhein-Westfalen und Rheinland-Pfalz. Die Klimakatastrophe ist dabei nur ein Aspekt der systematischen Zerstörung unserer Lebensgrundlagen. Andere Aspekte sind das Artensterben, die Vernichtung von Wäldern, die Vergiftung und Vermüllung der Meere, die Produktion von Atommüll und die Ausplünderung endlicher Rohstoffe.

Politiker:innen aller Parteien ignorieren und relativieren diese Probleme entweder oder sie behaupten, sie ließen sich durch ein paar kleine Stellschrauben innerhalb des Systems beheben. Die einen hoffen auf technische Innovationen, als ob es nicht längst schon die Techniken gäbe, die eine nachhaltige Produktions- und Lebensweise benötigt. Die anderen wollen mehr eingreifen, die CO_2-Steuer ein bisschen erhöhen, den Kohleausstieg ein klein bisschen vorziehen. Auch sie stellen die Frage des «Warum?», doch sie beantworten sie anders als wir: Es gibt zu wenig (oder zu viel) Regulation, Naturzerstörung kostet zu wenig, die Leute sind gierig und ignorant. Diese Antworten bewegen sich an der Oberfläche, nehmen grundlegende gesellschaftliche Strukturen dabei als gegeben hin. Wir geben uns damit nicht zufrieden, wir wollen und können uns damit nicht zufriedengeben. Denn es ist zu offensichtlich, dass das nicht reicht. Die Versuche, die Klimakrise durch staatliche Reformen, durch das Verstellen einiger Schrauben innerhalb des Systems, in den Griff zu bekommen, sind zum Scheitern verurteilt. Wir können dieses Scheitern täglich beobachten. Ein «idealerweise» auf 2030 vorgezogener Kohleausstieg in Deutschland wird als Erfolg gefeiert und doch rasen wir auf eine Erwärmung deutlich oberhalb von 1,5 Grad, ja deutlich über 2 Grad zu. Wir müssen deshalb tiefer gehen und uns fragen, warum unsere gesellschaftlichen Verhältnisse so gestaltet sind, dass wir mit ihnen unsere Lebensgrundlagen zerstören. Das «Warum?» darf sich nicht zu schnell zufriedengeben, es muss weitergraben und alles infragestellen.

Dabei betrachten wir die Klimakrise als ein soziales und gesellschaftliches Problem, als ein Ungerechtigkeitsverhältnis zwischen Menschen. Uns geht es also nicht darum, eine abstrakte «Natur» vor einer abstrakten «Menschheit» zu schützen. Eine solche Gegenüberstellung halten wir für gefährlich, denn sie liefert autoritären Lösungen eine Legitimation: Weil «die Menschen» «die Natur» zerstören, müssen sie von oben daran gehindert werden. Das führt etwa im Mainstream des Naturschutzes zur Einrichtung von «Naturschutzgebieten», aus denen dann indigene Menschen vertrieben werden. Auch extrem rechte, faschistische Kräfte greifen diese Argumentation auf, bei ihnen folgt daraus als Konsequenz die Dezimierung der Menschheit – natürlich entlang rassistischer und sozialdarwinistischer Grenzziehungen. So verstand sich etwa der Attentäter von Christchurch, Neuseeland, der 51 Menschen in zwei Moscheen ermordete, auch als aktiver Umweltschützer, sein Manifest fing an mit «It's the birthrates, it's the birthrates, it's the birthrates».[3]

Für ein anderes, emanzipatorisches Naturverständnis scheint es uns hingegen zunächst wichtig, anzuerkennen, dass wir Menschen Teil der Natur sind: Wir sind Lebewesen aus Fleisch und Blut, die sich im Prozess der Evolution herausgebildet haben und die auf andere Teile der Natur in Form von Nahrung, Licht und Wärme angewiesen und somit Teil von Ökosystemen sind. Wir sind aber insofern ein besonderer Teil der Natur, als dass wir die einzigen Lebewesen sind, die Gesellschaften bilden, dass wir eine «gesellschaftliche Natur» haben, wie es die Kritische Psychologie ausdrückt.[4] Das bedeutet, dass wir anders als andere Tiere unsere Umwelt nicht einfach vorfinden, sondern sie aktiv gestalten. Und zwar nicht nur mit einigen wenigen anderen, die wir direkt kennen, sondern auch mit weit entfernten, uns unbekannten Menschen, indem wir in tätigkeitsteiligen Prozessen materielle, symbolische und soziale Mittel schaffen, die unsere Umwelt bilden: Behausungen, Werkzeuge, Kulturpflanzen, Sprache, Denkformen, Techniken der Produktion wie des sozialen Miteinanders und Vieles mehr.

Dabei formen wir immer Naturstoff, etwa Holz, Stein oder andere Rohstoffe, um und eignen ihn uns an, greifen somit in die uns umgebende Natur ein. Fast genauso wie der Biber, der mit seinem Bau in den Flusslauf eingreift. Der Unterschied zum Biber besteht jedoch darin, dass wir nicht genetisch darauf festgelegt sind, dies auf diese oder jene Art und Weise zu tun, sondern dass wir einen unglaublich viel größeren Möglichkeitsraum haben und bewusst gestalten können, auf welche Art und Weise wir Natur umformen – und dass wir es eben gesellschaftlich vermittelt tun. Dies kann Formen annehmen, die ein nachhaltiges Naturverhältnis erlauben, indem wir unsere natürlichen Lebensgrundlagen also so nutzen, dass sie uns erhalten bleiben oder aber Formen, in denen wir diese Lebensgrundlagen mittel- oder langfristig vernutzen und zerstören.

Da wir also von der Natur abhängig sind, sie unsere Lebensgrundlage darstellt, bedeutet Zerstörung von Natur zugleich Zerstörung von Lebensgrundlagen von Menschen. Wenn etwa

3 Strobl 2021, S. 6

4 Holzkamp 1985[1983], S. 180

giftiger Müll in einen Fluss geleitet wird, so ist dies eine Handlung auf Kosten der Menschen flussabwärts, die vom Fluss leben. Wenn wir heute in den Ländern des Globalen Nordens CO_2 in die Luft blasen, dann setzen wir uns damit über die Bedürfnisse der von der Klimakrise stärker betroffenen Menschen hinweg und gegen sie durch. Die Externalisierung, die Abwälzung von Kosten auf andere und auf die Natur ist somit immer auch eine Exklusion, ein Ausschluss von anderen Menschen und deren Bedürfnissen. Sie beinhaltet es, sich gegen andere durchzusetzen. Destruktive Beziehungen und Verhältnisse zwischen Menschen können auch destruktive Beziehungen zur Natur hervorbringen, denn diese ist schließlich die Lebensgrundlage von Menschen.

Umso destruktiver werden diese Beziehungen, wenn die Gesellschaft so eingerichtet ist, dass sie einen strukturellen Zwang zu immer mehr Produktion und damit Naturvernutzung hervorbringt. Dass und warum dies bei unserer heutigen Gesellschaftsform der Fall ist, werden wir im nächsten Kapitel ausführen.

Doch fragen wir zunächst einmal andersherum: Was müsste eine Gesellschaft auszeichnen, die ein nachhaltiges Naturverhältnis hat, die nicht ihre eigenen Lebensgrundlagen systematisch zerstört?

Wir glauben nicht, dass dies eine autoritäre Gesellschaft sein kann, also keine, in der Ökologie von oben angeordnet wird.[5] Zum einen halten wir eine solche Gesellschaft generell nicht für besonders erstrebenswert, zum anderen glauben wir auch nicht, dass sie die ökologischen Probleme gut lösen könnte. Eine derartige Umstellung der Lebensweise, wie sie die Klimakrise verlangt, kann wohl kaum nur von oben verordnet werden, sondern verlangt ein aktives Mitwirken vieler Menschen. Vor allem aber scheint uns das Problem falsch verstanden zu zu sein, wenn die Lösung Autorität ist: Denn schließlich geht es nicht darum, «die Natur» vor «den Menschen» zu schützen,

5 Der Begriff der «Öko-Diktatur» wird von Rechten schon für sehr harmlose Maßnahmen wie ein Tempolimit verwendet. Solche Maßnahmen finden wir selbstverständlich gut und wir würden sie nicht als «Diktatur» labeln. Angesichts autoritärer Lösungsansätze und Krisenverwaltungsstrategien, wie dem Ansatz des Ökoleninismus von Andreas Malm (vgl. Malm 2020) oder der Kriegswirtschaft, die Ulrike Hermann (vgl. Hermann 2022) vorschlägt, finden wir es wichtig, emanzipatorische Alternativen zu solchen autoritären Ansätzen zu diskutieren.

sondern – da wir von der Natur abhängig sind – darum, unsere Bedürfnisse so zu vermitteln, dass sich niemand auf Kosten anderer durchsetzen und deren Lebensgrundlagen zerstören kann. Die Utopie einer ökologischen Gesellschaft besteht also darin, dass die Menschen positiv aufeinander bezogen sind und die Sorge umeinander im Mittelpunkt steht. Und sie müssten in der Lage sein, die Herstellung ihrer Lebensbedingungen bewusst so zu gestalten und zu planen, dass sie dabei ihre Lebensgrundlagen erhalten, sich auch um diese sorgen können. Den positiven Bezug aufeinander nennen wir Inklusion oder Solidarität. Wenn die gesellschaftlichen Strukturen so gestaltet sind, dass sie diesen Bezug nahelegen, sprechen wir von einer Inklusionslogik[6] oder struktureller Solidarität. Wenn sie hingegen so gestaltet sind, dass es nahegelegt ist, sich gegeneinander durchzusetzen, sprechen wir von Exklusionslogik. Die Exklusion verläuft dabei sowohl vertikal als Herrschaft als auch horizontal als Konkurrenz[7]: Entlang von Herrschaftslinien wie Klasse, Geschlecht oder Race setzen sich systematisch privilegierte Menschen auf Kosten von Deprivilegierten durch, aber auch innerhalb dieser Kategorien konkurrieren wir miteinander, etwa auf dem Arbeitsmarkt, und setzen uns gegeneinander durch. Dabei sind Herrschaft und Konkurrenz Pole von Ausprägungen der Exklusion, die ineinander übergehen: Wer in der Konkurrenz gewinnt und sich mehr Ressourcen sichern kann, landet schnell in einer Herrschaftsposition und auch die Ausgangsbedingungen der Konkurrenz sind durch zahlreiche Herrschaftsverhältnisse ungleich verteilt.

Der Kampf gegen die Klimakrise, wenn wir an ihre Wurzel gehen wollen, ist also eine Bewegung der Solidarität gegen Herrschaft und Konkurrenz, von Inklusion gegen die dominierende Exklusionslogik und somit zugleich eine Bewegung der Sorge umeinander und um unser aller Lebensgrundlagen gegen die instrumentellen Beziehungen von Ausbeutung und Unterdrückung. Damit machen sich Verbindungslinien auf zu zahlreichen anderen Kämpfen und Bewegungen, die in dieselbe Richtung zielen:

Feministische Bewegungen kämpfen gegen unterdrückerische Geschlechterverhältnisse und patriarchale Gewalt, als

6 Vgl. Sutterlütti/Meretz 2018, S. 215

7 Vgl. Exner/Kratzwald 2012, S. 3

queere Bewegungen auch gegen die Zwangsidentifizierung als Männer und Frauen an sich. Dabei wenden sie sich einerseits gegen die Abwälzung von unentlohnter oder schlecht bezahlter Sorgearbeit auf Frauen und andererseits streiten sie für eine sorgezentrierte Gesellschaft, in der diese Arbeit überhaupt erst gut gemacht werden kann.[8]

Antirassistische Bewegungen kämpfen gegen rassistische Ausschlüsse durch globale Ausbeutung, Staatsgrenzen oder Alltagshandeln. In ihnen bilden sich nicht nur Beziehungsweisen der Solidarität und der Sorge umeinander, sondern sie kämpfen auch für eine Globalisierung der Solidarität.

Auch bei Arbeitskämpfen oder der Mieter:innenbewegung setzt sich das Moment der Solidarität gegen das der Konkurrenz untereinander durch, Menschen schließen sich zusammen, um gemeinsam für ihre Interessen einzustehen und bilden dabei solidarische Beziehungen.

In Projekten solidarischer Ökonomie versuchen Menschen aktiv, anders zu produzieren, auf eine solidarische Art und Weise, die die Bedürfnisse aller Arbeitenden und auch anderer Menschen inkludiert.

Kämpfe um Demokratisierung in verschiedenen Lebensbereichen und um Vergesellschaftung zielen darauf, gemeinsam und solidarisch über die Lebensbedingungen zu verfügen, anstatt dass sich wenige entlang von Hierarchien gegen andere durchsetzen können und die Wirtschaft über Konkurrenz organisiert ist.

Es gibt sicher noch viele Beispiele mehr. Dabei sind all diese Bewegungen nicht davor gefeit, selbst wieder neue Exklusionslinien aufzubauen und die eigene Emanzipation auf Kosten anderer zu erkämpfen. Aber in ihnen scheint das Moment der Solidarität auf, das einen Ausgangspunkt bilden kann, um zu einer gesellschaftlichen Verallgemeinerung der Solidarität, also zu einer inklusionslogischen Gesellschaft zu gelangen. Dieses Ziel ist dabei nicht von vornherein vorhanden, oftmals setzen diese Bewegungen bei ganz konkreten materiellen Problemen an, manchmal schlicht bei der Bedrohung des nackten Lebens. Gerade feministische, antirassistische und ökologische Bewegungen setzen oft bei der Verteidigung des Lebens an, wie die Philosophin Eva von Redecker in «Revolution für das Leben»[9]

8 Vgl. Winker 2021

9 von Redecker 2020

herausarbeitet: Sie richten sich gegen Femizide (die Ermordung von Frauen aufgrund ihres Geschlechts) wie bei der Bewegung «Ni una menos» («Keine mehr»). Sie richten sich gegen Morde an transgeschlechtlichen Menschen. Sie richten sich gegen die Ermordung von Schwarzen und anderen rassifizierten Menschen, oftmals durch rassistische Polizeigewalt, wie bei Black Lives Matter. Oder sie richten sich gegen die Zerstörung unser aller Lebensgrundlagen. All das sind Bedrohungen, die von einem System des Todes ausgehen, dem patriarchalen und neokolonialen Kapitalismus. Und weil diese Kämpfe sich gegen dieses System richten, ist auch klar, dass es nicht bei einer bloßen Verteidigung des nackten Lebens bleiben kann, sondern dass das Leben nur verteidigt werden kann, wenn es zugleich gefüllt wird mit Beziehungen der Solidarität und der Sorge.

Als wir anfingen, an diesem Buch zu arbeiten, 2020, taten wir das noch in unmittelbarer Inspiration von starken Bewegungen der Solidarität. 2018 hatten wir mit Tausenden den Hambacher Forst gerettet, 2019 war mit Fridays for Future die Klimabewegung so groß geworden wie noch nie und in Chile verband ein Massenaufstand gegen den Neoliberalismus Sozialproteste mit feministischen Themen. Ähnliche Protestwellen gab es auch in zahlreichen weiteren Ländern. 2020 erlebten wir dann mit der Pandemie zunächst eine Pause großer Mobilisierungen, doch mit Black Lives Matter rollte ein antirassistischer Aufstand gegen Polizeigewalt um die Welt, der in den USA zu den größten Protesten führte, die es dort je gegeben hatte. All diese Bewegungen haben uns Hoffnung gegeben. Nun, im Frühjahr 2024 als wir dieses Buch fertigstellen, scheint uns all diese Hoffnung manchmal erloschen. Die Klimabewegung konnte zwar in Lützerath noch einmal viele Menschen mobilisieren, doch solche Momente sind eher rar geworden. Stattdessen gibt es einen rechten Backlash, die Zustimmung zu Klimaschutzmaßnahmen in der Bevölkerung nimmt ab. Die Parteien versuchen sich stattdessen wieder einmal damit zu übertrumpfen, wer am meisten Stimmung gegen Migrant:innen macht. Die deutsche Bundesregierung aus SPD, Grünen und FDP setzt AfD-Forderungen um, will noch mehr Geflüchtete abschieben und die Grenzen noch mehr abschotten. Die Umfrageergebnisse für die AfD, die mittlerweile klar von Faschist:innen dominiert wird, wachsen weiter. Eine erneute Eskalation im Israel/Palästina-Konflikt, ausgelöst durch ein brutales Massaker der islamistischen Hamas an israelischen Zivilist:innen, entfacht auch hierzulande sowohl Antisemitismus als auch antimuslimischen Rassismus. Vielleicht hätten wir aus der heutigen Situation heraus das Buch anders geschrieben. Auch wir sind ratlos, was am besten gegen den Rechtsruck zu tun ist. Gleichzeitig glauben wir, dass eine Gesellschaft, die ohnehin schon auf Ausschluss und Gegeneinander beruht, auch immer wieder Strömungen hervorbringen wird, die diese Grausamkeit noch intensivieren wollen. Deshalb ist es vielleicht das Beste, nicht nur die Reste an Solidarität, die es noch gibt, zu verteidigen, sondern für eine Intensivierung und Verallgemeinerung dieser Solidarität zu kämpfen. Das heißt, dem Rechtsruck nicht nur defensiv zu begegnen, sondern offensiv mit feministischen, antirassistischen, ökologischen und antikapitalistischen Kämpfen. Die Flammen dieser Bewegungen, die uns in der Anfangsphase des Schreibprozesses noch wärmten, mögen mittlerweile erloschen sein und wir frösteln angesichts der Kälte, die sich ausbreitet. Doch die Glut ist noch da. Und mit ihr die Hoffnung, dass Windstöße kommen, die diese Glut erfassen und das Feuer wieder zum Entfachen bringen. Wenn wir mit diesem Buch all jenen, die die Glut hüten, und denen, die vielleicht von einem kommenden Feuer mitgerissen werden, ein paar Gedanken mitgeben und mit ihnen ins Gespräch kommen, dann haben wir unser Ziel erreicht.

Denn dieses Buch will eine Einladung sein an euch, an uns, an Menschen aus unterschiedlichen Positionen, Lebenssituationen und Bewegungen, von eurer und unserer jeweiligen Perspektive ausgehend eine gemeinsame Perspektive zu entwickeln, die uns ermöglicht, eine solidarische Gesellschaft zu erreichen. Eine solche gemeinsame Perspektive soll unsere partikularen Perspektiven, unsere Besonderheiten und Differenzen, nicht unter sich begraben. Wir haben nicht den Anspruch, euch unsere Perspektive als die einzige allgemeingültige Wahrheit überzustülpen. Wir wären auch ziemlich größenwahnsinnig, wenn wir denken würden, dass wir das überhaupt können. Wir glauben aber schon, dass wir von unseren jeweiligen Perspektiven zu etwas Gemeinsamem, etwas Universellem kommen können, wenn wir miteinander ins Gespräch und in die Praxis kommen. Dieses Universelle liegt unserer Ansicht nach zum einen darin, dass wir alle unter der Herrschaft eines globalen Systems leben und leiden: Dem Kapitalismus, der patriarchal und neokolonial strukturiert ist. Zum anderen liegt es darin, dass wir alle Menschen sind: gesellschaftliche und leidensfähige Wesen. Als solche haben wir ein Bedürfnis danach, über unsere Lebensbedingungen zu verfügen und als solche sind wir potenziell in der Lage, uns solidarisch umeinander zu sorgen.[10] Diese beiden universellen Wahrheiten lassen uns daran glauben, dass eine gemeinsame weltweite Bewegung für eine solidarische Gesellschaft möglich ist. Eine Bewegung, in der wir unsere Differenzen und Besonderheiten produktiv aufeinander beziehen können für ein gemeinsames Ziel, in dem viele Ziele Platz haben.

Solche Verbindungen und Ansätze einer solchen Bewegung existieren bereits, wir haben sie nicht erfunden. Immer wieder tun sich Menschen über Differenzen hinweg zusammen und solidarisieren sich. Dazu zählten die Kämpfe von 1968, in denen Studierende für ihre Anliegen kämpften und sich mit antikolonialen Kämpfen solidarisierten. Vor allem in Frankreich wurde dieser Kampf auch mit streikenden Arbeiter:innen geführt. Innerhalb der Bewegung formierte sich durch eine Kritik an männlicher Dominanz die zweite Welle der Frauenbewegung. Ein weiteres Beispiel ist die Unterstützung von streikenden Bergarbeiter:innen durch lesbische und schwule Aktivist:innen in Großbritannien Mitte der 1980er[11]. Scheinbare Gegensätze überbrückten auch die Zusammenschlüsse von Gelbwesten und Klima-Bewegung in Frankreich in den vergangenen Jahren. Im akademischen Diskurs und in feministischen und antirassistischen Bewegungen wird unter dem Schlagwort der Intersektionalität diskutiert, wie Menschen ohnehin von mehreren Herrschaftsstrukturen betroffen sind, weshalb die Kämpfe sich nicht nur einem Thema widmen können: «There is no such thing as a single-issue struggle because we do not live single

10 Ähnlich argumentiert Vivek Chibber in seiner Kritik an postkolonialen Strömungen, die behaupten, dass es zwischen Globalem Norden und Süden bzw. Westen und Osten einen unüberbrückbaren Unterschied gebe. Grundlage eines globalen antikapitalistischen Kampfes sind für ihn zwei Universalismen: «die universelle Logik des Kapitals und das universelle Interesse der sozialen Akteure an ihrem Wohlergehen, das sie zwingt, sich dem Expansionsdrang des Kapitals zu widersetzen» (Chibber 2018, S. 362f).

11 Diese Praxis der LGSM («Lesbians and Gay Men support the Miners») zeigt auf wunderschöne Art und Weise der Film «Pride».

issue lives» («Es gibt keine Ein-Themen-Kämpfe, weil wir auch keine Ein-Themen-Leben führen»), sagt die Schwarze lesbische Feministin Audre Lorde dazu.[12] In der Klimabewegung wird mit dem Begriff der Klimagerechtigkeit nicht nur ausgedrückt, dass Menschen anhand von verschiedenen Herrschaftsmechanismen unterschiedlich zur Klimakatastrophe beigetragen haben und unterschiedlich von ihr betroffen sind, sondern auch dass deshalb soziale und herrschaftskritische Kämpfe Teil der Klimabewegung sein müssen. Manchmal kratzen solche Ansätze wie Intersektionalität und Klimagerechtigkeit dabei nur an der Oberfläche, benennen die Überschneidungen verschiedener Herrschaftsstrukturen und Kämpfe dagegen, aber analysieren weniger die Gründe davon. Trotzdem bieten sie damit wichtige Ansatzpunkte für eine weitergehende Debatte.

Zu einer solchen Debatte und dem potenziellen Gemeinsamen einer Bewegung für eine solidarische Gesellschaft will dieses Buch ein Beitrag sein. Wir sind eine Perspektive von vielen, wir haben uns im Schreibprozess mit einigen anderen Perspektiven auseinandergesetzt. Wir haben dieses Buch auch geschrieben, weil wir uns auf den Dialog und Diskussionsprozess über das Buch hinaus freuen. Uns ist bewusst, dass es viele Menschen und Bewegungen gibt, die mehr Erfahrung haben aus Kämpfen gegen Kapitalismus und Herrschaft und dem Aufbau von Alternativen. Wir sind inspiriert von Beispielen wie dem Demokratischen Konföderalismus in der Demokratischen Föderation Nordostsyrien (Rojava) und der autonomen Selbstverwaltung der Zapatistas in Chiapas, Mexiko. Gerade die Zapatistas vertreten in ihren Communicados eine Verbindung von Allgemeinem und Besonderem, von dem wir lernen können[13]. Das bedeutet nicht, dass wir diese Bewegungen romantisieren wollen, dass wir denken, dass dort alles perfekt liefe und erst recht nicht, dass wir denken, wir könnten diese Erfahrungen einfach auf unseren Kontext übertragen. Der Kapitalismus, gegen den wir kämpfen, ist zwar global, doch er zeigt sich in verschiedenen Weltregionen auf unterschiedliche Art und Weise und schafft unterschiedliche Ausgangsbedingungen für unsere Kämpfe.

12 Lorde 1982

13 Z.B. in der «Erklärung für das Leben», das die EZLN gemeinsam mit einem «Teil des Europas von unten» verfasst hat (Ein Teil des Europas von unten und EZLN 2021)

Diese Ausgangsbedingungen sehen in den (post-)industriellen Regionen Mitteleuropas oder des Globalen Nordens anders aus als in den Peripherien in Kurdistan oder Mexiko. Die Überlegungen in diesem Buch sind sicher davon geprägt, dass wir in Deutschland, im Globalen Norden, Politik machen, leben und aufgewachsen sind. Trotzdem hoffen wir, dass in unseren Analysen auch immer wieder Momente auftauchen, die sich weltweit verallgemeinern lassen, denn schließlich gibt es neben den regionalen Verschiedenheiten auch viel Verbindendes.

Einige Worte wollen wir noch verlieren zur Rolle von Theorie. Theorie wirkt oft abstrakt, als hätte sie nichts mit der Wirklichkeit zu tun. Aber tatsächlich ist sie ein Werkzeug, mit dem wir uns die Wirklichkeit erschließen. Sie kann uns Begriffe liefern, mit denen wir das, was ist, fassen können. Diese Begriffe sind dann eine Art Brille, durch die wir die Wirklichkeit betrachten und analysieren können. Auf dieser Grundlage können wir mit Theorie schließlich auch darüber nachdenken, wie es anders sein könnte. Manchmal wird Theorie vorgeworfen, elitär und ausschließend zu sein. Sicherlich gibt es viele Theoretiker:innen (häufiger Theoretiker), die auf eine solche Art und Weise Theorieproduktion betreiben. Aber wir glauben, dass Theorie auch ein Werkzeug der Befreiung sein kann. Nur wenn wir begreifen können, warum es uns im Kapitalismus so schlecht geht, können wir darüber nachdenken, wie sich die Ursachen dieses Übels beseitigen lassen. Deshalb sind Theorie und das Denken für uns auch nichts, was dem Fühlen, den Emotionen entgegengesetzt ist. Vielmehr glauben wir, dass unsere Gefühle uns wichtige Hinweise darauf liefern, was in der Welt falsch läuft und gleichzeitig glauben wir, dass wir Theorie brauchen, um unsere Gefühle und deren Gründe zu erkunden. Das kann manchmal abstrakt wirken, denn mit unseren Theorien beschreiben wir auch Dinge, die wir nicht direkt sehen oder anfassen können: die Gesellschaft etwa. Gesellschaft entsteht aus Beziehungen zwischen Menschen, aber gerade auch aus vermittelten Beziehungen zwischen Menschen, die sich nicht direkt kennen, und schafft Strukturen, die dem menschlichen Handeln einen Rahmen setzen. Das ist abstrakt und wird deshalb auch nicht ohne abstrakte Begriffe auskommen. Doch das, was diese Begriffe beschreiben, hat wiederum Auswirkungen auf unsere Lebensrealität. Wir wollen versuchen, diesen Bezug in unseren theoretischen Ausführungen immer wieder herzustellen, um zu verdeutlichen, warum wir diese theoretischen Ausflüge wichtig finden, um die Welt zu verändern. Der zapatistische Subcomandante Moises hat das wunderschön ausgedrückt:

«Selbst in den schwierigsten Situationen darf man das Prüfen und die Untersuchung der Realität nicht vernachlässigen. Studium und Untersuchung sind Waffen für den Kampf. Aber weder die Praxis allein noch die Theorie allein. Das Denken, das nicht kämpft, verursacht nur Lärm, sonst nichts. Der Kampf, der nicht denkt, wiederholt seine Fehler und erhebt sich nicht, nachdem er gefallen ist.»[14]

Wir Menschen, die darauf bestehen, dass es auch anders sein könnte, sind schon oft gefallen. Wahrscheinlich werden wir auch noch oft fallen, auf dem Weg in eine solidarische Gesellschaft. Aber aus ebendiesem Fallen gilt es zu lernen sich wieder zu erheben. Wir hoffen, durch Theorie weniger am Scheitern zu verzweifeln. Einerseits, weil wir durch Theorie Werkzeuge haben, daraus zu lernen. Andererseits, weil wir besser verstehen können, warum wir scheitern.

Vor allem aber gibt es keine Betrachtung der Welt außerhalb von Theorie. Wir betrachten sie immer durch die eine oder andere theoretische Brille, mit den einen oder anderen Begriffen, Grundannahmen, Erklärungsmustern. Manchmal geschieht dies unreflektiert, dann reproduzieren wir den Alltagsverstand. Wir denken, dass es hilfreich ist, die eigenen Annahmen, Begriffe und Erklärungsmuster immer wieder zu hinterfragen und auch darzulegen, warum wir von diesen ausgehen. Sprich: Wir wollen die eigene Theorie transparent machen. Damit schaffen wir eine Möglichkeit, dass uns andere kritisieren und wir so in eine Diskussion kommen können. Wir hoffen, dass diese Diskussion möglichst breit sein wird. Wir wollen kein hierarchisches Verhältnis zwischen Theoretiker:innen und Bewegung, wir glauben, dass alle Theoretiker:innen sind und etwas zu sagen haben und dass wir alle Bewegte sind, die etwas zu tun haben. Oder wieder mit Subcommandante Moisés: «Kampf und Denken verbinden sich in den Kriegerinnen und Kriegern, in der Rebellion und im Widerstand, welche heutzutage die Welt erschüttern»[15]. Theorie ist also nie ein abgeschlossenes Pro-

14 Subcommandante Moisés 2015

15 Ebd.

dukt, was wir oder irgendjemand an eine Bewegung herantragen könnte, sondern ein lebendiger Dialog und ein fortlaufender Diskussionsprozess.

Dieses Buch ist selbst entstanden aus einem solchen Diskussionsprozess, auf der Grundlage eines anderen Buches, nämlich «Kapitalismus aufheben. Eine Einladung, über Utopie und Transformation neu nachzudenken» von Simon Sutterlütti und Stefan Meretz[16]. Darin legen sie ihre theoretischen Begriffe, die sie vor allem aus der Kritischen Psychologie und neomarxistischen Gesellschaftstheorien ziehen, offen und stellen auf dieser Basis Überlegungen zu Utopie und Transformation an. Sie selbst bauen damit wiederum selbstverständlich auf dem Denken von anderen Menschen auf, die bereits vorher über diese Dinge nachgedacht haben. Allerdings blieben gerade in Bezug auf die Transformation einige Fragen offen, manche wurden auch gar nicht erst gestellt. Über diese Fragen begannen wir während des Lockdowns 2020 in regelmäßigen Online-Treffen sowie einem Wochenend-Treffen im Sommer 2020 im schönen Hiddinghausen intensiver zu diskutieren mit Simon Sutterlütti, Stefan Meretz, Jan-Hendrik Cropp und Alice von Franz. Auch in den Jahren danach trafen wir uns immer wieder, wenn auch unregelmäßig, in dieser Konstellation. Der Diskussionsprozess blieb aber nicht auf diese Gruppe beschränkt, immer wieder redeten wir mit weiteren Freund:innen und Genoss:innen aus unserem Umfeld und aus verschiedenen politischen Kontexten über die Fragen, die uns umtrieben. Was ihr hier lesen könnt, sind letztlich Ergebnisse all dieser Diskussionen, auch wenn wir beide es letztendlich waren, die daraus dieses Buch schrieben. Im Prinzip gilt das, was schon der marxistische Staatskritiker Johannes Agnoli schrieb:
«Die Vergesellschaftung des Erkennens hat einen derart hohen Grad erreicht, dass ‹Autoren› in Wirklichkeit kollektiv erarbeitete Materialien, Informationen und Reflexionen sowie kollektiv erfahrene Ergebnisse der Praxis lediglich registrieren und redigieren.»[17]

Oder die Philosophin Bini Adamczak: «Die Aufrechterhaltung des Fantasmas individueller Autorinnenschaft desartikuliert

---

16 Sutterlütti/Meretz 2018

17 Agnoli 2019, S. 11

eine Vielzahl von Beziehungen, ohne die sie nicht existieren könnte.»[18]

Im nächsten Kapitel folgen wir dem Warum. Wir fragen uns, warum so vieles schlecht ist und formulieren eine Kritik an der bestehenden Gesellschaftsform. Anknüpfend an diese Kritik zeigt sich auch, dass gängige Vorstellung von Transformation, wie staatliche Revolution oder Reformismus unzulänglich sind. Das behandeln wir im dritten Kapitel. Wenn wir klar haben, was wir nicht wollen, dann lassen sich daraus Rückschlüsse ziehen, was es stattdessen braucht. Die Frage, die wir im vierten Kapitel behandeln, ist also die, wie eine inklusionslogische, eine solidarische Gesellschaft in ihren Grundzügen funktionieren könnte. Das finden wir wichtig, weil wir glauben, dass wir grob wissen müssen, wohin wir wollen, damit wir wissen können, wie wir dahin gelangen. Wenn wir einfach losrennen, um von hier wegzukommen ist das allzu verständlich. Wir drohen aber im Kreis zu rennen, wenn die Richtung nicht klar ist.

Im fünften Kapitel denken wir anhand der Keimformtheorie darüber nach, wie wir einer solidarischen Gesellschaft näherkommen, indem wir Keimformen der strukturellen Solidarität aufbauen. Dabei stoßen wir aber schnell auf Beschränkungen, die verhindern, dass wir eine solidarische Gesellschaft gemütlich neben dem Kapitalismus her aufbauen können.

Deswegen widmet sich das sechste Kapitel emanzipatorischen Bewegungen, weil sie, im Gegensatz zu den Commons, die oft unter dem Stichwort Keimformtheorie diskutiert werden, eine Dynamik der Ausbreitung in sich tragen. Danach theoretisieren wir im siebten Kapitel Bestrebungen von Menschen, ihren Alltag, das heißt ihre Arbeit, ihr Wohnverhältnis, ihre Care-Beziehungen oder ihre alltägliche Versorgung, solidarischer zu organisieren. Dabei schaffen sie nicht unbedingt Commons, aber sie bewegen das Bestehende in Richtung einer Commonisierung.

All diese Bestrebungen sind aber leider begrenzt, wenn wir nicht über die Mittel, die wir brauchen, um uns solidarisch zu versorgen, verfügen. Über unterschiedliche Wege, diese Mittel zu bekommen, handelt das achte Kapitel unter dem Stichwort Aneignung. Schließlich stellen wir aber fest, dass wir auch mit ungehorsamen Formen der Aneignung den Kapitalismus

18 Adamczak 2017, S. 289

nicht Stück für Stück in eine solidarische Gesellschaft überführen können. Es braucht zudem einen revolutionären Bruch, der aber mit schrittweiser Aneignung vorbereitet werden muss.

Von Gelegenheiten für einen solchen Bruch handelt das neunte Kapitel. Dabei untersuchen wir auch die Krisenereignisse unserer Zeit auf die Frage hin, ob sie eine solche Gelegenheit bieten könnten.

Schließlich geht es im zehnten Kapitel konkreter darum, wie es aussehen würde, eine solche Gelegenheit zu nutzen. Und auch, was für Schwierigkeiten gleichsam nach diesem Bruch noch vor uns liegen würden. Im elften und letzten Kapitel kehren wir schließlich wieder zurück in die Gegenwart und überlegen, was unsere Ausführungen für eine transformatorische Praxis heute bedeuten können.

Bei dem Nachdenken über die hier behandelten Fragen sind wir immer wieder auf Hindernisse gestoßen. Auf Zweifel und Verzweiflung, auf Probleme, die wir nicht theoretisch lösen konnten, vielleicht, weil das einfach nicht möglich ist. Auch deshalb ist dieses Buch vor allem eine Einladung, daran weiterzudenken und vor allem weiterzumachen.

Oder, um es in den Worten von Cosima auszudrücken, die uns mit einer Chatnachricht aus einem Moment großer Selbstzweifel geholt hat:

«ich kenn auch kaum gesellschaftskritische bücher bei den ich das Gefühl hab die Autoren würden den Gegenstand wirklich verstehen (abgesehen von Marx, aber selbst er schwankt immer wieder) Und iwie geht es ja auch gar nicht darum, sonder eher darum Gedanken bei anderen anzustoßen, und sei es selbst nur Kritik oder Dissens, und das führt dann zu einer produktiven Diskussion und hebt dann den Gedanken auf eine höhere ebene (alleine geht so ein Prozess eh nicht)»

In dem Sinne freuen wir uns auf eine produktive Diskussion mit dir, mit euch, die wir gemeinsam fruchtbar machen können fürs Weltverändern.

2. Gefangen in der Gesellschaft der Trennungen

Wir sitzen an einem Holztisch und schreiben. Die Tastaturen unserer Laptops klackern und warmes Lampenlicht erleuchtet den trüben Wintertag. Allein hier zu sitzen, dabei Jeans und Pulli anzuhaben, zu tippen, dabei gelegentlich aufs Handy zu schauen und Tee zu trinken, verbindet uns mit einer unüberschaubaren Anzahl von Menschen auf dieser Welt. Mit allen Menschen.

Die Lebenszeit einer uns unbekannten Anzahl von Menschen ist darein geflossen, die Laptops, an denen wir schreiben, zusammenzubauen, die Ressourcen dafür abzubauen, die Einzelteile und die Laptops zu transportieren. An der Herstellung unserer Kleidung waren viele Menschen beteiligt, ebenso an dem Anbau und der Ernte des Tees.

All diese Menschen versorgen uns mit dem, was sie tun, wir sind in allem, was wir brauchen, von ihnen abhängig. Wir sind Teil des «gesellschaftlichen Fluß des Tuns», wie es John Holloway ausdrückt.[19]

Dass wir uns in den allermeisten Situationen dieser Abhängigkeit nicht bewusst sind, dass wir uns oft getrennt und autonom fühlen können, liegt an der Art, wie diese Abhängigkeit und Verbundenheit organisiert ist. Daran, dass sie über Tausch und Geld organisiert ist. Dadurch können wir hier sitzen und in die Laptops hämmern und sagen, es wären unsere Laptops, und dabei können uns die Bedürfnisse, Träume und Wünsche all derer, deren Lebenszeit in die Herstellung geflossen ist, egal sein. Egal ist auch, ob sie überhaupt gerne unser Bedürfnis nach einem Laptop befriedigen wollten oder viel lieber etwas anderes mit ihrer Zeit und Kraft getan hätten. Egal ist es auch, dass sie vielleicht beim Abbau der Rohstoffe, die für den Laptop gebraucht werden, in giftigen Minen gestorben sind. Wichtig ist nur, dass wir die Laptops bezahlen konnten und sie so unser Eigen nennen dürfen. Alles davor kann uns egal sein, ja, muss uns vielleicht sogar egal sein, weil in fast allem, was wir zum Leben brauchen, so unendlich viel Leid steckt und wir das ver-

19 Holloway 2002, S. 39

drängen müssen, wenn wir auf irgendeine Weise zurechtkommen wollen in dieser Welt.

Und das Licht aus der Lampe über dem Tisch, an dem wir schreiben, kommt aus dem deutschen Strommix. Der deutsche Energieverbrauch verursacht über 600.000 Tonnen CO_2 pro Tag[20]. Während wir hier sitzen, verdorrt die Ernte von Subsistenzbauern in Madagaskar durch eine anhaltende Dürre, die durch die Klimakrise ausgelöst wurde. Spätestens seit die Produktion, die hauptsächlich für den Globalen Norden passiert, dazu geführt hat, dass auch Menschen, die zuvor wenig an der globalen Arbeitsteilung beteiligt waren, ihre Existenzgrundlage verlieren, sind alle verwoben, in das gesellschaftliche Netz des Tuns.

Wir sind also alle miteinander verbunden. Aber diese Verbindung erscheint als Getrenntheit, weil sie einerseits unsichtbar ist, über Geld vermittelt, und andererseits, weil sie als ein Gegeneinander organisiert ist. Unsere Bedürfnisbefriedigung baut darauf auf, andere Bedürfnisse auszuschließen. Und für die Bedürfnisbefriedigung anderer werden unsere Bedürfnisse ausgeschlossen. Dieses Gegeneinander lässt uns in Angst leben, beschädigt uns, unsere Beziehungen und unsere Lebensgrundlagen. Aber natürlich erlaubt diese Getrenntheit unterschiedlichen Menschen unterschiedlich viel. Wir können zum Beispiel, auch wenn wir nur relativ wenig unserer Lebenszeit für Geld verkaufen, hier in Ruhe sitzen und vor uns hinschreiben. Unsere Getrenntheit von allen anderen kann uns mehr oder weniger plausibel als Freiheit verkauft werden. Für viele andere Menschen auf dieser Erde, die viel mehr arbeiten müssen um zu überleben und trotzdem nie so viel haben werden wie wir, erscheint diese Getrenntheit wahrscheinlich gar nicht erst als Freiheit, sondern als Unterdrückung. Sie gewinnen nichts durch diese globale Verbundenheit.

Diese Verbindungen, diese Beziehungen, die wir über unsere Kleidung, unsere Laptops, unser Essen zu den Menschen haben, die diese Dinge hergestellt haben, die wir auch zu den Menschen haben, die unter den Folgen unseres Stromverbrauchs zu leiden haben, sie sind das, was Gesellschaft ausmacht. Denn Gesellschaft ist weder eine von den Individuen völlig losgelös-

20 Errechnet aus Zahlen von Icha/Lauf 2023

te Einheit, noch besteht sie lediglich aus Individuen, sondern vielmehr drückt sie «die Summe der Beziehungen, Verhältnisse aus, worin diese Individuen zueinander stehen»[21].

Das Besondere an diesen gesellschaftlichen Beziehungen ist aber, dass es meistens Beziehungen sind, die wir zu Menschen haben, die wir überhaupt nicht kennen. Wie bei dem Laptop, der uns mit unzähligen Menschen verbindet, die dazu beitragen, dass wir versorgt werden. Diese Beziehungen mit unbekannten Anderen nennen wir transpersonale Beziehungen, weil sie über die personale Ebene hinausgehen. Beziehungen mit konkreten Anderen hingegen nennen wir interpersonale Beziehungen, weil es eben Beziehungen zwischen konkreten Personen sind.[22]

All diese Beziehungen und Verhältnisse stecken einen Rahmen für unser individuelles Handeln, sie formen die Gesellschaft und machen die Gesellschaftsform aus. Das gilt vor allem für die Beziehungen, über die unsere Versorgung organisiert wird, sei es mit Lebensmitteln, Wohnung oder Sorgearbeit. Denn das sind Dinge, die wir zum Leben brauchen, ohne die wir nicht oder kaum existieren könnten, ohne die also auch keine Gesellschaft möglich ist.[23] Wir können diese Beziehungen, die die gesellschaftliche Reproduktion strukturieren, als Individuen nicht beliebig verändern. Wenn wir in den Laden gehen und sagen: «Dass wir unsere Beziehung über Kauf und Verkauf organisieren, finde ich blöd! Gib mir das Smartphone doch einfach so!» wird die Verkäuferin uns wahrscheinlich den Vogel zeigen, denn schließlich wird sie dafür bezahlt, dass sie die Dinge verkauft. Sie braucht das Geld, weil sie sich die Dinge, die sie wiederum haben will, auch nur mit Geld kaufen kann.

Die Art, wie die gesellschaftlichen Beziehungen, in denen wir unsere Lebensbedingungen herstellen und unsere Versorgung, unsere Reproduktion organisieren, gestaltet sind, bilden also Strukturen, die ein bestimmtes Handeln nahelegen oder erzwingen.

---

21 MEW 42, S. 189

22 Diese Unerscheidung übernehmen wir aus «Kapitalismus aufheben» (Sutterlütti/Meretz 2018, S. 24).

23 Es geht also um die «einfache Tatsache, dass die Menschen vor allen Dingen zuerst essen, trinken, wohnen und sich kleiden müssen, ehe sie Politik, Wissenschaft, Kunst, Religion usw. treiben können» (MEW19, S. 335).

Unsere Kritik gilt dementsprechend diesen Strukturen und weniger den Denk- und Handlungsweisen einzelner Menschen. Es geht uns also nicht darum, etwa die «Gier» oder die «Wachstumsideologie» anzuprangern, sondern zu fragen, warum Menschen gierig sind oder Regierungen Wachstum fordern, welche Strukturen ein solches Verhalten nahelegen.

Eine solche Kritik wird auch als materialistische Kritik bezeichnet, eben weil sie an den materiellen Strukturen, über die Produktion und Reproduktion organisiert werden, anstatt an einzelnen Denkweisen ansetzt, wie idealistische Positionen dies tun.

Und doch ist es wichtig, uns zu vergegenwärtigen, dass diese Strukturen nichts von uns Losgelöstes sind, sondern dass sie nichts anderes sind, als die Beziehungen, die uns miteinander verbinden, dass wir diese Strukturen schaffen und in diesen Beziehungen tagtäglich reproduzieren.

Und die Verbundenheit, die Arbeitsteilung ist auch nicht an sich das Problem. Durch sie werden sogar unglaubliche Potenziale freigesetzt, wie die Möglichkeit der Herstellung von komplizierten medizinischen Geräten. Das Problem ist, dass diese Verbundenheit auf eine Art organisiert ist, die uns trennt. Wir sind überzeugt, dass wir das ändern können, dass wir die gesellschaftlichen Verhältnisse so organisieren können, dass sie *allen* Menschen mehr Freiheit, mehr Geborgenheit, mehr Glück bringen. Das geht aber nicht individuell, sondern nur kollektiv. Und dafür müssen wir zunächst verstehen, wie und worüber unsere Verbindungen uns voneinander trennen und Leid erzeugen.

Wenn unser Ziel eine strukturell solidarische Gesellschaft ist, dann müssen wir bei der Kritik all jene Strukturen in den Blick nehmen, die Solidarität entgegenstehen, exklusionslogische Strukturen also, Konkurrenz und Herrschaft.

Herrschaftsverhältnisse gibt es viele und schon seit vielen tausend Jahren, etwa das Patriarchat, die Herrschaft von Männlichkeit. Mit dem Übergang zum Kapitalismus haben sie sich jedoch verändert und gemeinsam mit neuen Herrschaftsverhältnissen umgeformt. Verschiedene Herrschaftsformen sind miteinander verwoben und bilden sozusagen eine neue Synthese. Auf diese Synthese, wie also Herrschaft und Exklusion im Kapitalismus funktionieren, wollen wir uns hier fokussieren.

2.1 Wie wir verbunden werden durch Trennung: der Markt

Die Beziehungen, die wir geschildert haben, die unsere Verbindung als Trennung organisieren, sind Beziehungen des Kaufs und Verkaufs, Marktbeziehungen. Der Markt ist letztlich ein riesiges Tauschnetzwerk. Im Kapitalismus werden fast alle Dinge für den Tausch hergestellt, als Waren für den Markt produziert. Eine Ware hat dabei einen Doppelcharakter[24]: Zum einen hat sie einen Gebrauchswert, also bestimmte nützliche Eigenschaften (wie bei einer Zahnbürste, dass ich mir damit die Zähne putzen kann). Dazu hat sie aber auch noch einen Tauschwert, kann also gegen eine andere Ware ausgetauscht werden. Während der Gebrauchswert ihr als Sache zukommt, kann man ihr den Tauschwert nicht ansehen, der entspringt nur der Form der gesellschaftlichen Vermittlung über den Tausch. Weil auf dem Markt sehr viele unterschiedliche Waren getauscht werden, braucht es ein allgemeines Äquivalent, auf das sie sich beziehen können: das Geld. Denn wenn etwa Zahnbürsten und Computer direkt gegeneinander getauscht würden, dann säße ich auf ziemlich vielen Zahnbürsten, wenn ich meinen Computer verkaufen würde. Geld ist also der konsequente Ausdruck des Tausches. Gebrauchswert und Tauschwert sind dabei nicht zwei einfach nebeneinanderstehende Eigenschaften der Ware, sondern sie bilden einen Widerspruch und der Tauschwert beherrscht den Gebrauchswert. Wenn nämlich Dinge hergestellt werden, um sie zu verkaufen, um damit Geld zu machen, dann sind ihre nützlichen Eigenschaften, ihr Gebrauchswert, nur Mittel zum Zweck des Verkaufs. Was zählt, ist der Tauschwert. Und so kommt es, dass im Kapitalismus mitunter Waren produziert werden, die absichtlich frühzeitig kaputtgehen, damit noch mehr davon verkauft werden können. So kommt es auch, dass uns mit Werbung ständig neue Bedürfnisse eingeredet werden, damit wir noch mehr Waren kaufen. So kommt es auch, dass massenhaft Ware, die nicht gekauft wurde, vernichtet wird, anstatt sie an die zu geben, die im Mangel leben, weil sie kein Geld haben, um die Waren zu kaufen.

Der Markt ist aber nicht nur ein Tauschnetzwerk, sondern auch ein Konkurrenzverhältnis, also ein Verhältnis, in dem wir

24 MEW23, S. 49ff

uns gegeneinander durchsetzen müssen. Wir konkurrieren alle miteinander um den Zugang zum gesellschaftlichen Reichtum über Geld: Als Lohnabhängige konkurrieren wir um Jobs. Die Unternehmen konkurrieren miteinander um Absatzmärkte. Wer dabei eine Ware von vergleichbarer Qualität billiger produzieren kann als andere, setzt sich durch. Diese anderen gehen dann pleite. Aber einfach nur billig produzieren und bei einem gewissen Stand bleiben, reicht nicht aus. Die Konkurrenz treibt die Produzent:innen dazu, Produktionsabläufe zu optimieren, bessere Maschinen zu verwenden, neue Produkte zu entwickeln, mehr Werbung zu machen, um neue Kund:innen anzusprechen und so weiter. Wer in diesem Rennen nicht mithält, muss Angst haben, dass die Konkurrenz schneller ist. Die Produzent:innen müssen also Gewinn erwirtschaften, den sie reinvestieren können, um ihre Produktion wettbewerbsfähiger zu machen.

Hier kommen wir zur namensgebenden Absurdität des Kapitalismus: dem Kapital. Das Kapital oder besser das Kapitalverhältnis beschreibt die Bewegung aus Geld mehr Geld zu machen. Unternehmen kaufen Produktionsmittel und Arbeitskräfte und verkaufen die von diesen hergestellten Waren wiederum für mehr Geld. Sie tun das nicht unbedingt, weil sie besonders gierig sind, sondern weil die Konkurrenz auf dem Markt sie dazu treibt. Vermittelt über die Konkurrenz, wird damit die Vermehrung von Geld in mehr Geld zum absurden Selbstzweck dieser Gesellschaftsform. Kapital muss verwertet werden. Deshalb sprechen wir vom Verwertungs*zwang.* Wir können ihn auch als Wachstumszwang bezeichnen, denn bei einem Kreislauf der Verwertung bleibt es nicht stehen. Weil die Konkurrenz stetig weitergeht, muss das Mehr an Geld wiederum reinvestiert werden, um noch mehr Geld daraus zu machen. Und noch mehr Geld. Und noch mehr Geld. Weil sich Marktwirtschaft und der Zwang zur Kapitalverwertung nicht trennen lassen, verwenden wir Marktwirtschaft und Kapitalismus als Synonyme.

Das Kapitalverhältnis ist ein Herrschaftsverhältnis: Das Kapital beherrscht uns, weil wir in der Arbeit dazu gezwungen sind, es zu vermehren. Und es beherrscht uns, weil es unsere Lebensgrundlagen zerstört, weil sein Wachstumszwang immer mehr Ressourcen verschlingt. Aber es handelt sich dabei nicht um eine Herrschaft von Personen, nicht um die Herrschaft von

Kapitalist:innen. Denn auch Unternehmer:innen sind durch die Konkurrenz dazu gezwungen, ihr Kapital zu vermehren.

Im Kapitalismus sind also alle Menschen, auch diejenigen in Entscheidungsfunktionen, Sachzwängen unterworfen. Selbst wenn ein Unternehmen wie Nestlé gerne ökologischer produzieren und höhere Löhne zahlen würde – wenn es das konsequent durchziehen würde, wären die Produkte wesentlich teurer und würden sich wohl nicht so gut verkaufen (außer an eine kleine Schicht von wohlhabenden Konsument:innen, der Ökologie und Soziales wichtig ist und die sich das auch leisten kann). Zweifelslos gibt es Menschen, die deutlich mehr zu sagen haben als andere und die deutlich mehr von diesem System profitieren als andere. Doch sie sind nicht als Personen Ursache des Problems. Sie sind nur «Charaktermasken»[25], wie Marx schreibt, die bestimmte ökonomische Funktionen ausführen. Sie nur durch andere Menschen zu ersetzen, würde also nichts bringen, wenn wir nicht die grundlegenden Strukturen ändern, die Marktwirtschaft abschaffen. Es ist der Markt, der herrscht, der Sachzwänge hervorbringt. Deshalb reden wir auch von sachlicher Herrschaft. Der Markt ist ein gesellschaftliches Verhältnis, das wir gemacht haben und das wir tagtäglich erneut schaffen, aber es hat sich uns gegenüber verselbstständigt.

Niemand kann die Ziele des Systems festlegen: So würden die allermeisten Menschen zustimmen, dass es notwendig ist, den Klimawandel aufzuhalten, aber für Marktakteur:innen ist nicht per se sinnvoll, etwas dafür zu tun, weil etwas dagegen zu tun weniger Gewinn bedeuten würde. Die Marktlogik kennt nur ein Ziel: die Vermehrung des abstrakten Reichtums, die Verwertung von Geld in mehr Geld. Egal, wie sehr wir uns am Gebrauchswert orientieren müssen wir all dies doch immer dem Tauschwert unterordnen, der uns diktiert, was sich letztlich auf dem Markt verkaufen lässt. Deshalb sprechen Marx und Engels hier von einer «Verselbstständigung der Verhältnisse gegenüber den Individuen»[26].

An anderer Stelle bezeichnet Marx dieses seltsame Eigenleben auch als Fetischismus[27]. Zu seiner Zeit war der Begriff nicht mit sexuellen Vorlieben verbunden, sondern kam aus der Eth-

25 MEW23, S. 100
26 MEW3, S. 400
27 MEW23, S. 87

nologie. Europäische Ethnolog:innen bezeichneten damit das Phänomen, dass Bevölkerungsgruppen in Westafrika Holzgegenstände anmalten und ihnen dann eine Beseeltheit zusprachen. Etwas von Menschen Geschaffenes beherrschte so die Menschen. Marx zeigte mit seinem Konzept des Fetischismus auf, dass die Gesellschaften in den europäischen, kapitalistischen Ländern im Prinzip das Gleiche tun, wenn die Formen der kapitalistischen Gesellschaft, die Ware, das Geld, das Kapital, gegenüber den Menschen ein Eigenleben zu führen scheinen, obwohl sie doch eigentlich menschengemacht sind. Fetisch ist wie im Stau stehen: Während du im Auto sitzt, ungeduldig durchs Radio zappst und dich über den schlecht ausgebauten ÖPNV ärgerst, bist du selbst der Stau, der dich daran hindert weiterzufahren.

Der Markt schafft also gleich mehrere Formen der Trennung: Er trennt uns voneinander, weil in der Form der Ware unsere menschlichen Beziehungen zueinander unsichtbar werden, die Beziehungen, in denen wir all die Dinge schaffen, die wir zum Leben brauchen. Er trennt uns voneinander, weil er uns in ein Gegeneinander bringt, weil wir in der Konkurrenz unsere Einzelinteressen verfolgen und uns gegen andere durchsetzen müssen. Und er nimmt eine Eigenlogik an, sorgt für Zwänge, denen wir uns beugen müssen und lässt dadurch die Gesellschaft als etwas von uns Getrenntes erscheinen. Aber unter dem Schleier dieser Getrenntheit verborgen liegt die Verbundenheit, die wir Menschen global alle miteinander haben, weil wir in arbeitsteiligen Beziehungen unsere Lebensbedingungen herstellen. Und diese Verbundenheit können wir auch anders organisieren: Wir könnten sie kooperativ gestalten, in solidarischen Beziehungen, in denen wir gemeinsam planen, was wir brauchen und die Dinge füreinander, für unsere Bedürfnisbefriedigung herstellen, statt für den Verkauf als Waren auf dem Markt.

2.2 Wie wir von dem, was wir brauchen, und dem, was wir tun, getrennt werden: Privateigentum und Lohnarbeit

Die Trennungen, die der Markt hervorbringt, sind Resultat einer weiteren Form der Trennung: der des Privateigentums. Das Privateigentum trennt uns von den Mitteln, die wir zum Leben brauchen und trennt uns dadurch auch als Menschen voneinander. Beziehungen zu Sachen sind immer auch Beziehungen zwischen Menschen in Bezug auf diese Sachen[28]. Das moderne Eigentumsverständnis, das für den Kapitalismus grundlegend ist, gestaltet diese Beziehung auf eine spezifische Art und Weise, nämlich durch absolute Ausschließbarkeit, das heißt, dass die Menschen über ihr Privateigentum eine «absolute Sachherrschaft»[29] ausüben können. Die Bedürfnisse anderer müssen nicht einbezogen werden. Wenn ich Eigentum an Wohnimmobilien habe, dann darf ich sie leer stehen lassen, auch wenn Menschen auf der Straße leben müssen. Wenn ich Privateigentum an Lebensmitteln habe, darf ich sie wegschmeißen, auch wenn andere verhungern müssen. Wenn ich Privateigentum an Bodenschätzen wie Kohle habe, dann darf ich sie abbauen, auch wenn der Abbau ein riesiges Loch in der Landschaft hinterlässt wie die Tagebaue im Rheinischen Braunkohlerevier und wenn die Verstromung dieser Kohle die Klimakrise weiter anheizt.

Dieser Ausschluss wird durch Gewalt hergestellt: Sowohl historisch, als die Bäuerinnen und Bauern im Übergang zum Kapitalismus gewaltvoll von dem Land, von dem sie gelebt hatten, vertrieben wurden, als auch heute noch durch den Staat. Wenn du dir im Supermarkt etwas nimmst ohne zu bezahlen oder wenn du eine Wohnung besetzt, dann ist es im Zweifel der Staat mit seinem Gewaltmonopol in Form der Polizei, der dich räumt, der dich festnimmt, dich in deine Schranken verweist und so das Recht auf Privateigentum sichert.

Dieser Ausschluss ist Grundlage dafür, dass wir über den Markt miteinander in Beziehung treten, dass wir tauschen müs-

28 So benutzt Marx den Begriff «Eigentum» in einem überhistorischen Sinn und beschreibt damit die «Verhältnisse der Individuen zueinander in Beziehung auf das Material, Instrument und Produkt der Arbeit» (MEW3, S. 22).

29 von Redecker 2020, S. 23

sen. Denn wenn fast alle Dinge als Privateigentum produziert werden und wir gleichzeitig auf die Produkte anderer angewiesen sind, dann ist es schwierig, die Dinge, die ich produziere oder besitze, einfach abzugeben. Denn ich kann ja nicht wissen, ob ich die Produkte anderer auch so einfach bekomme. Deshalb ist es mir nahegelegt, zu tauschen: Ich gebe dir nur etwas, wenn ich dafür etwas bekomme.

Die meisten Menschen haben aber gar nicht so viel, was sie eintauschen, was sie verkaufen können. Um an das Geld zu kommen, das sie benötigen, um sich all das kaufen zu können, was sie zum Leben brauchen, müssen sie daher eine ganz besondere Ware verkaufen: ihre Arbeitskraft.

Unsere Arbeitskraft verkaufen wir an die Eigentümer:innen der Produktionsmittel. Was anderes bleibt uns selten übrig, denn um Waren für den Markt zu produzieren brauchen wir Produktionsmittel; um die zu kaufen brauchen wir Kapital, und das haben wir nicht. Auch wenn wir unser Leben lang arbeiten, werden wir wahrscheinlich nicht genug Geld verdienen, um selbst Eigentümer:innen der Produktionsmittel zu werden. Eigentümer:innen der Produktionsmittel, Kapitalist:innen, zahlen uns einen Lohn. Der entspricht aber nicht dem Wert der Ware, die ich hergestellt habe. Stattdessen wird neben meinem Lohn und den Kosten für die Produktionsmittel auch der Mehrwert geschaffen. Der wird reinvestiert und aus dem wird der:die Kapitalist:in immer reicher und reicher. So produziert ein gleicher Tausch – Arbeitskraft gegen Lohn – unter Ungleichen – Arbeiter:in und Kapitalist:in – immer mehr Ungleichheit. Und durch diese Ungleichheit bleiben wir in der Lage, unsere Arbeitskraft verkaufen zu müssen. Der von uns geschaffene Reichtum wird also weiter eingesetzt, um unsere Arbeit zu kontrollieren. Kapitalismus ist also nicht nur geprägt von einem Widerspruch zwischen Gebrauchswert und Tauschwert, sondern auch von einem Widerspruch zwischen Arbeiter:innen und Kapital. Als Arbeiter:innen wollen wir uns nicht zu Tode schuften, wir wollen selbst bestimmen, was wir tun und wenn wir schon unsere Arbeitskraft verkaufen müssen, dann wollen wir wenigstens möglichst viel Lohn dafür herausschlagen. Kapitalist:innen aber wollen möglichst viel Arbeit aus uns herauspressen, die sie verwerten und mit der sie Profit machen können. Und sie wollen möglichst wenig dafür zahlen. Dieser Antagonismus ist treibende Kraft von Lohnkämpfen. Letztlich hängt aber sowohl das

Bestehen von Arbeiter:innen als auch das von Kapitalist:innen davon ab, dass die Verwertung, das heißt die Bewegung von Geld zu mehr Geld, die die einen arm und die anderen reich macht, weitergeht. So ist es nicht einfach falsches Bewusstsein, wenn sich Arbeiter:innen mit ihrem Unternehmen identifizieren, sondern drückt aus, dass ihre Versorgung im Kapitalismus tatsächlich davon abhängt, ob dieses Unternehmen am Markt besteht.

Kapitalist:innen haben zwar die Kontrolle über die Arbeit vieler, zugleich ist diese Kontrolle aber auch durch den Markt beschränkt. Sie müssen den Gesetzen der Konkurrenz folgen, wenn sie Kapitalist:innen bleiben wollen.

Wie viel Geld ich bekomme für meine Arbeitskraft, wie viel Privateigentum, über das ich ausschließlich verfügen kann, ich pro Stunde meiner Lebenszeit anhäufen kann, ist weniger von Leistung abhängig, sondern mehr vom Zufall. Der Zufall, wo und von wem ich geboren wurde, welche Hautfarbe und welches Geschlecht ich habe, ob meine Eltern Akademiker:innen waren, ob und wenn ja, welche Behinderungen ich habe. Dass diese Identitätskategorien unterschiedlich hohe Chancen beim Gelderwerb haben, ist wiederum eigentlich kein Zufall, sondern Ergebnis historisch gewachsener Herrschaftsverhältnisse. Zufall ist aber, in welcher davon ich stecke. Von diesem Zufall ist es auch abhängig, wie sehr der Zwang zum Verkauf meiner Arbeitskraft auf mich wirkt:

Wenn ich mich hier in Deutschland weigere zu arbeiten, dann bekomme ich übers Arbeitslosengeld vielleicht noch genug für meinen Pulli und meine Jeans und genug zu essen auch, aber kann nicht an dem Leben teilhaben, das für die meisten Leute um mich herum Standard ist.

Wenn ich mich woanders auf der Welt weigere zu arbeiten, oder nicht den Pass hätte, den ich habe, dann würde ich vielleicht hungern und frieren.

Nur wenn ich zufällig so viel Kapital besitze, dass ich davon leben kann, dass andere für mich arbeiten, trifft mich der Arbeitszwang nicht.

Für alle anderen gilt: Wir müssen unsere Lebenszeit verkaufen, wir müssen uns selbst, unseren Körper, disziplinieren, unsere Bedürfnisse zurückstellen, um große Teile unseres Lebens mit einer Tätigkeit zu verbringen, für die wir Geld bekommen.

Tätig sein, das heißt Lebensmittel anbauen, Kleidung herstellen etc., müssen wir in jeder Gesellschaft. Irgendwie müssen wir unsere Bedürfnisse durch gesellschaftliche Vorsorge befriedigen, sonst haben wir nichts, um zu überleben. Wir gehen auch davon aus, dass wir Menschen tätig sein wollen, dass wir produktive Bedürfnisse haben. Dieser Begriff wurde von der kritischen Psychologin Ute Osterkamp entwickelt[30]: Da wir Menschen uns nicht allein versorgen können, sondern diese Versorgung immer gesellschaftlich vermittelt ist, geht sie davon aus, dass wir auch ein Bedürfnis danach haben, über diese gesellschaftlich organisierte Vorsorge mitzuverfügen und aktiv zu dieser beizutragen.

Wenn wir diese Tätigkeit nun aber so organisieren, dass wir sie für Lohn an andere verkaufen, dann nimmt sie die eigenartige Form der Lohnarbeit an. Wenn ich aber für Lohn *arbeite*, dann arbeite ich für den *Lohn*. Ob die Tätigkeit, die ich ausführe, wichtig oder gut ist, um die Bedürfnisse anderer zu befriedigen, ist erst einmal egal. Unsere produktiven Bedürfnisse können wir also nur befriedigen, wenn sie in die Form der Lohnarbeit gezwängt werden und auch da werden sie dadurch beschränkt, dass es nicht ums sinnvolle Beitragen geht, sondern darum, Geld zu verdienen.

So habe ich, Indigo, in meinem Leben schon in Luxushotels Löffel poliert, im Callcenter versucht Handyverträge zu verkaufen und Ahornbäume zu Kugeln gestutzt. Keine von diesen Tätigkeiten fand ich sinnvoll. Vor allem in Anbetracht dessen, dass im selben Moment Menschen verhungert sind, an unseren Grenzen gestorben sind, alte Menschen in Pflegeheimen Durst litten und die Klimakrise weiter angeheizt wurde. Aber für all diese Tätigkeiten wurde ich bezahlt.

Meine Tante ist Krankenschwester und ihre Arbeit auf der Intensivstation findet sie sinnvoll und ich würde sagen, sie ist auch ganz objektiv sinnvoller als Löffel zu polieren. Aber auch sie ist ständig gezwungen, das zu tun, was dem Krankenhaus Geld bringt, anstatt einfach das zu tun, was den kranken Menschen am meisten hilft. Natürlich werden dort trotzdem Bedürfnisse befriedigt, die Menschen werden nicht einfach sterben gelassen, wenn das profitabler ist. Aber die Bedürfnisbefriedigung

30 H.-Osterkamp 1982[1976], S. 23. Die Bedürfnisse nach Nahrung, Wärme etc., in denen sich individuelle Mangel- und Spannungszustände ausdrücken, nennt sie «sinnlich-vitale Bedürfnisse» (Ebd.)

steht bei der Lohnarbeit nicht im Mittelpunkt. Letztlich werden wir im Kapitalismus mit vielem Lebensnotwendigen versorgt, was hergestellt wurde von Menschen, die ihre Arbeitskraft für Geld verkauft haben. Doch die Bedürfnisbefriedigung von anderen steht nicht im Mittelpunkt der Tätigkeit, wenn sie die Form der Lohnarbeit annimmt. Sie ist manchmal vorhanden, manchmal nicht.

Durch diese Form der Tätigkeit entwickeln wir nicht nur eine eigenartige Beziehung zu uns selbst, weil wir uns disziplinieren müssen, etwas zu tun, was wir weder schön noch sinnvoll finden. Wir entwickeln auch eine eigenartige Beziehung zur Welt.

Denn wenn wir einen Großteil unserer Lebenszeit für Geld verkaufen, dann wollen wir von diesem Geld etwas kaufen, was sich wie Leben anfühlt. Dann wollen wir für die verlorene Zeit so viel Gegenleistung wie möglich. So viel Konsum wie möglich.

Wir wollen also für so wenig Arbeitszeit wie möglich so viel Konsum wie möglich. Wir vermuten, dass deshalb Gesellschaften, die ihre Tätigkeit über Lohnarbeit organisieren, immer dazu neigen werden, unsere Lebensgrundlage zu übernutzen.

Gleichzeitig werben nicht nur immer mehr Produkte, sondern auch immer mehr Berufsangebote damit, sinnvoll oder nachhaltig zu sein. Sie versuchen damit das Bedürfnis nach sinnvoller Teilhabe an der Gesellschaft anzusprechen. Nach einem gesellschaftlichen Fluss des Tuns, der fließt, ohne dass wir getrennt sind. Doch solange diese Teilhabe nur die Form von Lohnarbeit annehmen kann und somit nur nebenbei dazu da ist, Bedürfnisse zu befriedigen und vor allem dazu, aus Geld mehr Geld zu machen, bleibt die Befriedigung dieses Bedürfnis ein leeres Versprechen.

Doch dieses Bedürfnis, dieser Wunsch, sinnvoll beitragen zu können, ist da. Und er könnte befriedigt werden, in einer Gesellschaft, in der die Tätigkeit nicht in die Form der Lohnarbeit gezwängt wird, sondern in der wir gemeinsam überlegen, was zu tun ist und selbstbestimmt tätig werden können. Voraussetzung dafür ist, dass wir über die Mittel, die wir zum Leben und die wir zum Tätigsein brauchen, verfügen können. Dafür müssen wir die Mauern des Privateigentums einreißen und an die Stelle einer ausschließenden und trennenden Verfügung eine gesellschaftliche Verfügung setzen.

2.3 Wie wir in Geschlechter getrennt werden: das Patriarchat

In einer Gesellschaft, in der du für alles Geld brauchst, ist das einzige, was noch schlimmer ist als arbeiten zu müssen, um Geld zu bekommen, zu arbeiten, ohne dafür Geld zu bekommen. Genau das tun aber viele Menschen, weil unsere Gesellschaft nicht nur kapitalistisch organisiert ist, sondern auch patriarchal.

Diese unbezahlte Arbeit wird in der Sphäre der Reproduktion geleistet, also in dem Bereich, der nötig ist, damit die Ware Arbeitskraft überhaupt hergestellt wird. Denn um zu leben, brauchen wir nicht nur Brot, Computer und Häuser, sondern auch Fürsorge, um erwachsen zu werden, Pflege, wenn wir alt oder krank sind, jemanden, der uns Essen kocht, unser Zuhause putzt, jemanden, der uns zuhört und Trost spendet. All das ist meistens im Kapitalismus nicht in Form von Lohnarbeit organisiert, sondern im Privaten, das heißt meistens in der Familie. Das ist kein Zufall, denn mit all diesen Tätigkeiten lässt sich nur bedingt Profit erwirtschaften. Sorge lässt sich nicht einer Logik von Zeiteinsparung und Effizienz unterordnen, die für ein Bestehen auf dem Markt notwendig ist, und da, wo das doch geschieht (in marktorientierten Krankenhäusern und Pflegeheimen), ist keine gute Pflege mehr möglich. Deshalb findet ein Großteil dieser Tätigkeiten im Privaten statt, ohne entlohnt zu werden.

Dass diese Arbeit nicht zum Geldverdienen geleistet wird, führt aber nicht dazu, dass sie emanzipatorisch organisiert ist. Da die Tätigkeiten die Funktion erfüllen, die Ware Arbeitskraft herzustellen, sind sie auch indirekt weiter dem Zweck unterworfen, aus Geld mehr Geld zu machen. Gleichzeitig ist aber der Bereich der Familie ideologisch völlig überladen. Sie soll ein heiler Ort sein, in dem für alle Zurichtungen in der Welt da draußen Trost zu finden ist. Da aber die Zurichtung nie aufhört, ist das ein Versprechen, dass nie eingelöst werden kann. Die Arbeit, um diesen Ort zu schaffen, ist eine, die nie aufhört und trotzdem nie den Ansprüchen genügt. Die Zwecksetzung der Tätigkeit ist also nicht frei gewählt. Auch wenn sie Bedürfnisse befriedigt und sich vielleicht stärker an Bedürfnissen orientiert als die Lohnarbeit, so folgt sie doch letztlich den Anforderungen, die der Markt an Lohnarbeiter:innen hat.

Vor allem aber wird nicht bedürfnisorientiert verhandelt, wer die Arbeit leistet. Denn das scheint klar: Es sind die Frauen. Wie kann sich die Arbeit und die Körper von so vielen Frauen angeeignet werden, wenn es sonst normal erscheint, dass Arbeit entlohnt wird, dass nichts ohne Gegenleistung passiert?

Indem es normal, natürlich wird, dass Frauen diese Arbeit verrichten und so die Arbeit selbst nicht wie Arbeit erscheint, sondern als etwas, was einfach passiert, wie Regen, der vom Himmel fällt.

Während es das Patriarchat schon seit Jahrtausenden gibt, verschärfte sich die Naturalisierung von geschlechtlicher Ungleichheit mit dem Übergang in den Kapitalismus, als die Reproduktionstätigkeit sich zu einer abgespaltenen Sphäre entwickelte. Frauen wurden bestimmte Eigenschaften als natürlich zugeordnet wie Fürsorglichkeit, Schwäche und Emotionalität. Dadurch, dass diese Eigenschaften natürlich gegeben scheinen, erscheint die Arbeit im Haushalt auch Frauen oft nicht als Arbeit, sondern als Liebe.[31] Die Haushaltsarbeit ist so nichts Äußeres, keine Arbeit mehr, sondern wird zu einem Teil der Frauen selbst, und die Frauen werden mit ihrer Arbeit identisch.

So werden Frauen nicht nur als Lohnarbeiter:innen ausgebeutet, wo du deine Arbeitskraft gegen etwas tauschst und so zum Vertragspartner, zum Rechtssubjekt wirst, das zumindest formal über sich selbst verfügen kann. Im Haushalt werden Frauen zu Arbeiter:innen ohne Gegenleistung und so zu Nicht-Arbeiter:innen, zu Nicht-Subjekten, deren Arbeit als Natur erscheint und über die Männer verfügen können.

Diese Zurichtung zu Nicht-Subjekten ist aber nie ganz erfolgreich. Einzeln und als Bewegung begehren Frauen gegen die ihnen zugeschriebene Identitätskategorie auf, kämpfen gegen sie und über sie hinaus. So wurden, in vielen Teilen der Erde, formell gleiche Rechte für Frauen erkämpft. Diese formellen Rechte, und auch, dass Frauen einer Lohnarbeit nachgehen können (wenn auch schlechter bezahlt) führen aber weder dazu, dass die Haushaltsarbeit bedürfnisgerecht verteilt wird, noch dazu, dass Frauen als Subjekte anerkannt werden. Frauen sind stattdessen einer Doppelbelastung aus Haus- und Lohnarbeit ausgesetzt und sie bleiben Objekte in einer männlichen

31 Dies bringt Silvia Federici sehr eindrücklich in ihrem Text «Lohn gegen Hausarbeit» auf den Punkt: «Sie nennen es Liebe. Wir nennen es unbezahlte Arbeit» (Federici 1977, S. 1).

Welt; der männliche Besitzanspruch an weiblicher Arbeit und weiblichen Körpern bleibt bestehen.

Zugleich ist dieser Besitzanspruch nie verwirklicht. Denn Frauen sind nie einfach die Zwangskategorie Frau, sind nie nur gehorsam. Männer sind aber von weiblicher Arbeit in allem, was sie tun, abhängig. Gleichzeitig imaginieren sie sich aber als souverän, indem Frauen als Objekte und ihre Arbeit als natürlich erscheinen. Aus dieser verdrängten Abhängigkeit und dem daraus entwickelten Wunsch Frauen ganz zu kontrollieren, entwickelt sich Misstrauen und Hass gegen Frauen. Misogynie und die aus ihr entstehende patriarchale Gewalt können dabei gegen eine spezifische Frau gerichtet sein, die versucht, sich aus der Kontrolle eines Mannes zu entziehen. So ist es für Frauen am wahrscheinlichsten, Opfer eines Femizids zu werden, wenn sie versuchen, ihren Mann zu verlassen oder sie ihn verlassen haben. Patriarchale Gewalt gilt aber auch oft Frauen an sich, Frauen als einer imaginierten Einheit, und geht weiter über eine konkrete Zweckmäßigkeit, weit über rationale oder ökonomische Interessen hinaus.

Dennoch ist männliche Gewalt die Exekutive des Patriarchats, wenn auch nicht zwingend rational eingesetzt in einem konkreten Fall, in dem eine Frau gegen die patriarchale Ordnung verstößt, sondern willkürlich und so strukturierend für das Geschlechterverhältnis an sich. Während für Frauen die Androhung männlicher Gewalt immer mitschwingt und ihre Möglichkeitsbeziehung zur Welt verkleinert, profitieren Männern von der Macht, die durch diese Gewalt entsteht, auch wenn sie sie selbst nicht ausüben.

Als Exekutive des Patriarchats fungiert aber nicht nur die Gewalt gegen Frauen, sondern auch die Gewalt gegen alle, die nicht ins Zweigeschlechter-System passen, die zu sehr von den an sie gestellten Rollenerwartungen abweichen oder die nicht heterosexuell begehren. Denn das Patriarchat braucht, um als Herrschaftssystem funktionieren zu können, eine klare Einteilung in Identitätskategorien, in heterosexuell aufeinander bezogene und hierarchisch angeordnete Männlichkeit und Weiblichkeit. Deshalb müssen alle bestraft werden, die davon abweichen, deshalb richtet sich patriarchale Gewalt auch gegen queere und vor allem gegen transgeschlechtliche Personen. Diese Gewalt ist auch Resultat der Zurichtung in einer binären

Geschlechtskategorie, die mit der Abspaltung alles nicht dazu Passenden einhergeht. Der Schmerz, den diese Zurichtung anrichtet, entlädt sich in queerfeindlicher Gewalt.

Diese Gewalt kann von allen ausgehen, aber überwiegend geht sie von Männern aus. Denn die imaginierte Souveränität, die Männlichkeit ausmacht, existiert nur, wenn diejenigen, von denen Männer abhängig sind und diejenigen, von denen sie sich in ihrer Identität bedroht sehen, selbst keine Subjekte sind. Männlichkeit bedeutet inhärent die Abwertung, Unterdrückung und potenzielle Gewalt gegen Weiblichkeit.

Eine solidarische Gesellschaft muss also nicht nur Markt und Privateigentum abschaffen, sondern auch die patriarchale Zurichtung beenden. Das bedeutet letztlich die Überwindung von Geschlecht als Zwangskategorie.

Dafür gilt es die Trennung in bezahlte und unbezahlte Arbeit aufzuheben und alle Arbeit und alle Mittel bedürfnisorientiert zu verteilen. Das geht nur, wenn die Sorge- und Haushaltsarbeit aus ihrer Isolation in der patriarchalen Kleinfamilie befreit und als Teil des gesellschaftlichen Flusses des Tuns anerkannt werden.

2.4 Wie der Globale Süden vom Reichtum getrennt wird: Weltmarkt und Rassismus

Nicht nur durch die Abspaltung des Bereichs der Reproduktion schafft der Markt Ungleichheit. Auch im Tauschverhältnis selbst, das als etwas erscheint, das durch den Austausch von Äquivalenten Gleichheit schafft, wird strukturell Ungleichheit fortgeschrieben. Das gilt für das Klassenverhältnis, für den Tausch der Ware Arbeitskraft gegen Lohn, aber auch in Bezug auf globale Ungleichverhältnisse, die durch den Weltmarkt reproduziert werden.

Viele Länder, die kolonisiert wurden, die sogenannten Entwicklungsländer, produzieren hauptsächlich Primärgüter, also etwa Agrarprodukte wie Kakao. Dieser Zustand ist Teil einer kolonialen Kontinuität: Die europäischen Kolonialmächte haben die vorherigen Versorgungsstrukturen zerstört, um die Kolonien möglichst effektiv für die Industrialisierung und den Konsum in Europa aussaugen und als Absatzmärkte für ihre Waren nutzen zu können.

Wenn die Produktivität in den sogenannten Entwicklungsländern gesteigert werden kann, wird die Produktion ausgeweitet, denn das Produkt selbst kann kaum verbessert werden, Kakao bleibt Kakao. Dadurch steigt das Angebot und die Konkurrenz, denn die Nachfrage ist hier nicht endlos, sondern irgendwann gedeckt. Das führt dazu, dass die Preise fallen. Wenn aber bei Industriegütern die Produktivität steigt, dann werden tendenziell eher die Produkte verbessert, also etwa HD-Flachbildfernseher produziert statt Schwarz-Weiß-Röhren. Die Preise für die Industriegüter sinken dabei also tendenziell eher nicht zwingend.

Hinzu kommt, dass wir, wenn wir sparen, weil die Primärgüter billiger werden, von dem überschüssigen Geld eher mehr Industriegüter kaufen. Von Kakao haben wir irgendwann genug, aber der HD-Fernseher lässt sich problemlos noch ausbauen zu einer Heimkino-Anlage.

So privilegiert der Markt strukturell die Industrieländer und verfestigt globale Ungleichheit.[32]

Zugleich gibt es zahlreiche weitere Mechanismen, etwa militärische Interventionen, um ein Verhältnis aufrechtzuerhalten, in dem Menschen des Globalen Südens überausgebeutet werden, das heißt, dass sie für ihre Arbeitskraft nicht einmal genug bekommen, um sich reproduzieren zu können und deutlich weniger als *weiße* Arbeiter:innen im Globalen Norden. Der höhere Lebensstandard von Arbeiter:innen im Globalen Norden wird ermöglicht durch diese Überausbeutung.

Diese Ungleichheit wird durch vielfache Mechanismen verstärkt, aufrechterhalten und legitimiert.

Grenzen, das Verhindern von Bewegungsfreiheit, sind ein solcher Mechanismus. Menschenverachtende Grenzregime, die Menschen zu Tausenden im Mittelmeer ertrinken oder auf dem Weg durch die Sahara verdursten lassen, hindern Menschen daran, in die Industriestaaten zu gelangen, die ihr Elend verursacht haben und die davon profitieren.

---

32 Diesen Zusammenhang haben Raúl Prebisch und Hans Wolfgang Singer herausgearbeitet, vgl. Prebisch 1950.

Gerechtfertigt werden diese Verhältnisse mit rassistischen Ideologien, in dem Menschengruppen aufgrund von zugeschriebenen Eigenschaften wie Hautfarbe, Herkunft oder Religionszugehörigkeit bestimmte Eigenschaften und eine Minderwertigkeit und Andersartigkeit gegenüber *weißen*[33] Menschen zugeschrieben werden. Da auch sie nicht das bekommen, was ihnen für ihre Arbeit zustehen würde, wenn sie *weiß* wären, werden auch sie zu Nicht-Subjekten.

Dabei kann man Rassismus nicht ökonomisch verkürzen. Er findet nicht nur dort statt, wo *weiße* Menschen einen klaren ökonomischen Vorteil davon haben. Stattdessen hat die Ideologie sich verselbstständigt und schlägt vom Legitimieren der Überausbeutung in Vormachtansprüche in allen Bereichen des Lebens und rassistische Mordlust um.

So werden migrantische oder rassifizierte Menschen im Globalen Norden nicht nur am Arbeitsmarkt benachteiligt, sondern auch ständig von rassistischen Gewalttaten bedroht, die vielleicht nicht jede:n einzelnen treffen, aber jede:n einzelnen meinen. Und dieser Rassismus ist dann auch relativ unabhängig davon, in welchen konkreten Arbeitsverhältnissen die Migrant:innen und die Rassifizierten jeweils arbeiten.

Die Gewalttaten gehen dabei auch vom Staat aus, von der Polizei. Diese Gewalt, die hin zu Morden und Folter reicht, geht zwar oft über das formal rechtlich erlaubte Maß hinaus, doch werden die Täter:innen von den staatlichen Strukturen trotzdem gedeckt.

Die Marktwirtschaft ist also neokolonial strukturiert, auf eine Weise, die Bewohner:innen des Globalen Nordens von der Überausbeutung des Globalen Südens profitieren lässt. Eine antikapitalistische Transformation steht demnach vor der Her-

33 Mit *weiß* ist damit nicht einfach helle Hautfarbe gemeint, sondern eine Position im rassistischen System, ein Privilegierungs- oder Herrschaftsverhältnis gegenüber rassistisch als Andere konstruierten Menschengruppen, die dabei auch selber Menschen mit heller Hautfarbe sein können, etwa Juden:Jüdinnen oder Menschen aus Osteuropa. Wer als *weiß* gilt und wer nicht, ist je nach Kontext unterschiedlich. So können etwa Gastarbeiter:innen aus Südeuropa und deren Nachkommen in Deutschland rassistisch diskriminiert werden, während sie in Südeuropa selbst als *Weiße* gelten. Um deutlich zu machen, das wir damit keine Farbe, sondern diese Positionierung meinen, schreiben wir *weiß* kursiv und Schwarz groß.

ausforderung, dieses Verhältnis zu beenden. Das müsste auch bedeuten, die materielle Ungleichheit, die sich in der unterschiedlichen regionalen Infrastruktur materialisiert, zu beenden und auszugleichen. Zugleich müssten *weiße* Vormachtvorstellungen in allen Bereichen des Lebens zurückgedrängt, Polizei und Grenzen abgeschafft und globale Bewegungsfreiheit ermöglicht werden. Erst wenn wir alle Menschen global als Gleiche betrachten und keine rassistischen Grenzziehungen mehr kennen, wird eine solidarische Gesellschaft möglich.

2.5 Wie wir von unseren Lebensgrundlagen getrennt werden: das kapitalistische Naturverhältnis

Nicht nur unsere Art, mit anderen in Beziehung zu treten, andere abzuwerten oder abgewertet zu werden, macht uns kaputt. Auch wie wir uns auf die Welt, die uns umgibt, auf unsere nichtmenschliche Umwelt beziehen[34], ist offensichtlich falsch.

Um das zu erkennen, muss man nicht mal das Leid der Nichtmenschen hervorheben, nicht die Arten aufzählen, die wir für immer ausrotten, muss man sich nicht in die Hühner hineinversetzen, die ihr Leben eingepfercht in Legebatterien verbringen. Es reicht auch aus der Position der Menschen zu sprechen: Wir zerstören unsere eigene Lebensgrundlage.

Menschliches Leben bedeutet immer Stoffwechsel mit, das heißt einen Eingriff in die Natur. Wir verändern sie, um von ihr zu leben, das wird in jeder Gesellschaftsform so sein. Doch wie diese Veränderung aussieht, müsste anders gestaltet sein, schon aus dem Grund, dass wir, wenn wir so weitermachen, in Zukunft nicht von ihr leben werden können.

Oft wird deshalb appelliert, naturverbundener zu sein und Natur als etwas, was an sich wertvoll ist, zu sehen und nicht als leblose Ressource.

Doch im Kapitalismus wird die Natur, die uns umgibt, zu einer leblosen Ressource, aus der es gilt, möglichst viel Gewinn zu

34 Diese Beziehung ist anders, als die die ich zu Menschen habe, die meinen Laptop herstellen. Denn ihre Bedürfnisse können sie artikulieren und gäbe es keine Herrschaftsmittel, um sie zu zwingen, meinen Laptop herzustellen, würden sie damit aufhören, wenn ich ihre Bedürfnisse nicht auch mit einbeziehen würde.

schlagen, egal wie ich oder andere Menschen die Natur sehen. Denn wie wir als Gesellschaft die Natur verändern, entscheiden wir im Kapitalismus nicht bewusst.

Wenn ich in einem Forstunternehmen arbeite, dann kann ich zwar darüber nachdenken, wie ich zu den Bäumen im Wald in Beziehung trete, ob ich sie als faszinierende, lebendige Wesen betrachten möchte, von denen ich abhängig bin, weil sie mich mit Sauerstoff und Wasser versorgen und Treibhausgas binden. Doch zugleich sind die Bäume, die ich fälle, um meine Miete bezahlen zu können, Festmeter Holz. Eine Ware für den Markt. Und ob ich ein anderes Verhältnis zu ihnen aufbauen kann, während sie ganz real zu Ware werden, ist fraglich.

Das Problem mit unserem Naturverhältnis ist also nicht ein Irrglaube, der annimmt, Natur wäre leblos und wir stünden über ihr. Sondern vor allem, dass unsere Wirtschaftsweise Natur tatsächlich zur Ware macht. Wie wir mit dem Planeten in Beziehung treten, bestimmen nicht wir Menschen, sondern die Bewegung des Geldes.

Und wenn es darum geht aus Geld mehr Geld zu machen, dann steht die Erhaltung, die Nichtnutzung, die Wiederherstellung oder der Schutz von Natur immer auf der Kostenseite. Es ist schlicht billiger, den Giftmüll in den Fluss zu schütten, anstatt ihn umweltgerecht zu entsorgen. Dass das nicht nur dem Fluss schadet, sondern auch bedeutet, dass Menschen kein Trinkwasser mehr haben, ist für das Kapital nicht relevant, weil es Machtmittel gibt, um die Bedürfnisse dieser Menschen zu übergehen.

Gleichzeitig gibt es im Kapitalismus nicht die Möglichkeit einer Nichtnutzung von Natur, eine Entscheidung, jetzt nicht mehr weiterzuproduzieren, weil genug da ist, um alle zu versorgen. Stattdessen wächst die Wirtschaft weiter und weiter, was sich letztlich nicht von Ressourcenverbrauch, von einer Vernutzung von Natur, entkoppeln lässt.

So steht der Zwang zum endlosen Wachstum einer Welt mit begrenzten Ressourcen gegenüber. Der Widerspruch zwischen Kapital und Natur ist nur durch Aufhebung des Kapitalverhältnisses, nur durch Überwindung des Kapitalismus zu lösen.

Diese Feststellung birgt, aller Aussichtslosigkeit zum Trotz, Hoffnung. Denn die Katastrophe, in der wir uns befinden, kommt nicht durch einen unlösbaren Widerspruch zwischen Mensch und Natur.

Wir waren noch nie in der Situation, unsere Beziehung zur Natur bewusst gestalten zu können. Wir wissen nicht, ob wir in einer freien und solidarischen Gesellschaft wählen würden, unsere Lebensgrundlage zu zerstören, aber vieles spricht dagegen. Denn überall wehren sich Menschen auf sehr unterschiedliche Weise dagegen, dass ihr Verhältnis zu Bäumen, Tieren oder Landschaft durch den Markt bestimmt wird. Überall stellen Menschen dem Irrsinn der zerstörerischen Realität unserer Wirtschaftsweise zum Trotz fest, dass wir abhängig sind von all dem Lebendigen, das uns umgibt. Und wenn wir nicht mehr strukturell auf Kosten anderer Menschen handeln würden, wäre viel Naturzerstörung undenkbar, weil sie direkt verhindert, dass Menschen gut leben können. Wahrscheinlich würden wir auch zur Natur einen sorgenden Umgang entwickeln, denn schließlich stellt sie die Lebensgrundlage von Menschen dar.

Die Voraussetzung für ein sorgendes Naturverhältnis ist also, dass wir dieses Verhältnis bewusst gestalten können, anstatt es vom Kapitalverhältnis bestimmen zu lassen. Weil das Kapitalverhältnis menschengemacht ist, können wir es überwinden, aber das Zeitfenster, in dem wir das Kapitalverhältnis zerstören können, bevor es uns und die Möglichkeit menschlicher Zivilisation zerstört hat, schließt sich.

2.6 Kapitalismus als Exklusionsgesellschaft

All die Trennungen, die wir beschrieben haben, die des Marktes, des Privateigentums, der Klassen, der Geschlechter und rassistische Trennungen, sie schaffen Umstände, die es uns nahelegen, andere auszuschließen, auf Kosten anderer zu leben, die Bedürfnisse anderer nicht einzubeziehen, sondern uns gegen sie durchzusetzen – eine gesellschaftliche Exklusionslogik also.

Exklusion äußert sich horizontal als Konkurrenz und vertikal als Herrschaft. Sowohl Konkurrenz als auch Herrschaft bedeuten Exklusion: Wenn es Herrschaftsmittel gibt, sei es staatliche Macht mit Gewaltmonopol oder die Legitimation patriarchaler Gewalt, dann muss ich andere nicht einbeziehen, sondern kann mich mit diesen Herrschaftsmitteln gegen sie durchsetzen. Und wenn wir unsere gesellschaftlichen Beziehungen in Form von

Konkurrenz gestalten, dann bedeutet das ebenfalls Exklusion: In der Konkurrenz einen Vorteil zu bekommen, bedeutet, dass jemand anders einen Nachteil bekommt. Bekomme ich den Job, bekommt ihn jemand anders nicht. Kann ein Unternehmen in einem Bereich den Markt beherrschen, gehen die anderen Unternehmen pleite. Und verallgemeinerter Tausch, Markt an sich, ist also ist nicht nur ungerecht, weil wir unterschiedliche Startbedingungen haben, je nach Vermögen, Race und Geschlecht und weil wir als Lohnarbeiter:innen ausgebeutet werden. Sondern er ist durch die Konkurrenz auch ein Exklusionsverhältnis an sich. Außerdem kommt Markt letztlich nie ohne Herrschaftsmittel aus, weil er zur Grundlage hat, dass das Recht auf Privateigentum mit Gewalt durchgesetzt wird.

Zudem muss er immer in bezahlte und unbezahlte Arbeit unterscheiden, was eine Abspaltung der Reproduktionsarbeit wahrscheinlich macht und eine Vergeschlechtlichung dieser nahelegt. Zudem wird, wenn die Herstellung unserer Lebensbedingungen über den Markt geschieht, unsere Bedürfnisbefriedigung immer nur beschränkt und nebensächlich geschehen, die Produktion wird bestimmt vom Tauschwert. Dadurch, dass unsere Bedürfnisbefriedigung zum Zweck der Kapitalakkumulation geschieht, müssen wir an der Kapitalakkumulation mitwirken, um zu überleben. Wir leben also nicht nur auf Kosten anderer. Sondern auf Kosten der Möglichkeit eines guten Lebens für uns selbst.

Exklusionslogik ist also das dominante Moment im Kapitalismus. Sie lässt uns strukturell auf Kosten anderer leben. Und andere strukturell auf unseren Kosten. Da wir uns so gegenüber einander verhalten, als ob wir uns hassen würden (auch wenn die Exklusion gar nicht mit dieser Emotion an sich verbunden sein muss), spricht Friederike Habermann auch vom «strukturellen Hass»[35]. Angst und Einsamkeit werden zu bestimmenden Gefühlen in einer Gesellschaft, in der wir von Menschen abhängig sind, die uns nichts Gutes wollen.

Und diese Exklusionslogik bringt selbst wiederum Trennungen hervor: Dadurch, dass sie den Ausschluss nahelegt, führt sie zu Konstruktion und Aufrechterhaltung zahlreicher Exklusionslinien, anhand derer sich der Ausschluss verdichtet, einigen Privilegien zuteilt und andere in eine diskriminierte Position drängt.

35 Habermann 2018, S. 31ff

Gerade die Marktwirtschaft, die durch angeblich gleichen Tausch, Leistungsgerechtigkeit in den Mittelpunkt stellt, aber dabei ständig Ungleichheit produziert, ist darauf angewiesen, diese Ungleichheit zu legitimieren. So werden Identitätskategorien konstruiert und die Ungleichheit naturalisiert.

Exklusionslinien können entlang von Klasse, Geschlecht, Sexualität, Race, Staatsbürger:innenschaft, Religion, Behinderung, Alter und vielem mehr verlaufen.

Zugleich bilden sie aber eigene Herrschaftsverhältnisse, die sich nicht auf ihre Funktion in der Marktwirtschaft reduzieren lassen und die auch jenseits der Marktwirtschaft weiter wirkmächtig sein und andere Exklusiongesellschaften schaffen könnten. So ist die rassistische Abschottungspolitik der EU nicht allein über wirtschaftliche Nüzlichkeitserwägungen zu erklären und im Patriarchat sozialisierte Männer werden ihr Verhalten nicht von heute auf morgen ändern, nur weil die Gesellschaft sich nicht mehr über den Markt vermittelt.

Innerhalb der kapitalistischen Exklusionsgesellschaft lassen sich diese einzelnen Diskriminierungsformen und Machtverhältnisse zwar bekämpfen und zurückdrängen, sie komplett zu überwinden geht jedoch nur durch die Überwindung der grundlegenden Exklusionslogik, also von Herrschaft und Konkurrenz insgesamt.

Wir glauben, dass das möglich ist. Es ist nicht nur möglich, sondern auch nötig, denn die Exklusionsverhältnisse sorgen gerade dafür, dass wir unser aller Lebensgrundlagen zerstören.

Überall auf der Welt begehren Menschen gegen die vermeidbare Schwerkraft der gesellschaftlichen Verhältnisse auf, gegen das strukturelle Gegeneinander, das ihnen eine Trennung aufzwingt. Überall weigern sich Pfleger:innen nur das zu tun, wofür sie Geld bekommen, und helfen stattdessen Kranken. Überall weigern sich Menschen Natur nur als eine leblose, von uns getrennte Ressource zu betrachten, die es auszusaugen gilt und besetzen Bäume oder bauen Permakultur-Gärten auf. Überall bringen Menschen ihr Leben in Gefahr, indem sie Grenzen öffnen, Flyer verteilen, sich organisieren. Überall entscheiden sich Menschen, sich zu unterstützen und zu helfen, auch wenn sie selbst Nachteile dadurch haben. Überall weigern sich Menschen, ihr Leben dem Kapital unterzuordnen.

Selbst dass sich der Kapitalismus Forderungen von sozialen Bewegungen einverleibt hat, und uns jetzt alle möglichen Verpackungen von allen möglichen Produkten anschreien, sie seien ökologisch oder sozial hergestellt, sehen wir als Ausdruck davon, dass Menschen nicht länger die Beziehung zu denen, die sie gar nicht kennen, auf eine Art und Weise gestalten wollen, die diesen Anderen schadet. Und so auch ihnen selbst schadet. Denn auch sie werden zu diesen Anderen.

Was uns Hoffnung gibt, ist der Fakt, dass wir Menschen gesellschaftliche Wesen sind. Real sind wir also immer verbunden, voneinander abhängig, kooperieren miteinander. Diese Kooperation nimmt im Kapitalismus die Form von Konkurrenz, Trennung und Herrschaft an, doch die gegenseitige Abhängigkeit bleibt bestehen, auch wenn sie verschleiert wird. Und diese Abhängigkeit auf eine Art und Weise zu organisieren, in der für alle gesorgt ist und so niemand mehr gute Gründe hätte, mir alles wegzunehmen, würde für alle ein besseres Leben bedeuten.

Die Abhängigkeit ist also die allgemein-menschliche Basis der strukturellen Solidarität, der Inklusionsgesellschaft, die wir anstreben.

Und so gab und gibt es immer wieder Bestrebungen, die Gesellschaft solidarisch zu gestalten, Herrschaft und Konkurrenz zurückzudrängen. Zu diesem Ziel sind Menschen unterschiedliche Wege der Transformation gegangen. Keiner von diesen hat bisher wirklich das Ziel erreicht. Damit wir nachdenken können, auf welchem Weg wir das Ziel erreichen, erscheint es uns hilfreich, die bisher versuchten und gegenwärtig begangenen Wege anzuschauen, um herauszufinden, was wir davon lernen können. Und was wir dieses Mal anders machen müssen.

3. Auswege, die Sackgassen sind

3.1 Reformismus

Etwas stört mich. Etwas macht mich wütend, macht mich traurig, etwas schränkt mich ein. Ich will etwas ändern. Meistens sinniere ich dann nicht über die Frage warum, meistens lese ich dann nicht erst einmal Marx und danach noch Hegel oder fünf Bände neomarxistische Literatur. Meistens versuche ich zu handeln. Und schließe mich denen an, die es bereits tun.

Bewegungen, die sich an Themen wie Klimakrise, Löhnen, Mieten, Grenzregime, Frauen- oder LGBT-Rechten entzünden.

Wahrscheinlich werden wir dann ganz konkrete Forderungen erheben, von denen wir hoffen, dass sie das Problem beheben. Eine höhere CO_2-Steuer, einen Mietendeckel, die Legalisierung von Seenotrettung, die Abschaffung des Paragraphen 218, Vereinfachungen im Wechsel des Geschlechtseintrags und vieles mehr.

Viele dieser Forderungen würden das Leben unzähliger Menschen erleichtern oder retten und nicht selten bedeuten die Forderungen und die Kämpfe, um sie zu erreichen, ein Mehr an Solidarität. Vieles von dem, was noch einigermaßen gut ist, was uns noch einigermaßen am Leben hält, in dem Netz aus Trennungen, das uns den Hals zuschnürt, haben wir, weil Menschen es zu einem anderen Zeitpunkt erkämpft haben. Für uns. Für viele. Die geronnene Solidarität, die durchgesetzten Errungenschaften, verbessern im Hier und Jetzt unsere Kampfbedingungen.

Statt also auf eine ferne Revolution zu warten, scheinen wir Teil eines Prozesses zu sein, der lange vor uns begann und noch lange so weitergehen wird. Und unsere Tätigkeit, unser Streben nach Veränderung, verbessert schon im Hier und Jetzt unsere Lebensbedingungen.

Doch mit der Zeit stoßen wir auf immer mehr Grenzen, auf immer mehr Hindernisse, an denen wir uns verzweifelt die Zähne ausbeißen. Wir scheinen nur wenig zu erreichen, wir scheinen machtlos – im Gegensatz zu den Profitinteressen, die gegen uns stehen. Und wenn wir mal etwas erkämpfen, befinden wir uns schon in einem ständigen Abwehrkampf, um es nicht wieder zu verlieren. Und während wir also versuchen, den Staat dazu zu bekommen, im Hier und Jetzt unsere Forderungen umzusetzen und so zu verallgemeinern, werden wir immer hoffnungsloser. Immer weiter entfernt erscheint uns eine Welt, in der wir nicht ständig darum kämpfen müssen, nicht zu verelenden, nicht an Grenzen zu sterben, nicht wegen unseres Geschlechts umgebracht zu werden oder nicht in eine Geschlechtskategorie gezwängt zu werden. Immer unwichtiger erscheinen uns die Momente in unseren Bewegungen, die eigentlich Anlass für Freudentränen wären: Die Momente der Solidarität zwischen Ungleichen, die sich weigern weiter ungleich zu sein. Stattdessen erlernen wir immer mehr Spielarten der Macht. Denn erfolgversprechend scheint nur das zu sein, was unseren Einfluss auf die Regierung, die wir zum Handeln bewegen wollen, weiter erhöht. Und wir beginnen nicht mehr Forderungen zu stellen, die vernünftig oder richtig und somit realistisch wären. Sondern stellen Forderungen, von denen wir glauben, sie seien erfüllbar, von einem kapitalistischen Staat umsetzbar, und behaupten, *das* sei realistisch, obwohl sie keine realistischen Lösungen unserer Probleme bergen.

Reformen stoßen oft da auf Grenzen, wo die Probleme, die sie angehen, so sehr mit der Akkumulation von Kapital zusammenhängen, dass sie innerhalb des Kapitalismus nicht behoben werden können. Oft scheitern wir aber auch daran, etwas durchzusetzen, was eigentlich auch innerhalb des Kapitalismus umsetzbar wäre, wie die Aufklärung rassistischer Morde oder das bedingungslose Recht auf kostenlose Schwangerschaftsabbrüche. Auch hier spielt der Kapitalismus gegen uns, indem er Patriarchat und Rassismus immer wieder herstellt und uns immer wieder nahelegt. Trotzdem laufen diese Forderungen nicht völlig der Logik des Geldes, das sich ständig vermehren muss, entgegen.

Anders ist das zum Beispiel bei der ökologischen Krise. Die Bewegung des Kapitals, die ein ständiges Wachsen der Wirtschaft erfordert, gibt es nicht ohne steigenden Ressourcenverbrauch. Dass Wirtschaftswachstum und Ressourcenverbrauch frei entkoppelbar wären, ist ein Märchen und zwar eins, wo die Moral von der Geschichte erst kommt, wenn es zu spät ist. Ein Märchen mit schrecklichem Ende.

Reformistische Ansätze zur Lösung der Klimakrise sprechen dem Staat die Macht zu, über eben jenem Grundmechanismus des Kapitalismus zu stehen. Doch der Staat ist nicht einfach ein Werkzeug, das beliebig eingesetzt werden kann. Er ist auch keine Instanz, die den politischen Willen der Bevölkerung neutral ausdrückt und umsetzt. Vielmehr ist er ein Verhältnis, eine Form, wie wir miteinander in Beziehung treten, die selbst Teil des Kapitalismus und mit ihm zutiefst verschränkt ist. Er ist nicht das Gegenstück zum Markt, Markt und Staat sind vielmehr zwei Seiten einer Medaille. Es geht also nicht um eine Verschiebung des Machtverhältnisses vom Markt zum Staat. Der Staat wird nicht unsere Forderung nach Klimagerechtigkeit umsetzen, wenn wir nur laut genug schreien, denn er ist vom Markt abhängig.

Denn damit ein Staat überhaupt handlungsfähig ist und seine Maßnahmen umsetzen kann, benötigt er, wie alle im Kapitalismus, Geld. Er hat deshalb ein Interesse daran, dass seine Staatsbürger:innen mit Arbeitsplätzen versorgt sind und Steuern zahlen. Je besser die Wirtschaft läuft, je besser also Kapital verwertet werden kann, desto mehr Steuern sprudeln auch in Form von Lohn- und Unternehmenssteuern in die Staatskassen.

Wenn er nun zu strenge ökologische oder soziale Standards festschreibt, die die Produktion für die Unternehmen verteuern, würden die Unternehmen, denen es möglich ist, ihre Produktion ins Ausland verlagern, wo sie billiger produzieren können. Das ist nicht bei allen Wirtschaftszweigen möglich, aber im globalisierten Kapitalismus schon bei vielen. Die Konkurrenz verläuft also auch zwischen den Staaten als Standortkonkurrenz: Die Staaten konkurrieren darum, wer die besseren Standortbedingungen für Unternehmen liefern kann.

Theoretisch ließe sich die Standortkonkurrenz aushebeln, indem bestimmte Vorgaben global festgelegt werden. 27 Klimakonferenzen, die genau das in die Wege leiten wollten, lassen wenig Grund zur Hoffnung. Einige fordern deswegen den Öko-Weltstaat. Ob der eine realistische Chance hätte, innerhalb der bestehenden geopolitischen Interessen zu entstehen, sei mal dahin gestellt. Fragwürdig bleibt, ob dieser Weltstaat tatsächlich konsequente Klimapolitik machen könnte. Denn er bräuchte sehr viel Durchsetzungskraft, um gegen die Interessen von Konzernen, die unsere Umwelt zerstören, diese Politik durchzusetzen. Zugleich wäre auch seine Handlungsfähigkeit und damit seine Durchsetzungskraft von Steuereinnahmen und damit von eben jenen Konzernen abhängig. Der hypothetische

Weltstaat würde an dem Ast des Kapitals sägen, auf dem er sitzt. Auch wenn es keine Standortkonkurrenz gäbe, würde sich also an der grundsätzlichen Abhängigkeit des Staats von der Kapitalverwertung nichts ändern.

Natürlich ist der Staat selbst kein einheitliches Subjekt, das handelt, sondern es sind immer Menschen, die innerhalb des Staates Funktionen ausführen. Oft sind die Positionen, die diese Menschen vertreten, widersprüchlich. Was der Staat tut, ist immer umkämpft und auch der Staat handelt widersprüchlich und ist nicht immer der perfekte ideelle Gesamtkapitalist. Mal mehr, mal weniger sägt der Staat auch an dem Ast des Kapitals, auf dem er sitzt. Mal mehr, mal weniger handeln Staaten auch gegen das Kapital und für das Leben.

Allerdings setzen die gesellschaftlichen Verhältnisse diesem Handeln einen engen Rahmen. Die Institutionen, die in diesem Rahmen entstehen, formen die Menschen mehr als die Menschen die Institutionen. Und so passiert es immer wieder, dass Revolutionär:innen, die in die Parlamente zogen, um vermeintlich realistischere Veränderungen zu erwirken, lediglich zu Verwalter:innen des Elends wurden. Die Grünen, die in ihrer ersten Regierungsbeteiligung Hartz IV und massiven Sozialabbau umgesetzt haben, sind nur ein Beispiel dafür.

Die Zielvorstellung, die Utopie, von reformistischen oder reformorientierten Bewegungen ist eine Gesellschaft, in der der Staat die ökologischen und sozialen Widersprüche des Kapitalismus in einem Sinne steuert, dass er die daraus entstehenden Probleme abmildert. Eine sozial-ökologische Marktwirtschaft also, wie ihre Befürworter:innen sagen würden. Eine solche Gesellschaft würde weder die Trennung der Menschen von den Produktionsmitteln noch die Trennung der Sphären und die Marktvermittlung und damit die Trennung der Menschen von der Gesellschaft und untereinander aufheben. Sie würde die daraus entstehenden Symptome bekämpfen, nicht die Ursachen. Aber selbst diese Symptombekämpfung ist, wie wir gesehen haben, viel zu oft unrealistisch. Der Staat kann nicht beliebig regulieren, denn er ist vom Kapital abhängig.

Das heißt nicht, alle Kämpfe für Reformen zu verwerfen. Denn sowohl den Drang im Hier und Jetzt Lebensbedingungen verbessern zu wollen, als auch Veränderung als etwas Prozesshaftes zu verstehen, halten wir für sinnvoll.

Außerdem brauchen wir, um Reformen zu erwirken, immer möglichst viele Menschen. So steht das, was wir tun, in einem Verhältnis zu vielen anderen Menschen und strebt über unseren Bekanntenkreis hinaus nach Verallgemeinerung. Es wird also nie nur für Reformen gekämpft, sondern auch mit mehr und mehr Menschen solidarische Beziehungen aufgebaut. Das ist ein wichtiger Punkt und könnte uns vor der Falle des Klein-Kleins bewahren, in die staatskritische Anarchist:innen oder Menschen, die Alternativen aufbauen, immer wieder tappen.

Wir sprechen uns also nicht grundsätzlich dagegen aus, für Reformen zu kämpfen. Vielmehr glauben wir, dass der Kampf um Reformen nicht selbst die Veränderung bringen kann, die wir brauchen. Im besten Fall bereitet der Kampf um Reformen diese Veränderung vor.

Nicht alle Bewegungen wollen über Reformen nur den Markt regulieren. Einige streben über Reformen auch die Aufhebung des Marktes an und dann in verschwommener, nicht näher erläuterter Zukunft, die Aufhebung der Exklusionslogik. So dachte die Sozialdemokratie Anfang des 20. Jahrhunderts, sie könne den Kapitalismus wegreformieren und auch heute streben einige linke Parteien dieses Ziel an.

Die Probleme dabei sind ähnlich wie die einer Reformpolitik, die den Kapitalismus nicht hinterfragt. Nämlich dass im Kapitalverhältnis keine Reformen umsetzbar sind, die dieses sprengen.

Es stellt sich die Frage, wie mit einem Instrument, das so eng mit dem Kapitalismus verknüpft ist wie der Staat, etwas anderes als Kapitalismus geschaffen werden soll. Zudem ist der Staat auch ein Herrschaftsinstrument, es erscheint unwahrscheinlich, dass er seine Macht eines Tages einfach zugunsten von freien Verhältnissen abgibt. Vor allem, wenn er immer mehr Macht bekommen hat, so viel, dass er den Markt beherrschen kann.

Dieses Problem, das für die reformistischen Bestrebungen ein theoretisches blieb, weil sie keine Überwindung der Marktwirtschaft erreichten, stellte sich für andere Strömungen ganz praktisch. Und zwar für die Strömungen, die ebenfalls den Staat als Werkzeug für die nötige Überwindung nutzen wollten, aber nicht durch allmähliche Reformen, sondern durch die Eroberung der Staatsmacht in einem revolutionären Bruch. Wie genau sich dieses Problem artikuliert, schauen wir uns im Folgenden an.

3.2 Revolution als Eroberung der Staatsmacht

Ich bin also nicht mehr nur wütend oder traurig. Ich bin auch enttäuscht. Ich bin ungeduldig. Ich will keine Abwehrkämpfe mehr führen gegen einen kapitalistischen Staat, der mir immer wieder wegnimmt, was wir bereits erkämpft haben. Ich will diese Verwaltung des Elends nicht mehr beeinflussen. Ich will einen Bruch mit ihr.

Ein revolutionärer Bruch, in der die gesellschaftlichen Verhältnisse innerhalb relativ kurzer Zeit grundlegend umgestaltet werden. Auch wenn Reformist:innen meinen, den kapitalistischen Staat nutzen zu können und Revolutionär:innen ihn zerschlagen und an seine Stelle einen sozialistischen stellen wollen

Marxistisch-leninistische Strömungen haben das angestrebt, und streben es noch heute an. Trotz ihrem scheinbaren Dissens mit Reformist:innen verbindet sie etwas Entscheidendes: Beide sehen den Staat als Werkzeug an, um diese Veränderung zu erwirken.

Während die Reformist:innen die Zustände mit den legalen Mitteln des Staates schrittweise verändern wollen, wollen leninistische Revolutionär:innen die Staatsmacht an sich reißen.

Einmal, in einer nebulösen Zukunft, die den Gesetzen der Zeit zum Trotz immer mehr in die Zukunft rückt, anstatt sich der Gegenwart zu nähern, soll der Staat dann absterben und Platz machen für eine Gesellschaft nach Bedürfnissen und Fähigkeiten.

Um den Kommunismus zu erreichen, eine Gesellschaft frei von Exklusion, halten sie es für notwendig, alte Exklusionsverhältnisse zu nutzen oder gar neue aufzubauen. Sie sehen die Notwendigkeit einer sozialistischen Übergangsgesellschaft, des Staatssozialismus. Diese Überlegung ist zwar verständlich, denn sie versucht, der unangenehmen Tatsache Rechnung zu tragen, dass der Übergang in eine solidarische Gesellschaft kein einfacher ist, dass er Gegner haben wird und dass Erungenschaften auch verteidigt werden müssen. Dass die angestrebte Gesellschaft durch einen frisch eroberten Staat von oben durchgesetzt werden muss, liegt auch in der leninistischen Vorstellung von Revolution begründet. Die Macht zu erobern kann im richtigen Moment als eine Art Staatsstreich funktionieren, als ein Projekt einer kleinen Avantgarde. Die neue Welt gilt es dann gegen die Menschen durchzusetzen, man versucht sie pädagogisch zu neuen Menschen zu erziehen oder zu zwingen, am sozialistischen Umbau mitzuwirken.

Obwohl diese Revolutionär:innen mit einer solchen Wucht, mit einer solchen Ungeduld, den Bruch mit dem Alten anstreben, werden zahlreiche Widersprüche des Kapitalismus weiter in den Staatssozialismus getragen.

So ist für Staatssozialist:innen die Kritik des Privateigentums an Produktionsmitteln ein zentrales Element. Die Vergesellschaftung der Produktionsmittel wird dann aber als Verstaatlichung gedacht. Damit werden wir auf einer anderen Ebene wieder von den Mitteln getrennt: Statt den Kapitalist:innen verfügt jetzt der Staat ausschließend über sie. Er bildet dabei eine abgetrennte Sphäre, die die gesellschaftliche Allgemeinheit repräsentieren soll.

Statt des ungesteuerten Marktes, der nur den Gesetzen der Vermehrung von Geld folgt, wollen viele Staatssozialist:innen eine zentrale Planung. Dabei stellt sich aber die Frage, wie dieser staatlich festgelegte Zentralplan durchgesetzt wird. Also wie sichergestellt wird, dass alle Menschen die Tätigkeiten erfüllen, die der Plan verlangt, und das konsumieren, was der Plan ihnen zuschreibt.

In den historischen Beispielen des Staatssozialismus wie auch in vielen neueren Modellen[36] geschieht dies über Entlohnung. Wer die Planvorgaben erfüllt, bekommt Geld oder ein ähnliches Äquivalent, von dem man sich die Dinge, die man zum Leben braucht, kaufen kann.

Doch wenn Geld oder Entlohnung als Mittel genutzt werden, kauft man sich ähnliche Probleme wie im Kapitalismus wieder ein. Denn die Logik der Entlohnung macht etwas mit der Arbeit, die wir erbringen. Sinnvoll beizutragen und Bedürfnisse zu befriedigen steht dann nicht unbedingt im Mittelpunkt, sondern wir arbeiten, um entlohnt zu werden, sind also vom Inhalt der Arbeit entfremdet. Auch wenn die Arbeit nicht mehr der Vermehrung von Kapital als Selbstzweck dient, sondern der Erfüllung eines Plans, der versucht, sich an Bedürfnissen zu orientieren, bleibt sie für die Arbeiter:innen entfremdete Arbeit. Damit entsteht auch eine Beziehung des tendenziellen Gegeneinanders zwischen den einzelnen Betrieben und der zentralen Planungsbehörde. Betriebe, die Zuwendungen

36 Etwa Devine 2002, Hahnel 2021, Cockshott/Cottrell 1993

bekommen, um Planvorgaben zu erfüllen, haben gute Gründe, so viele Zuwendungen wie möglich abzustauben, ohne dabei viel produzieren zu müssen. Sie tendieren dazu, die Planungsbehörde zu bescheißen und selbst Kosten zu externalisieren. Außerdem gab es im historischen Staatssozialismus wieder eine Sphärentrennung in entlohnte Arbeit in der Produktion und unentlohnte Arbeit in der Reproduktion. Auch wenn die Grenzen weniger scharf gezogen wurden und zum Beispiel staatlich organisierte kostenlose Kinderbetreuung vielen Frauen das Leben erleichterte. Trotzdem bleibt letztlich ein Teil der gesellschaftlich notwendigen Arbeit entlohnt. Der andere Teil, der notwendig ist, um die Arbeiter:innen zu reproduzieren, bleibt unentlohnt und das führte zu einer Doppelbelastung für Arbeiterinnen. Neuere Theorien versuchen vielleicht diese Sphärentrennung aufzuheben und auch Reproduktionsarbeit zu entlohnen. Aber es wird schwer werden, dann Grenzen zu ziehen. Wann leiste ich einen Beitrag zu der Erfüllung des Plans, indem ich meine Arbeitskraft reproduziere und wann hänge ich nur rum und genieße die Sonne? Erfülle ich den Plan, wenn ich ein Baby wiege? Wenn ich meine Freund:in tröste? Wenn ich meine Zähne putze? Wenn ich Bäumchen in meinem Hinterhof pflanze? Ein Insektenhotel baue? Meine alten Großeltern besuche?

Zudem kann eine Konzentration vieler Ressourcen auf einen zentralen Staat dazu führen, dass dieser Staat autoritärer wird. Es ist sicher kein Zufall, dass viele sozialistische Staaten nicht besonders demokratisch waren. Ein Teil der autoritären Tendenzen lässt sich vielleicht mit der Notwendigkeit der Verteidigung gegen ein kapitalistisches Außen erklären. Doch auch die Logik von Produktionsmitteln als Staatseigentum an sich führt zu einerer autoritären Tendenz. Wenn der Staat alle Produktionsmittel und Gewaltmittel besitzt, ist es sehr einfach für ihn, sich gegen die Bedürfnisse politischer Gegner und streikender Arbeiter:innen durchzusetzen. Und eine Gesellschaft, die immer noch auf Entlohnung setzt, kommt auch nicht ohne Gewaltmittel aus. Denn der sozialistische Staat muss genau wie der kapitalistische Staat das Eigentum sichern. Nur indem Menschen vom gesellschaftlichen Reichtum ausgeschlossen werden, kann man sie über Entlohnung zum Arbeiten drängen.

Als weniger autoritäres Gegenmodell zum Staatssozialismus wird manchmal ein Marktsozialismus vertreten. Die Produktionsmittel werden nicht verstaatlicht, sondern in die Hände der Arbeiter:innen gegeben. Die kollektive Verfügung über die Mittel durch die Arbeiter:innen ist also gegeben. Doch es ist immer noch keine gesellschaftliche Verfügung.

Denn alles, was produziert wird, ist Privateigentum der Betriebe und wird erst dadurch gesellschaftlich, dass es verkauft wird. Die Beziehung zwischen den Betrieben ist also über den Markt geregelt. So tauchen dieselben Probleme wie beim kapitalistischen Markt wieder auf.

Die Arbeiter:innen haben zwar keine Chefs mehr, müssen aber dem Kommando der Konkurrenz folgen. Sie arbeiten nicht mehr für den Mehrwert des Chefs, aber weiter für den Tauschwert und der Rahmen, in dem sie ihre Arbeit selbst gestalten können, bleibt so beschränkt. Auch hier lebt der Widerspruch zwischen Gebrauchswert und Tauschwert fort: Die Arbeiter:innen produzieren nicht, was unmittelbar gebraucht wird, was sie sinnvoll finden oder was ihnen Spaß macht herzustellen, sondern was sich verkaufen lässt. So werden zahlungskräftige Bedürfnisse befriedigt, alle anderen nicht.

Obwohl also Revolutionen als gewaltiger Bruch erscheinen, bilden sie, wenn sie darin bestehen, die Staatsmacht zu übernehmen und über den Staat die Gesellschaft neu zu organisieren, keinen Bruch mit dem Bestehenden, der tief genug geht. So glauben wir, dass die Idee innerhalb einer kurzen Zeit die gesamten Verhältnisse über den Haufen zu werfen, in dem man die Macht übernimmt, zu Problemen führt, die eine Schaffung von neuen Exklusionsgesellschaften nahelegt.

Denn woher soll das Neue plötzlich kommen? Von der avantgardistischen Gruppe, die von oben die Gesellschaft umstrukturiert?

Leninist:innen würden jetzt die Nase rümpfen und sagen, dass jeder Revolutionär wisse, dass Revolutionen vorbereitet werden müssen.

Doch diese Vorbereitung wird oft nur verstanden als Aufbau von Gegenmacht. Als organisierte Handlungsmacht, die in der Lage ist, sich gegen die anderen, die auch die Macht übernehmen wollen, durchzusetzen. Zweifelsohne ist das relevant für das Gelingen einer Revolution. Aber um einen wirklichen Bruch mit den Verhältnissen der Trennung herbeizuführen, müsste auch etwas anderes vorbereitet werden. Nämlich nicht nur der

Bruch, der eine Machtfrage ist, die in der Logik des Bestehenden verbleibt – oder sogar versucht, besser, das heißt grausamer, als die Herrschenden im Bestehenden zu werden, wenn auch mit dem richtigen Ziel über die Grausamkeit hinauszukommen. Sondern auch das Darüberhinaus. Die andere Gesellschaft, die letztlich aus erfüllenden, gegenseitigen Beziehungen zu denen, die wir kennen und nicht kennen, besteht, muss vorbereitet werden, damit sie sich nach einem Bruch entfalten kann.[37]

Diese Erkenntnis bedeutet, dass wir uns auf ein widersprüchliches Feld begeben müssen. Denn einerseits sind Fragen, wie die, wem die Produktionsmittel gehören, durchaus Machtfragen. Und wir sind nicht nur gezwungen, sie von denen zu bekommen, deren Privateigentum sie jetzt sind und die davon profitieren, sondern müssen uns im schlechtesten Fall auch gegen Faschist:innen, Konservative oder autoritäre Sozialist:innen durchsetzen.

Anderseits heiligt das gute Ziel nicht die schlechten Mittel. Im Gegenteil zerstören die schlechten Mittel das gute Ziel.[38] Je mehr wir um die Eroberung der Macht kämpfen, desto wahrscheinlicher wird es, dass wir das verlieren, worum wir kämpfen.

Eine andere Gesellschaft müsste auf struktureller Solidarität beruhen. Wir müssen sie schaffen und durchsetzen in einer Gesellschaft, die auf strukturellem Gegeneinander beruht. Wir versuchen uns in diesem Buch in diesem Widerspruch zu bewegen, versuchen sowohl die Gefahr ernstzunehmen, im schlechten Alten zu verweilen, weil man sich nicht gegen das schlechte Alte durchsetzen kann, als auch die Gefahr, das bessere Neue zu verlieren, weil man die Spielart des Alten spielt, um es zu erreichen.

Zunächst aber wollen wir dieses bessere Neue umreißen. Denn um etwas vorzubereiten oder aufzubauen, sollte man eine Idee davon haben. Um etwas nicht zu verlieren, sollte man wissen, wie es ist. Und um nicht das Alte zu wiederholen, sollte man klar haben, was man stattdessen will.

---

37 Historisch haben Anarchist:innen diesen Aspekt in den Revolutionsbegriff mit eingeschlossen und schon früh die Staatsfixiertheit der Kommunist:innen kritisiert. Auch Bini Adamczak spricht sich in «Beziehungsweise Revolution» dafür aus, Revolution als das Schaffen neuer Beziehungsweisen umzudeuten (Adamczak 2017).

38 Für die russische Revolution analysiert Bini Adamczak dies auch in «Gestern Morgen» (Adamczak 2011)

4. Jenseits der Trennungen: Die Gesellschaft der strukturellen Solidarität

Wir haben also angerissen, warum unsere Gesellschaftsform uns und unsere Lebensgrundlage zerstört. Wir haben auch angerissen, was es für Vorstellungen gibt, um das zu verändern und, damit verbunden, was es für Vorstellungen einer besseren Gesellschaftsform gibt. Nur um dann zu sehen, wie diese Vorstellungen die Trennungen, die der Kapitalismus zieht, doch wieder reproduzieren, und sie deshalb zu verwerfen.

Doch Kritik reicht nicht aus. Wenn wir nicht die Fehler vergangener Transformationsversuche wiederholen wollen, wenn wir nicht nur einige Übel des Kapitalismus abschaffen wollen, sondern alle, dann müssen wir zumindest grob bestimmen, was eine Gesellschaft ausmachen würde, die dies tut. Um uns dann dem eigentlichen Zweck dieses Buches zu widmen, müssen wir wissen, wo wir hinwollen, um überhaupt überlegen zu können, wie wir dahin kommen.

Was wir suchen, ist eine Gesellschaft der strukturellen Solidarität. Eine Gesellschaft, die sich an unseren Bedürfnissen orientiert und zwar auf eine Art und Weise, die es uns erlaubt, diese zu befriedigen, ohne das auf Kosten anderer zu tun. Eine Gesellschaft also, in der wir unsere Abhängigkeit in solidarischer Verbundenheit organisieren. Karl Marx und Friedrich Engels haben das «eine Assoziation, worin die freie Entwicklung eines jeden die Bedingung für die freie Entwicklung aller ist»[39] genannt. Wir glauben, dass eine solche solidarische Gesellschaft auch die beste Voraussetzung ist, um ökologische Probleme anzugehen. Denn wie wir in der Einleitung dargelegt haben, bedeutet Naturzerstörung auch immer Zerstörung von menschlichen Lebensgrundlagen und damit ein Handeln auf Kosten anderer – und letztlich auch auf Kosten aller. Wenn wir die gesellschaftlichen Verhältnisse hingegen als solidarische gestalten würden, anstatt einem Zwang zum Gegeneinander folgen zu müssen, könnten wir nicht nur zu anderen Menschen solidarisch sein, sondern auch ein pflegendes und sorgendes Verhältnis zu unse-

39 MEW4, S. 482

ren natürlichen Lebensgrundlagen entwickeln. Auch wenn die Änderung der Gesellschaftsform nicht automatisch zu einem solchen sorgenden Verhältnis führt, halten wir es doch für sehr wahrscheinlich, dass eine solidarische Gesellschaft sich dafür entscheiden würde, mit der Zerstörung der Ökosysteme aufzuhören. Denn es ist nicht nur an sich wertvoll, von florierendem Leben, vom Kreuchen und Fleuchen all der Pflanzen und Tiere umgeben zu sein und ihre Schönheit genießen zu können, sondern diese Ökosysteme sind auch Grundlage für unsere eigene Existenz als Menschen.

4.1 Die Überwindung des strukturellen Zwangs als Bedingung struktureller Solidarität

Aber was würde die Organisationsweise einer solidarischen Gesellschaft ausmachen? Auch heute verhalten wir uns immer wieder solidarisch, beziehen die Bedürfnisse anderer mit ein, nehmen es nicht hin, dass Menschen leiden und wir unsere Lebensgrundlagen zerstören. Aber wir tun das oftmals gegen die dominante gesellschaftliche Logik. Denn diese ist eine Logik der Trennungen. Oft können wir unsere Bedürfnisse am besten dann befriedigen, wenn wir es auf Kosten anderer tun, denn schließlich stehen wir alle in Konkurrenz zueinander und unsere Existenz hängt von der Kapitalverwertung ab, die unsere Lebensgrundlagen zerstört. Was würde also diese Solidarität, die wir auch heute schon immer wieder allen Widrigkeiten zum Trotz leben und erleben, freisetzen? Was würde dafür sorgen, dass sie nicht mehr nur eine Kraft ist, mit der wir uns immer wieder gegen das Bestehende stemmen? Was würde dafür sorgen, dass sie stattdessen gesellschaftlich nahegelegt ist und alle gesellschaftlichen Verhältnisse formt?

Wir glauben, dass das eine Organisationsweise der gesellschaftlichen Reproduktion wäre, die darauf verzichtet, Zwang zu ihrem grundlegenden Strukturprinzip zu machen. Denn sobald Menschen dazu gezwungen werden können, etwas zu tun, müssen ihre Bedürfnisse nicht mehr einbezogen werden. Wir sind immer voneinander abhängig. Wir brauchen einander, um all das herzustellen, was wir zum Leben brauchen. Wenn wir diese Abhängigkeit als Zwang organisieren, wird sie zur Unfreiheit und zum Gegeneinander. Wenn wir sie aber als freie Kooperation gestalten, dann müssen wir uns solidarisch aufeinander beziehen, um unsere gesellschaftliche Reproduktion zu sichern. Wenn wir mit anderen kooperieren wollen und sie nicht dazu zwingen können, dann müssen wir deren Bedürfnisse einbeziehen. Solidarität wird dann also gesellschaftlich nahegelegt.

Alle Herrschaftsverhältnisse basieren auf Zwang. In der Sklaverei wird Arbeit durch direkten Zwang erpresst. Im Patriarchat wird die unbezahlte Hausarbeit dadurch erpresst, dass uns Geschlechterrollen aufgezwungen und Abweichungen davon im Zweifel mit Gewalt sanktioniert werden. In der Lohnarbeit wird Arbeit dadurch erpresst, dass unsere Existenz daran geknüpft wird. Zugang zu den Dingen, die wir zum Leben brauchen, bekommen wir nur über Geld und das bekommen wir nur, wenn wir unsere Arbeitskraft verkaufen. Der Zwang artikuliert sich also als Tausch. Wer genug Geld hat, kann damit die Arbeit anderer erzwingen.

Erzwungene Arbeit ist immer entfremdet.[40] Wir tun nicht, was wir sinnvoll finden oder was uns Freude bereitet, sondern die Arbeit wird völlig losgelöst von ihrem Inhalt für uns zu einem Zweck dafür, Geld zu bekommen und unsere Existenz sichern zu können. Es ist also keine Tätigkeit, zu der wir motiviert beitragen und die wir gut machen wollen, sondern eine Qual, die wir uns antun, um leben zu können. Das bedeutet auch, dass wir wahrscheinlich dafür entschädigt werden wollen. Wenn wir einen Großteil unserer Lebenszeit mit fremdbestimmter und uns auslaugender Arbeit verbringen, dann wollen wir das verständlicherweise in unserer Freizeit kompensiert wissen. Daher glauben wir, dass eine Gesellschaft, die sich über Lohnarbeit organisiert, stärkere Konsumbedürfnisse hervorbringt als eine Gesellschaft der freien Kooperation. Materielle Konsumbedürfnisse zu befriedigen führt letztlich wieder zu einem höheren Ressourcenverbrauch und damit einer weitergehenden Zerstörung unserer Lebensgrundlagen. In einer Lohnarbeitsgesellschaft, die zusätzlich die Produktion über den Markt organisiert, wie im Kapitalismus, müssen sogar immer neue Konsumbedürfnisse entstehen, weil neue Absatzmärkte entstehen müssen.

Gegen das Prinzip der Lohnarbeit spricht aber auch, dass es schwer ist zu bestimmen, wo die Grenze zwischen zu ent-

---

40 Vgl. MEGA I.2

lohnender Arbeit und sonstiger Tätigkeit gezogen werden soll, wie wir schon im letzten Kapitel diskutiert haben. Selbst wenn einige Reproduktionsarbeiten in die zu entlohnende Arbeit aufgenommen werden können, ist die Frage, wo die Grenze zu ziehen ist. Also ob etwa emotionale Fürsorge für Freund:innen auch zur Arbeit zählt und wenn ja, wie diese in Stunden zu erfassen ist. Auch die Sorge um Kinder lässt sich schwer in genaue Arbeitsstunden erfassen, letztlich ist sie eine Arbeit, die gar keine festen zeitlichen Grenzen kennt. Und ist es wirklich erstrebenswert, zwischenmenschliche Beziehungen je nachdem, wie relevant sie für die Erfüllung der Planvorgaben sind, einzupreisen? Die Frage ist auch, wie mit unterschiedlich schweren Arbeiten umzugehen wäre. Wenn eine Arbeit körperlich so anstrengend ist, dass es mehr Zeit zur Erholung braucht, wird dann diese Erholungszeit auch bezahlt? Wir glauben, dass die Entlohnung von Arbeit dazu tendiert, immer auch einen Bereich abzuspalten, in dem die Erholung von der Arbeit stattfindet und in der dann doch wieder eine ganze Menge zusätzliche Arbeit als Reproduktionsarbeit anfällt und somit die Sphärenspaltung reproduziert wird, die dann eine patriarchale Abspaltung nahelegt. Und schließlich ist die Norm hinter der Vorstellung der Entlohnung von Arbeit immer das leistungsfähige Individuum. Wenn wir nur durch Arbeit das bekommen, was wir zum Leben brauchen, dann ist ein Großteil der Menschheit davon ausgeschlossen. Denn einen Großteil des Lebens sind wir entweder noch zu jung oder aber zu alt und zwischendurch auch noch zu krank, um den Anforderungen produktiv beizutragen, genügen zu können. Für Menschen mit schweren Behinderungen gilt das noch mehr. All diese fallen also hinten runter, wenn der Zugang zum gesellschaftlichen Reichtum an Arbeit gekoppelt wird. Das kann höchstens ausgeglichen werden durch sozialstaatliche Maßnahmen oder dadurch, dass die Familie diese Menschen mitversorgt. Aber letztlich bleiben sie, obwohl sie einen großen Teil der Gesellschaft ausmachen, eine Ausnahme, die in dem grundlegenden Strukturprinzip der Kopplung von Konsummöglichkeiten an Arbeit nicht vorgesehen ist und deren Versorgung deshalb prekärer ist[41].

41 Heide Lutosch macht darauf aufmerksam, dass diese Norm auch in vielen linken Utopieentwürfen, einschließlich dem von Simon Sutterlütti und Stefan Meretz, an die wir hier anknüpfen, reproduziert wird (Lutosch 2022)

Das Prinzip der Lohnarbeit zieht also zahlreiche Trennungen. Es zieht die Trennung zwischen den Bezahlenden und den Bezahlten, weil Erstere die Bedürfnisse von Letzteren nicht mit einbeziehen müssen, wenn sie sie mit Geld erpressen können. Es zieht eine Trennung zwischen uns und der Tätigkeit, die wir tun. Diese Entfremdung legt auch ein Naturverhältnis nahe, das uns von unseren natürlichen Lebensgrundlagen trennt. Bezahlte Tätigkeiten werden von unbezahlten getrennt und weniger leistungsfähige Menschen werden von der Teilhabe am gesellschaftlichen Reichtum getrennt. Arbeit zu erzwingen – und Erpressung durch Lohn ist eine Form des Zwangs – bedeutet nicht nur grundlegend, dass die Bedürfnisse anderer nicht einbezogen werden müssen, sondern es bringt auch all diese konkreten Probleme mit sich.

Das bedeutet nicht, dass es in einer solidarischen Gesellschaft gar keinen Zwang mehr geben würde. Im Fall von Gewalt oder anderen zwischenmenschlichen Grenzüberschreitungen ist es etwa sinnvoll und notwendig, auch Zwang gegen gewaltausübende Personen anzuwenden, um die Betroffenen zu schützen. Aber Zwang wäre nicht mehr das grundlegende Strukturprinzip der gesellschaftlichen Reproduktion.

Wenn wir also eine solidarische Gesellschaft wollen, dann würde das bedeuten, die abstrakte Kopplung von Geben und Nehmen auf individueller Ebene, also die Kopplung vom Zugang zum gesellschaftlichen Reichtum an geleistete Arbeit, aufzuheben.[42] Geld, das Mittel, das diese Kopplung herstellt, gäbe es nicht mehr. Alle Menschen müssten bedingungslos versorgt werden.

---

42 Die Kopplung kann auch als Tauschlogik bezeichnet werden, so etwa bei Friederike Habermann, die in «Ausgetauscht. Warum gutes Leben für alle tauschlogikfrei sein muss» eine umfassende Kritik der Tauschlogik formuliert (Habermann 2018).

4.2 Vermittlungsform Commoning

Gleichzeitig gilt es jedoch anzuerkennen, dass es in jeder Gesellschaft Begrenzungen aufgrund stofflicher Bedingungen gibt. Denn das, was vom gesellschaftlichen Reichtum entnommen oder genutzt werden kann, ist zum einen dadurch begrenzt, dass die natürlichen Ressourcen endlich sind und zum anderen dadurch, dass jemand die Arbeit leisten muss, die Güter herzustellen oder sich um ihre Reproduktion zu kümmern. Es lässt sich nur das entnehmen, was auch jemand hergestellt hat. Auf gesellschaftlicher Ebene gibt es daher immer eine Kopplung von Geben und Nehmen, immer Notwendigkeiten, die auf irgendeine Art und Weise erfüllt werden müssen. Nur bedeutet dies nicht zwingend, dass diese Kopplung auf die individuelle Ebene durch das Erpressen von Arbeit weitergegeben werden muss. Stattdessen kann auch kollektiv und letztlich gesellschaftlich gemeinsam überlegt werden, was hergestellt werden soll und wie die notwendige Arbeit dafür erbracht wird. Sowohl über die Nutzung der Ressourcen und der Produktionsmittel als auch die Gestaltung und Verteilung von Arbeit sowie die Verteilung der Güter müsste also demokratisch entschieden werden. Eine solche Vermittlung von Notwendigkeiten, Fähigkeiten und Bedürfnissen, die nicht durch Zwang, sondern stattdessen durch kollektive und gesellschaftliche Selbstorganisation geschieht, nennen wir Commoning.

Dieser Begriff kommt von Commons, was ein in letzter Zeit in akademischen wie in aktivistischen Kreisen vermehrt benutztes Konzept beschreibt, das jenseits von Markt und Staat verortet wird. Commons sind Ressourcen, Güter und Strukturen, die kollektiv genutzt und durch einen bedürfnisorientierten, selbstorganisierten Prozess geschaffen und gepflegt werden. Commoning beschreibt eben diesen Prozess und damit einerseits die konkrete herstellende, pflegende und/oder nutzende Tätigkeit, andererseits aber auch die kollektive bedürfnisorientierte Selbstorganisation, die damit einhergeht. Damit ist Commoning also auch eine Beziehungs- und Vermittlungsform. Heute im Kapitalismus erleben wir auch schon Commoning an vielen Stellen, in vielen kleinen Commons-Projekten. Dem werden wir uns im nächsten Kapitel näher widmen. Dabei bleibt Commoning jedoch meist auf der Ebene von überschaubaren Kollektiven. Wenn es uns aber um Commoning als eine gesamtgesellschaftliche Vermittlungsform geht, dann müssen wir uns auch fragen, wie die gesamtgesellschaftliche Koordination über Commoning gestaltet werden kann.

Dabei können und wollen wir keinen Masterplan liefern. Stattdessen möchten wir ein Feld von Möglichkeiten aufspannen.[43] Zum einen mag es sein, dass viel Koordination in konkreten lokalen Zusammenhängen stattfindet, etwa in den Betrieben, in denen die dort Tätigen entscheiden, was sie herstellen wollen und wie sie den Arbeitsprozess gestalten. Wenn sie etwas Sinnvolles herstellen wollen, müssten sie aber auch wissen, was gesellschaftlich gewünscht ist, welche Bedürfnisse es gibt. Dafür könnten sie sich mit organisierten Konsument:innen, die sich etwa auf der Ebene von Nachbarschaften zusammentun und dort die Bedürfnisse erheben, absprechen. Bei einigen Gütern ergibt es Sinn, sie zentralisierter herzustellen und manchmal brauchen sie Vorprodukte aus aller Welt, so etwa bei Computern, die eine Menge Chips brauchen, die aus Rohstoffen hergestellt werden, die es nicht überall gibt. Hierfür müssten sich die Beteiligten also auf überregionaler Ebene koordinieren, etwa in Rätestrukturen, in die Delegierte der beteiligten Betriebe, aber auch etwa Vertreter:innen von Konsument:innen und von Anwohner:innen der Abbauregionen entsandt werden. In solchen Rätestrukturen könnte Planung stattfinden, könnten Absprachen getroffen werden, sodass die Produzent:innen sich darauf verlassen können, dass die notwendigen Vorprodukte auch wirklich ankommen und gleichzeitig die Bedürfnisse aller Beteiligten einbezogen werden.

Auch im Care-Sektor wird es notwendig sein, eine solche Verlässlichkeit herzustellen, denn pflegebedürftige Menschen unversorgt zu lassen, ist keine Option.

Die Koordination über Räte kann auch durch Kommunikationsmittel wie das Internet unterstützt werden, über die Bedarfe und weitere Informationen schnell übermittelt werden können. Bei einigen Fragen ergibt es auch Sinn, dass die gesamte Menschheit global Entscheidungen fällt, etwa beim Umgang

43 Die Debatte um demokratische Planung, die in den vergangenen Jahren erneut aufgekommen ist, hat ebenfalls viele interessante Konzepte der gesellschaftlichen Koordination jenseits des Marktes hervorgebracht. Für einen Überblick über verschiedene Entwürfe sowie die Debatte zwischen ihnen sei der Podcast «Future Histories» von Jan Groos wärmstens empfohlen: https://www.futurehistories.today

mit der Klimakrise oder der Nutzung seltener Ressourcen. Auch über solche Fragen könnte in Rätestrukturen auf lokaler Ebene diskutiert werden, die dann Delegierte bis hoch zur globalen Ebene entsenden. Aber auch Abstimmungen und andere Formen der Entscheidungsfindung sind denkbar. Ebenso ist denkbar, dass Menschen die Entscheidungsfindung in manchen Fragen an Expert:innen delegieren, denen sie vertrauen. Entscheidend ist letztlich, dass die Menschen ihre Organisationsweisen und deren Zwecke selbst bestimmen können.

4.3 Wer macht dann die Müllabfuhr?

Auf viele mag es unrealistisch erscheinen, die Lohnarbeit zu überwinden und die gesellschaftliche Reproduktion stattdessen durch Commoning zu organisieren. Aber wir glauben, dass Menschen auch und gerade dann motiviert sind, zur gesellschaftlichen Reproduktion beizutragen, wenn sie bedingungslos versorgt und nicht zur Arbeit erpresst werden. Denn schließlich haben wir produktive Bedürfnisse. Unter den bestehenden Umständen ist es verständlich, keine Lust zu haben zu arbeiten, denn die Arbeit ist von Fremdbestimmung und Ausbeutung geprägt. Wenn wir aber über unsere Lebensbedingungen im umfassenden Sinne selbstorganisiert mit verfügen könnten, wäre wahrscheinlich auch die Motivation, zu deren Reproduktion beizutragen, höher. Generell werden sich die Bedürfnisse selbst durch ihre Aushandlung in kollektiven gesellschaftlichen Strukturen verändern. Trotzdem wird es auch in einer solidarischen Gesellschaft unbeliebte Aufgaben geben. Die Frage danach, wie mit diesen umzugehen ist, wird uns oft gestellt als «Wer macht dann die Müllabfuhr?». Das Beispiel scheint uns wenig geeignet, denn zum einen glauben wir, dass es in einer ökologischen Gesellschaft viel weniger Müll geben würde. Und wir zumindest würden sehr gerne die Müllabfuhr in einer solidarischen Gesellschaft machen, wenn wir dafür nicht mehr im Kapitalismus leben müssten. Aber trotzdem ist klar, dass es unbeliebte Aufgaben geben wird. Wie mit diesen umzugehen ist, wird immer ein Aushandlungsprozess sein.

Mögliche Lösungen könnten sein, sie zu rotieren und sich auf eine Richtmenge an Arbeit zu einigen, die möglichst alle beitragen sollten. Wo möglich, können sie auch so reorganisiert werden, dass sie mehr Spaß machen. In einigen Fällen mag man auch entscheiden, dass die Arbeit doch nicht so wichtig ist und sie einfach sein lassen. Oder sie kann automatisiert werden, wobei auch klar sein sollte, dass Automatisierung immer mit Energieverbrauch einhergeht und deshalb durch ökologische Grenzen beschränkt bleibt. Auch sozialer Druck, der ja letztlich auch eine Art und Weise ist, Bedürfnisse zu artikulieren, wird realistischerweise eine Rolle spielen. Letztlich glauben wir, dass die Koordination von Bedürfnissen und Fähigkeiten durch Absprachen und gesellschaftliche Selbstorganisation es möglich macht, dass Menschen «zwischen Lust und Notwendigkeit»[44] beitragen können.

4.4 Commons statt Privateigentum

Bedingung für die gesellschaftliche Koordination über Commoning ist die Überwindung des Privateigentums. Anstelle der privaten Verfügung über die Dinge, durch die andere von Nutzung und Mitsprache ausgeschlossen werden, tritt die gesellschaftliche Verfügung. Aus Privateigentum werden Commons. Der gewaltvolle Ausschluss von den Lebens- und Produktionsmitteln wird beendet, es gibt keine staatliche Gewalt mehr, die diesen durchsetzt. Dies ist Voraussetzung dafür, dass Tausch und damit Zwang aufgehoben werden können. Denn wenn jemand ausschließlich über eine Sache verfügt, dann kann die Person andere mit dem Zugangsrecht dazu erpressen und damit etwa Arbeit erzwingen. Aber was bedeutet diese gesellschaftliche Verfügung konkret? Im Falle von Produktionsmittel werden zwar vor allem die dort Tätigen darüber verfügen und entscheiden, wie sie ihren Arbeitsprozess gestalten. Sie tun dies aber nicht isoliert vom Rest der Gesellschaft, sondern eingebettet in Strukturen der Planung und der Koordination, in denen die Bedürfnisse aller artikuliert und verhandelt werden können. Letztlich bedeutet das, dass vermittelt über diese Strukturen alle über den Einsatz der Produktionsmittel mitentscheiden können. Im Fall von natürlichen Ressourcen wird dies ähnlich sein, wobei besonders bei seltenen Ressourcen eine noch größere Einbindung der gesamten Gesellschaft in die Entscheidungsfindungen nötig sein wird. Bei Konsumgütern, von denen genug her-

44 Kratzwald 2014

gestellt wird, wird die gesellschaftliche Verfügung so aussehen, dass sich alle einfach das nehmen können, was sie brauchen. So werden alle Menschen mit den nötigen Lebensmitteln bedingungslos versorgt. Bei knapperen Gütern müssen Wege der Rationierung gefunden werden, die etwa jedem Menschen eine bestimmte Menge zuteilen. Bei sehr seltenen Gütern, wie etwa Häusern in guter Lage, muss es Aushandlungsprozesse geben, in denen über die Nutzung entschieden wird. Was all diese Formen verbindet, ist, dass es keinen abstrakten Ausschluss aufgrund von Eigentumsrechten gibt und damit die Grundlage des Arbeitszwangs aufgehoben ist.

4.5 Jenseits von Identität

Der Zwang der Lohnarbeit ist jedoch nicht der einzige Zwang, der die kapitalistische Reproduktionsweise strukturiert. Ein Großteil der notwendigen Arbeit wird als Reproduktionsarbeit unbezahlt in Haushalten erledigt, meist von Frauen. Auch diese Arbeit ist nicht freiwillig, sie wird nur auf andere Art und Weise erpresst als die Lohnarbeit. Zum einen wird auch sie ökonomisch erpresst, indem Care-Arbeit gegen die Teilhabe am Familienlohn getauscht wird. Sie wird aber auch unabhängig davon von allen Frauen und allen Menschen, die als Frauen wahrgenommen werden, erwartet. Die Zuschreibung der Identitätskategorie Frau geht also einher mit der Erwartung, dass die so Identifizierten Care-Arbeit zu leisten haben. Dabei ist dieses Identifiziert-Werden, das Stecken in eine Identitätskategorie, selbst schon ein Zwang, der sich mal mehr, mal weniger subtil im Laufe der Sozialisation äußert. Und auch wenn wir uns von den uns zugeschriebenen Identitäten befreien wollen oder die damit einhergehende Erwartung, Care-Arbeit zu leisten, nicht erfüllen, werden wir sanktioniert durch patriarchale Gewalt.

Auch rassistische Grenzziehungen strukturieren den Kapitalismus. Sie sorgen dafür, dass Menschen im Globalen Süden vom Wohlstand des Globalen Nordens ausgeschlossen werden. Und auch dieser Ausschluss wird durch Zwang vollzogen, etwa wenn Menschen an den Außengrenzen der reichen Staaten mit Gewalt an der Einwanderung gehindert werden. Gleichzeitig werden Rassifizierte und Migrant:innen auch im Globalen Norden vom Wohlstand, etwa von gut bezahlten Arbeitsplätzen oder Wohnungen ausgeschlossen und sind von rassistischer Gewalt bedroht.

Der Abbau von patriarchalen, rassistischen und anderen Herrschaftsverhältnissen ist deshalb ebenso Voraussetzung für eine solidarische Gesellschaft wie die Aufhebung von Privateigentum, Geld und Markt. Gleichzeitig würde die Überwindung von Privateigentum, Geld und Markt aber auch die Bedingungen für die Aufhebung dieser Herrschaftsmechanismen begünstigen. Denn wenn es keine Trennung in entlohnte und unentlohnte Arbeit, in Produktion und Reproduktion mehr gäbe, wäre eine wichtige Grundlage, auf der sich das Patriarchat immer wieder reproduziert, aufgehoben. Und wenn es keinen Weltmarkt mehr gäbe, der globale Ungleichheit hervorbringt und der Globale Norden nicht mehr die Mittel hätte, rassifizierte Arbeit billig zu erpressen, wäre eine wichtige Grundlage des Rassismus aufgehoben. Überdies müssten aber auch die nationalstaatlichen Grenzen eingerissen und globale Bewegungsfreiheit ermöglicht werden. Und die Familie müsste aufgehoben und Care-Arbeit stattdessen kollektiviert werden, damit sie als Teil des gesellschaftlichen Flusses des Tuns anerkannt und bedürfnisorientiert gestaltet werden kann.

Dann könnten rassistische und patriarchale Herrschaftsverhältnisse wirklich überwunden werden.

Dies würde letztlich auch bedeuten, das Identifizieren und Identifiziert-Werden zu überwinden. Eine Gesellschaft, die auf strukturellem Gegeneinander und auf Ausschluss basiert, schafft immer wieder Identitätskategorien, entlang derer der Ausschluss begründet werden kann. Eine solidarische Gesellschaft hat solche Identitäten nicht nötig. Wir könnten aufhören, uns selbst und andere in Geschlechter, Hautfarben und andere Schubladen einzuteilen. Wir müssten nicht mehr mit uns selbst identisch sein. Wir müssten gar nichts mehr *sein*, sondern könnten stattdessen werden, uns frei entwickeln, wohin auch immer es uns im Netz der solidarischen Beziehungen treibt als die widersprüchlichen und fluiden Wesen voller vielfältiger Potenziale, die wir Menschen sein können, wenn wir mit den Zwängen der Identität und der Gesellschaft, die sie hervorbringt, brechen.

4.6 Eine Utopie, viele Namen

Es gibt und gab viele Bewegungen und Theoretiker:innen, die eine solche Gesellschaft anstreben und die dafür unterschiedliche Namen finden: Care-Ökonomie[45], Kommunismus[45a], Sozialismus[45b], Anarchie[45c], Commonismus[45d], Ecommony[45e], Com-

45 Etwa bei Winker 2021. Damit wird betont, dass Care, die Sorge umeinander, im Zentrum der Gesellschaft steht.

45a Für viele Menschen ist der Begriff des Kommunismus noch zu sehr mit den Gräueltaten des Stalinismus und anderer Staatssozialismen behaftet, als dass sie sich positiv auf den Begriff beziehen könnten. Das ist verständlich. Gleichzeitig ist es uns wichtig, den Begriff des Kommunismus nicht darauf zu reduzieren. Marx bezeichnete den Kommunismus u.a. mit dem oben bereits genannten Zitat als eine «eine Assoziation, worin die freie Entwicklung eines jeden die Bedingung für die freie Entwicklung aller ist» (MEW4, S. 482) und worin letztlich die Prämisse «Jeder nach seinen Fähigkeiten, jedem nach seinen Bedürfnissen» (MEW19, S. 21) gelte. An einem solchen Kommunismusverständnis, wie es auch von zahlreichen antiautoritären kommunistischen Strömungen, wie etwa dem Rätekommunismus vertreten wurde, wollen wir anknüpfen und gleichzeitig ernst nehmen, welche Verbrechen auch unter dem Begriff des Kommunismus begangen wurden und uns fragen, wie wir verhindern können, dass sich diese in unseren Transformationsbestrebungen wiederholen.

45b Für den Sozialismusbegriff gilt Ähnliches wie für den Kommunismusbegriff. Marx benutzte beide Begriffe noch relativ synonym. Lenin benutzte später den Begriff des Sozialismus für die «Übergangsgesellschaft», einer Konzeption von der wir uns verabschieden wollen (siehe Kapitel 3). Gleichzeitig wird der Begriff des Sozialismus viel breiter verwendet, von Sozialdemokrat:innen (so heißt die Jugendorganisation der SPD «Jungsozialist:innen») bis hin zu Anarchist:innen, die sich etwa als libertäre Sozialist:innen bezeichneten und bezeichnen. Wir beziehen uns hier auf alle, die den Begriff des Sozialismus in dem Sinn der von uns skizzierten Gesellschaft verwenden.

45c Entgegen der weit verbreiteten Meinung bedeutet Anarchie nicht zwingend Chaos und Strukturlosigkeit, sondern vielmehr Herrschaftslosigkeit. Viele Anarchist:innen weisen darauf hin, dass Anarchie «Ordnung ohne Herrschaft» sei. Vor allem die Strömung des Anarchokommunismus hat utopische Entwürfe entwickelt, die wir teilen, so etwa Kropotkin 2021[1892].

45d Diesen Begriff benutzen Sutterlütti/Meretz (2018). Damit wird einerseits an den Kommunismus angeknüpft, aber auch andererseits eine Differenz zu traditionellen Kommunismus-Vorstellungen markiert und das Commoning als Vermittlungsform betont.

45e Habermann 2018. Mit diesem Wortspiel aus Commons und Economy macht sie deutlich, dass Commons nicht nur als Nischen gedacht werden können, sondern auch als ganzes Wirtschaftssystem.

mons-Gesellschaft, befreite Gesellschaft, solidarische Gesellschaft oder eine Welt, in der viele Welten Platz haben[46]. Unzähliger als die unterschiedlichen Namen sind die Versuche, eine solche Gesellschaft zu erkämpfen, aufzubauen und im Kleinen umzusetzen. All die Menschen, die diese Versuche gewagt haben, haben das Theoretisieren über eine solche Gesellschaft erst möglich gemacht. Uns ist nicht so wichtig, welchen Begriff wir für eine solche Gesellschaft finden, sondern viel mehr, ihre Versuche weiterzuführen, in Theorie wie in Praxis. In diesem Buch werden wir von einer strukturell solidarischen Gesellschaft sprechen[47]. Weil wir hoffen, dass sich darin viele wiederfinden können. Und weil der Begriff ausdrückt, worum es geht: Eine Gesellschaft, in der Solidarität strukturell nahegelegt ist.

Eine solche Gesellschaft fällt nicht einfach nach einer Revolution vom Himmel. Damit sie vorstellbar, erfahrbar, erreichbar wird, müssen wir sie aufbauen. Was das bedeuten kann und welche Schwierigkeiten und Widersprüche das mit sich bringt, beleuchten wir im nächsten Kapitel.

---

46 Diese Bezeichnung stammt von den Zapatistas. Auch wenn in den zapatistischen Autonomiegebieten in Chiapas noch lange nicht so eine Gesellschaft, wie wir sie hier vertreten, verwirklicht ist, können wir doch viel Inspiration aus ihren Kämpfen und Schriften ziehen.

47 Den Begriff der «strukturellen Solidarität» benutzt auch Annette Schlemm. Diese strukturelle Solidarität wird durch Commoning geschaffen (Schlemm 2020).

5. Etwas Neues im Alten: die Keimform

Vielleicht hast du auch schon mal in einem Zimmer gewohnt, in dem es schimmelig roch und der Straßenlärm dich dazu getrieben hat, Nacht für Nacht mit offenen Augen an die dunkle Zimmerdecke zu starren? Mit jeder Nacht, in der die Dunkelheit ohrenbetäubend laut geworden ist, mit jedem Niesen nach dem Einatmen der schimmeligen Luft, mag die Erkenntnis, dass du da ausziehen musst, klarer geworden sein. Und doch bist du nicht am nächsten Morgen aufgestanden, hast deinen Kleiderschrank ächzend auf den Bürgersteig gehievt, dein Bett dazu gestellt und dann deine Zahnbürste ausgepackt, um dir neben den fahrenden Autos und den zur Arbeit taumelnden Menschen die Zähne zu putzen. Nein, auch wenn du in mancher schlaflosen Nacht vielleicht kurz davor warst, du bist nicht einfach ausgezogen, bevor du ein neues Zimmer gefunden hast.

Wir können nur mit etwas aufhören – Kapitalismus – wenn wir etwas anderes haben, das halbwegs plausibel ist. Denn auch wenn der Kapitalismus uns aussaugt, ausbeutet, krank, hungrig und einsam macht, so ist er doch die Form, innerhalb der wir uns großteils versorgen. Unsere Bedürfnisbefriedigung passiert innerhalb der kapitalistischen Form. Wenn auch meistens und für viele nicht so, dass sie leben können, sondern vielmehr so, dass sie mehr schlecht als recht überleben. Doch lieber mehr schlecht als recht überleben, als einen Schritt ins Leere tun. In eine Leere, die so gähnend dunkel ist, dass man die Hand vor den Augen nicht sieht und vor allem nicht all die anderen, die mit dir im Dunkeln herumirren und mit denen du dich zusammentun müsstest, um die Leere zu füllen.

Das Problem ist natürlich, dass wir uns nicht einfach eine neue Gesellschaftsform suchen können, wie wir uns ein neues Zimmer suchen. Selbst in Berlin scheint es plausibler, ein Zimmer zu finden als den Kapitalismus zu beenden. Es gilt also diese neuen, erfüllenden, umsorgenden Beziehungen aufzubauen, damit es etwas anderes gibt, von dem es zumindest plausibel erscheint, dass es uns versorgt. Ohne diese Beziehungen ist es unwahrscheinlich, dass wir einen Schritt in die dunkle Leere tun. Wir brauchen sie also, damit Revolution gemacht wird.

Aber auch, um uns nicht in den Reigen der Revolutionen einzureihen, die von etwas anderem träumten und dann doch das Alte, manchmal mit neuer Grausamkeit, perpetuierten. Denn nur weil in einer Revolution eine andere Gruppe an die Macht kommt, die etwas anderes will, heißt das noch lange nicht, dass sie das andere auch umsetzen kann, will oder wird. Und auch die Arbeiter:innenklasse kann dieses Neue nicht plötzlich aus dem Nichts schaffen, im Gefecht der Revolution oder in der zarten Sonne des ersten Morgens danach. Je ausgereifter dieses Andere aber schon vor der Revolution ist, desto wahrscheinlicher wird seine Verallgemeinerung.

Denn eine neue Gesellschaftsform fällt nicht von heute auf morgen vom Himmel und sie ist auch noch nicht da. Vielmehr muss sie im Alten entstehen, indem wir sie aufbauen oder in beschränkter Form in dem finden, was schon ist. Das klingt einfach. Es ist aber eigentlich ein widersprüchlicher und komplizierter Prozess. Denn wir müssen ja etwas aufbauen oder stärken, was in seiner entfalteten Form noch gar nicht da sein kann.

Es geht also nicht darum, die Utopie vorwegzunehmen. Die Utopie wäre ja erst dann utopisch, wenn sie die Probleme der Gegenwart löst. Und das täte sie erst dann, wenn sie das Netz von Tätigkeit für andere und die Versorgung aller je nach ihren Bedürfnissen gewährleistet. Wenn ich mir mit meinen Freund:innen Geld teile, dann mag das mein Leben besser machen und kapitalistische Zwänge aufbrechen, aber in einer Utopie leben wir noch lange nicht. Wir müssen immer noch arbeiten gehen, Sachen kaufen, bringen Konkurrenz, Patriarchat und Rassismus mit in unsere Gruppe. Vor allem aber leben um uns herum immer noch Milliarden von Menschen, die durch unsere gemeinsame Ökonomie nicht mit versorgt werden. Dadurch bleibt auch unsere Versorgung immer prekär. Utopie würde bedeuten, all unsere Beziehungen zu allen Menschen, mit denen wir über Tätigkeit verbunden sind, zu ändern. Sie ist deshalb immer etwas Gesamtgesellschaftliches. Innerhalb einer kleinen Gruppe kann es sie nicht geben. Es gibt keine Utopie im Kapitalismus. Was es dann gibt? Bewegung hin zum Utopischen.

Um nicht an der Übermacht des Kapitalismus zu verzweifeln und zugleich nicht die einfache Erkenntnis, dass wir das, was wir wollen, aufbauen müssen, über Bord zu werfen, hilft der Begriff der Keimform. Keimformen tragen die andere Logik in sich. Aber sie ist noch nicht entfaltet, sondern eben nur als Keim einer anderen Gesellschaftsform in der alten vorhanden.

Und als ein solcher Keim können sie nur bestehen und wachsen, wenn sie auch in der alten Gesellschaft das Leben der Menschen schöner und reicher machen. Sie können nicht bestehen als etwas, das sich nur in der ungewissen Zukunft der strukturellen Solidarität auszahlt. Sondern sie müssen für die Menschen, die sie aufbauen, auch im Hier und Jetzt einen Zweck erfüllen.

Damit dieser Keim, der Keim der strukturellen Solidarität, sich eines Tages entfalten kann, sich einmal zu einer ganz neuen Gesellschaftsform entwickelt, muss noch einiges passieren. Er muss bewässert, gepflegt und genährt werden, damit er weiterwachsen kann. Und die alte Form, die wie spröder Asphalt die ganze Welt überzieht, muss brüchig werden, etwas Erde und Sonne freigeben, damit die Keimform sprießen und sich ausbreiten kann.

Was diesen Prozess ausmacht, wollen wir in diesem Kapitel skizzieren, um im Rest des Buches dann genauer darauf einzugehen, wo Keimformen sprießen, wie das Alte brüchig wird und was wir tun können, um diese Brüche zu vertiefen und darin etwas Neues zu schaffen.

Zuerst fassen wir aber genauer, was eigentlich die Keimform einer strukturell solidarischen Gesellschaft ausmacht.

5.1 Commoning – Keimform der strukturellen Solidarität

Ich, Indigo, hatte weder bei den Jobs, in denen ich arbeitete, noch bei der Zeugnisverleihung, die meine Schulzeit beendete, das Gefühl, etwas Sinnvolles zu tun. Das Gefühl etwas Sinnvolles zu tun hatte ich zum ersten Mal an einem Ort, der sich auf den ersten Blick der Logik von Sinn und Rationalität entzog. Ein Ort, an dem es nach Moos und Erde roch, an dem wir uns die Wege mit Wildschweinen teilten und die Häuser in der Luft gebaut wurden. Ein Ort, an dem sich die Menschen eigenartige

Namen gaben und es bei vielen lange her war, seit sie das letzte Mal für Lohn gearbeitet hatten. Ein Ort, an dem nicht der Wecker klingelte, um mich pünktlich aus dem Bett und zur Arbeit oder Schule zu scheuchen, sondern Saxofonklänge zwischen den Baumkronen verkündeten, es sei Zeit für das Frühstücksplenum.

Dort lernte ich unendlich viel. Ich lernte einen Akkuschrauber zu bedienen, während ich in einem Klettergurt hing. Ich lernte, dass ich einfordern konnte, Aufgaben zu übernehmen, die in meiner Kindheit Jungs vorbehalten waren und mich zu weigern den Abwasch zu machen. Ich lernte, Pressekonferenzen abzuhalten und Plena zu moderieren. Ich lernte Barrikaden zu bauen und Flaschenzüge. Ich lernte zu kämpfen und lernte trotz des Gefühls, dass es nie genug sein kann, weiterzumachen. Und während ich lernte, mit Menschen im Kreis zu sitzen und ausführlich darüber zu sprechen, wie es uns geht, verlernte ich im Supermarkt zu stehen und zu überlegen, was ich mir leisten könnte. Weil ich versorgt war, mit dem, was ich brauchte, und die kollektive Versorgung mitorganisierte.

Erst viel später lernte ich Begriffe, um zu beschreiben, was ich in der Waldbesetzung gegen den Braunkohleabbau erlebt hatte. Dass man die Art, auf die ich dort tätig war, als Commoning bezeichnen kann. Und dass dieses Commoning die Keimform für eine Gesellschaft der strukturellen Solidarität ist. Auch an anderen Orten erlebten wir diese Form des Miteinander-in-Beziehung-Tretens.

Ich, Jonna, erlebte es im gemeinsamen Organisieren von nicht-kommerziellen Punk-Konzerten in einer ländlichen Region, die sonst nur Langeweile zu bieten hatte. Commoning war auch das, was mich an der Bildungsstreikbewegung begeisterte, an den Berichten von besetzten Hörsälen und Schulen, in denen Schüler:innen und Studierende ihre Bildung selbst in die Hand nahmen. Die Vorstellung davon trieb mich dazu, die Schule zu schwänzen und eine Stunde mit der Bahn zur nächsten Bildungsstreikdemo zu fahren.

Wie im letzten Kapitel angerissen, kommt der Begriff Commoning von Commons. Commons meinte historisch zunächst das, was auf Deutsch oft als Allmende bezeichnet wird: Kollektiv genutzte Weideflächen, Fischgründe oder Wälder. Im Übergang zum Kapitalismus wurden diese Güter gewaltvoll eingehegt. So wurden den Menschen die Mittel genommen, um sich selbst zu versorgen. Den Menschen blieb nichts, so wie uns heute nichts bleibt als unsere Arbeitskraft, um sie zu verkaufen.

Wir wollen aber zunächst den Blick abwenden von den Weideflächen, Fischgründen und Wäldern, die mal Commons waren und jetzt vielleicht Parkplätze, überfischte und verseuchte Tümpel oder vom Borkenkäfer befallene Forste sind. In unserer Idee von Commons stehen nicht die Güter im Mittelpunkt, sondern die soziale Praxis, die darüber entscheidet, ob ein Stück Land eine gemeinsam genutzte Weide oder ein Parkplatz ist, für den du einen Parkschein lösen musst. Deswegen steht bei uns das Commoning im Mittelpunkt und nicht die Ressource an sich[48]. Denn wir denken, dass es nicht in der Natur eines Gutes liegt, ob es zur Ware wird oder zu einem Commons. So kann Wasser etwa entweder in Flaschen abgefüllt und als Ware verkauft oder aber als Commons genutzt werden. Entscheidend ist also, was wir Menschen damit machen.

Commoning bedeutet bedürfnisorientierte Selbstorganisation. Ein Gut wird dann zu einem Commons, wenn es durch einen bedürfnisorientierten und selbstorganisierten Prozess hergestellt, gepflegt und genutzt wird.[49]

---

48 Diese Fokusverschiebung in der Diskussion um Commons verdanken wir vielen kritischen und antikapitalistischen Commons-Theoretiker:innen (deren Ansatz wir auch als soziale Commons-Theorie fassen können). Die klassische Volkswirtschaftslehre definiert Commons (bzw. Gemeingüter) darüber, dass eine Ressource aufgrund seiner Natur rival ist (d.h., dass der Konsum einer Person den einer anderen einschränkt) und es gleichzeitig schwer ist, andere davon auszuschließen. Die soziale Commons-Theorie hingegen betont die soziale Praxis des Commoning, die im Prinzip alles zu einem Commons machen kann (Helfrich 2012, S. 85ff): «To speak of the commons as if it were a natural resource is misleading at best and dangerous at worst – the commons is an activity and, if anything, it expresses relationships in society that are inseparable from relations to nature. It might be better to keep the word as a verb, an activity, rather than as a noun, a substantive.» (Linebaugh 2008, S. 279)

49 In Commons-Ansätzen, die hauptsächlich natürliche Ressourcen als Commons in den Blick nehmen, geht es vor allem um den Aspekt der Nutzung. Wenn jedoch die Nutzungsregeln untersucht werden, die sich die Nutzer:innen eines Commons dabei geben – wie dies etwa die Commonsforscherin Elinor Ostrom (1990) gemacht hat – dann wird deutlich, dass dadurch zugleich die Reproduktion der Ressource, also deren Pflege, sichergestellt wird. Und wenn wir Commons nicht nur als natürliche Ressource fassen, sondern darunter auch hergestellte Dinge und Struk-

In der Konsequenz bedeutet Commoning, dass Verteilung und Nutzungsrechte konkret anhand von Bedürfnissen diskutiert und nicht abstrakt durch Privateigentum festgelegt werden. Also auch nicht durch die Möglichkeit, für die Güter den entsprechenden Tauschwert aufzubringen. Menschen tragen freiwillig bei[50], anstatt gezwungen oder über Lohn erpresst zu werden. Dabei kann die Motivation dafür auch ihre Einsicht in die Notwendigkeit des Beitragens für die kollektive Reproduktion sein. Diese Motivation ist aber nur gegeben, wenn auch ihre Bedürfnisse in den Prozess des Commonings einbezogen werden.

Ansätze von Bedürfnisorientierung statt Privateigentum, Tausch und Zwang sehen wir auch in den heute schon existierenden Commons, seien es Solidarische Landwirtschaftsprojekte (SoLaWi), Stadtteilzentren, Umsonstläden, Freie Software oder soziale Bewegungen.

Bei Commoning muss es nicht darum gehen, greifbare Dinge wie Lastenfahrräder oder Weideland herzustellen oder zu pflegen, um Bedürfnisse zu befriedigen. Es muss auch um nicht greifbare Dinge wie soziale Beziehungen, Diskursmacht oder Wissen gehen.

Nicht nur diese Dinge an sich, seien es eine natürliche Ressource, ein hergestelltes Lastenfahrrad oder eine gemeinsam verfasste Pressemitteilung, sind dann ein Commons, sondern ebenso das soziale Verhältnis, das die Menschen in diesem Prozess eingehen. Denn auch dieses soziale Verhältnis wird ja durch Commoning hergestellt und reproduziert. Commoning umfasst damit nicht nur die Pflege und Nutzung einer Ressource, sondern auch das soziale Miteinander der Beteiligten und die Sorge umeinander.

So ist ein Commons sowohl Produkt als auch Voraussetzung von Commoning: Es ist das soziale Verhältnis mitsamt der ma-

---

turen fassen, dann müssen wir Commoning erweitern um den Aspekt der Produktion bzw. Herstellung. Johannes Euler drückt dann diese Einheit von Produktion, Reproduktion und Nutzung mit dem Begriff der (Re)Produsage aus. (Euler 2018, S. 12f)

50 Dies bringt Friederike Habermann mit dem Prinzip «Beitragen statt Tauschen» auf den Punkt. Das weitere von ihr genannte Prinzip «Besitz statt Eigentum» drückt aus, dass sich Nutzungsregeln an Bedürfnissen orientieren, statt an abstrakten Eigentumstiteln. (Habermann 2016, S. 46ff).

teriellen Ressourcen, die die Grundlage fürs Commoning bilden und gleichzeitig wird es durch Commoning hergestellt und reproduziert.[51]

5.2 Beschränkungen von Commons im Kapitalismus

Commons als Keimformen sind, wie wir ausgeführt haben, im Kapitalismus notwendigerweise beschränkt. Das heißt, die Logik der strukturellen Solidarität und die Funktionsweisen des Commoning können sich nicht voll entfalten. Dabei sind einerseits die schon bestehenden Commons beschränkt und müssen ständig mit Widersprüchen umgehen, die sich daraus entwickeln, dass sie Teil und Nicht-Teil des Kapitalismus sind. Anderseits ist auch die Ausbreitung von Commons durch unterschiedliche Faktoren beschränkt. Die Faktoren, die Commoning beschränken, wollen hier genauer untersuchen.

5.2.1 Beschränkungen durch uns selbst

Wie wir die Gesellschaft organisieren, macht nicht nur die Welt kaputt, sondern auch uns selbst. Die Trennungslinien, die der Kapitalismus und die mit ihm verknüpften Herrschaftsverhältnisse ziehen, verlaufen auch durch uns selbst. Schon deshalb können Commons kein Ort der Harmonie oder der Reinheit sein. Wir sind es, die die Commons schaffen. Und wir sind Unterdrückende und Unterdrückte, Ausgebeutete und Ausbeutende und auch wenn wir nicht mit diesen Rollen identisch sind, sondern es Charaktermasken sind, so können wir sie doch nicht einfach wie Masken abstreifen, sobald wir uns zu einem Commons zusammenschließen. Einerseits weil sie sich tief in unsere Art zu sein und andere zu behandeln eingebrannt haben und es viel Arbeit ist, etwas anderes zu lernen. Andererseits, weil wir vieles nicht verlernen können, solange es in der materiellen Realität außerhalb der Commons immer noch die anerkannteste Art ist, sich zu verhalten und wir auf diese materielle Realität angewiesen sind, um uns zu versorgen. So bleiben Commons

51 Diese Selbst-Reproduktion oder Autopoiesis von Commons als sozialem Verhältnis bzw. System betont z.B. Massimo De Angelis (De Angelis 2017, S. 236).

dadurch beschränkt, dass wir sie machen. Und dass wir rassistische, sexistische, kapitalistische Subjekte sind und es keine anderen Subjekte gibt, die sie schaffen könnten. Und wir, solange wir keine anderen Verhältnisse haben, auch nie ganz aufhören werden, solche Subjekte zu sein. Allerdings ermöglichen Commons einen organisierten Umgang zu finden, um uns und wie wir miteinander umgehen zu verändern.

Dieser organisierte Umgang ist nötig, weil Commoning immer eine Aushandlung bedeutet, welche und wessen Bedürfnisse befriedigt werden und wer dafür welche Arbeit leistet. In dieser Aushandlung haben wir aber nicht alle dieselben Ausgangsbedingungen. Wem zugehört wird, wer sich traut zu reden, wer ernst genommen wird, hängt von Herrschaftsmechanismen wie Klasse, Race und Geschlecht ab. Menschen, die innerhalb dieser Herrschaftsmechanismen privilegiert sind, haben auch außerhalb der Commons viel mehr Ressourcen, was ihre Position innerhalb der Commons wahrscheinlich noch weiter stärkt.

Und auch die Bedürfnisse selbst sind nicht neutral. Sie werden geformt in der Gesellschaft, in der wir aufgewachsen sind und die uns umgibt. Das heißt auch, was wir brauchen und wozu wir beitragen wollen, ist verflochten mit unserer gesellschaftlichen Position.

So bedeutet Bedürfnisbefriedigung für viele Menschen in Globalen Norden eine Form von Konsum, Mobilität und Freizeitgestaltung, die nicht verallgemeinerbar ist. Denn diese Form beruht auf der Überausbeutung von Arbeiter:innen im Globalen Süden, dem übermäßigen Verbrauch endlicher Ressourcen und der Zerstörung von Klima und Umwelt. Auch das Patriarchat prägt unsere Bedürfnisstruktur stark. Oft affirmieren Frauen es, ihre eigenen Bedürfnisse unterzuordnen und sie nicht mehr wahrzunehmen, um für die Bedürfnisse anderer Verantwortung übernehmen zu können. In vielen Commons wird dieses Verhalten sogar verstärkt, weil es die Notwendigkeit gibt, für endlos viele Bedürfnisse Verantwortung zu übernehmen. Häufig sind es immer dieselben, die Verantwortung übernehmen. Und oft sind diese Selben Frauen und andere unterdrückte Geschlechter.

Die Offenheit der Aufgabenverteilung in Commons bietet sowohl das Potenzial der Befreiung aus geschlechtsspezifischer Aufgabenverteilung als auch die Gefahr, sie unbewusst zu reproduzieren oder sogar zu verstärken, indem sie, da alles gemeinsam ausgehandelt wurde, weniger angreifbar scheint. Commons dürfen also Bedürfnisse nicht als neutral, gegeben und gleichwertig fassen, sondern müssen Räume schaffen, die Bedürfnisse zu hinterfragen und die eigene Bedürfnisstruktur zu verändern.

So entwickeln Männer im Patriarchat oft Bedürfnisse, die nicht verallgemeinerbar sind und nur auf Kosten anderer befriedigt werden können, wie bedient zu werden oder über weibliche Körper[52] zu verfügen. Diese Bedürfnisse sind oft unbewusst vorhanden und artikulieren sich eher in einer Anspruchshaltung und Gewaltausbrüchen als in konkreten Forderungen. Commons haben nicht die Aufgabe, Bedürfnisse, die nur auf Kosten anderer befriedigt werden können, zu befriedigen, sondern sie abzubauen. Dass Unterdrückte auch immer das Bedürfnis haben, sich aus dieser Unterdrückung zu befreien, während Unterdrückende davon profitieren, wenn diese Befreiung nicht gelingt, bedeutet einen Antagonismus, der auch durch Commons verläuft. Dieser Antagonismus kann sehr produktiv sein, denn er treibt uns dazu, nicht nur zu verändern, wie Bedürfnisbefriedigung ausgehandelt wird, sondern auch, die Bedürfnisse selbst zu verändern.

Commons sind also auch Räume des Kampfes und zugleich müssen sie Räume der Heilung sein. Denn die Gewalt, die Einsamkeit, der Hass, der Neid, die Angst, all die Traumata, die uns diese Verhältnisse zufügen, prägen uns. Oft wissen wir nicht einmal, was wir bräuchten, um gut zu leben, und sind selbst- und fremd-zerstörerisch. Deshalb müssen Commons Räume sein, in denen diese Wunden beginnen können zu heilen, damit sie überhaupt Bedürfnisse befriedigen können. Grundsätzlich ist das möglich, weil die Möglichkeit zu Geduld und Fürsorge besteht und weil die zwischenmenschliche Interaktion nicht in den schnellen Takt gepresst werden muss, in dem Geld zu mehr Geld wird. Auch dass Anerkennung und Existenzberechtigung in Commons nicht von Leistung abhängig sein müssen, macht Heilung möglich.

Zugleich ist die Aufgabe, einander und uns selbst zu heilen, aber unfassbar groß und überfordernd. Wer soll heilen, soll geduldig und fürsorglich sein, wenn wir doch alle zugerichtet und

52 Das gilt auch für Körper, die sie als weiblich lesen, auch wenn sich die Betroffenen nicht notwendigerweise so identifizieren.

verletzt sind? Woher soll all die Zeit und Kraft kommen, wenn wir selbst neben unserer Tätigkeit in Commons auch noch irgendwie im Kapitalismus bestehen müssen?

Und wie sollen wir damit umgehen, dass die Arbeit nie vollendet ist, weil wir Wunden heilen, während die Verletzungen nicht aufhören? Weil all das, was verletzt, weitergeht und Commons keine abgeschottete heile Welt sind?

Es scheint, als seien wir zum Scheitern verurteilt. Und immer wieder scheitern Commons und reißen neue Wunden auf, die oft mehr schmerzen, weil wir so sehr glaubten, in ihnen wäre alles anders. Doch wir scheitern nie ganz. Immer wieder stehen Menschen auf und versuchen, der kapitalistischen Schwerkraft zum Trotz und den Menschen zum Trotz, die wir geworden sind, sich aufeinander zu beziehen, ohne sich zu verletzen. Und aus all diesen Versuchen, aus all diesen Keimen der strukturellen Solidarität, gilt es zu lernen. Um auf diese Weise kollektive Formen zu finden uns zu heilen.

5.2.2 Beschränkungen durch monetäre Außenbeziehungen

Doch nicht nur aufgrund unserer im Kapitalismus geformten Subjektivitäten und Bedürfnisstrukturen ist das Commoning innerhalb des Bestehenden beschränkt, sondern schlicht und einfach auch deshalb, weil die Dinge, die wir für Commoning bräuchten, anderen gehören. Das Privateigentum trennt uns systematisch von den Dingen, die wir zum Leben brauchen und von den Produktionsmitteln, die wir bräuchten, um diese Dinge herzustellen. Selbst wenn wir in einem Commons wie einer Solidarischen Landwirtschaft gemeinsam über einen Acker verfügen können, so reicht das noch nicht aus, um dort Essen anzubauen. Denn dafür brauchen wir auch – je nach Anbauweise – noch Gartenwerkzeug oder Traktoren. In kaum einem, vielleicht in keinem Commons kann alles, was dort gebraucht wird, hergestellt werden. Es wäre auch nicht wünschenswert, alles in kleinen Einheiten zu produzieren, denn Arbeitsteilung kann Arbeitsaufwand reduzieren und macht Spezialisierung sowie die Produktion von Medizin oder Computern erst möglich. Im Kapitalismus aber bedeutet die Arbeitsteilung, dass wir viele Dinge nur über Geld erwerben können. Deshalb brauchen auch Commons Geld: Die Solidarische Landwirtschaft, um Werkzeug und einen Acker pachten oder kaufen zu können, eine Küche für alle, um Lebensmittel und Kochausrüstung kaufen zu können, ein Stadtteilzentrum oder Umsonstladen, um die Miete für ihre Gebäude zahlen zu können.

Und auch die im Commons Tätigen müssen irgendwie versorgt werden. Zum Teil können sie vielleicht aus dem versorgt werden, was die Commons herstellen. Aber alle Güter und Dienstleistungen, die sie brauchen, kann das Commons nicht produzieren. Also müssen die im Commons Tätigen außerhalb des Commons einer Lohnarbeit nachgehen oder können sich vielleicht in manchen Teilen der Welt mit Arbeitslosengeld durchschlagen. Weil so aber die Zeit, die sie in die Commons stecken können, beschränkt ist, kann es eine Lösung sein, sie für ihre Tätigkeit im Commons zu bezahlen. Um Lohn zu zahlen, brauchen Commons aber auch wieder Geld.

Bezahlung von Arbeit in Commons

Bevor wir uns mit der Frage beschäftigen, wie Commons an Geld kommen, wollen wir uns ansehen, was passiert, wenn Arbeit in Commons bezahlt wird. Denn bereits dies kann das Commoning einschränken: Wenn meine Existenz von der Erbringung der Tätigkeit abhängt, dann ist diese nicht mehr freiwillig. Dann mache ich sie vielleicht nicht mehr, weil sie mir wichtig ist, sondern weil ich dafür Lohn bekomme. Und vielleicht mache ich sie auch nicht mehr so, wie es am sinnvollsten ist, sondern so, wie es mein Einkommen am besten sichert.

Trotzdem kann Bezahlung manchmal in Commons eine Lösung sein, um Menschen zu ermöglichen, viel Zeit in diese Tätigkeit zu stecken. Damit wir trotzdem von Commoning als Keim struktureller Solidarität sprechen können, ist es entscheidend, wie sehr die für Lohn Tätigen mit über das Commons verfügen und selbstorganisiert tätig sein können. Wenn wir uns kollektiv um ein Commons kümmern und uns dafür entscheiden, uns auch Geld dafür auszuzahlen, ist dies etwas anderes als wenn ein Projekt Externe anstellt, die nicht mit entscheiden können, sondern nur gesagt bekommen, was sie zu tun haben. In erstem Fall handelt es sich um kollektive Selbstorganisation, in der die Beteiligten die Bedürfnisse der jeweils anderen einbeziehen müssen, im zweiten Fall kann über die Bedürfnisse der Lohnarbeitenden hinweggegangen werden. Doch auch im ersten Fall kann die Entlohnung mit Entfremdung einhergehen; auch dann gehen wir vielleicht nicht zur Arbeit, weil wir sie wichtig finden, sondern weil wir müssen, um Geld zum Leben zu bekommen. Und doch ist es häufig die bessere Alternative als gar kein Geld dafür zu bekommen. Denn dann müssten wir unsere Arbeitskraft an jemand anderen verkaufen und hätten vielleicht gar nicht mehr die Zeit, im Commons tätig zu sein.

Finanzierungszwang

Sowohl für die Arbeit, wenn sie entlohnt wird, als auch für Produktionsmittel und Infrastruktur muss das Geld irgendwoher kommen. Commons stehen vor der Herausforderung, sich finanzieren zu müssen. Dabei finden sie oft Commons-gemäße Formen der Finanzierung jenseits von Festpreisen: So kann ein soziales Zentrum etwa, anstatt Festpreise für Getränke oder Eintritt zu Veranstaltungen zu verlangen, um eine freie Spende bitten. Wer mehr geben kann, gibt dann mehr, wer weniger geben kann, weniger. Bei Solidarischen Landwirtschaften wird diese Finanzierung vorgelagert und oft über Bieter:innenrunden organisiert. In denen wird überschlagen, wie viel Geld das Projekt für ein Produktionsjahr braucht und die Abnehmer:innen bieten je nach ihren Möglichkeiten Geldbeträge, bis das benötigte Geld beisammen ist. Damit wird die strenge Kopplung von Geben und Nehmen auf individueller Ebene aufgehoben: Du bekommst nicht weniger Gemüse als die anderen, wenn du weniger Geld gibst[53]. Die Bäuer:innen gehen nicht bankrott, wenn in einem Jahr die Ernte schlecht läuft. Auf der kollektiven Ebene aber bleibt die Kopplung: Das Geld was es für den Anbau braucht, muss kollektiv aufgetrieben werden.

Eine andere Möglichkeit besteht darin, das Geld durch Spenden von außen oder durch staatliche Förderung zu bekommen. Dabei besteht jedoch die Gefahr, dass sich das Commons den Vorgaben der Finanzierer:innen anpassen muss.

Egal für welche Möglichkeit sich ein Commons entscheidet: Am Ende muss eben das Geld, was ausgegeben wird, auch wieder hereinkommen.

Auch in einer solidarischen Gesellschaft, die sich über Commoning statt über Geld vermittelt, wären die einzelnen Commons davon abhängig, dass sie die Mittel, die sie für ihre Pro-

53 Die Möglichkeit, weniger zu geben, hängt davon ab, dass andere mehr geben – also letztlich von der freiwilligen Charity wohlhabenderer Mitglieder, wie Jan-Hendrik Cropp (2015) kritisiert.

duktion brauchen, bekommen. Aber Rohstoffe, Produktionsmittel und auch Arbeitskräfte könnten sich solidarisch über die gesamte Gesellschaft aufteilen, ohne dass das einzelne Commons dafür den entsprechenden Tauschwert aufbringen müsste. Die Kopplung von Geben und Nehmen bestünde also nur noch auf gesamtgesellschaftlicher Ebene, während sie in den heutigen Commons auch auf der Ebene der einzelnen kleinen Commons gilt.

Konkurrenz zu Marktteilnehmer:innen

Vor allem aber bedeutet der Finanzierungsdruck, dass die meisten Commons in der Suche nach Geldmitteln auf unterschiedliche Art und Weise in Konkurrenz mit Marktteilnehmer:innen treten. So ist es eine Abwägung, ob ich als Konsumentin mein Geld in die Finanzierung einer SoLaWi stecke oder mein Gemüse lieber im Supermarkt einkaufe. Die Konkurrenz wird dabei in SoLaWis dadurch aufgeweicht, dass nicht um jede einzelne Kaufentscheidung konkurriert wird: Wenn ich mich einmal für eine SoLaWi entschieden habe, dann verpflichte ich mich in der Regel dafür, zumindest ein Jahr lang mein Gemüse darüber zu beziehen und dazu finanziell beizutragen. Auch durch Praktiken wie Bieter:innenrunden, bei denen im Mittelpunkt steht, wie viel ich geben kann, wird diese Konkurrenz abgemildert.

In stärkerer Konkurrenz stehen Kollektivbetriebe, die sich zwar intern über Commoning organisieren, aber keine solidarischen Abnahmemodelle entwickelt haben, sondern ihre Produkte als Waren auf dem Markt verkaufen. Um den Verkauf jeder einzelnen Ware wird dann auf den Absatzmärkten mit anderen Marktteilnehmer:innen konkurriert. Das erhöht den Druck, möglichst kosteneffizient zu produzieren, durch Werbung mehr Kund:innen zu erreichen und so weiter. Hier greift also der ganz normale Verwertungszwang des Kapitalismus.

Wie dieser Druck des Marktes das Commoning untergräbt, ließ sich in Argentinien Anfang der 2000er-Jahre beobachten. Im Kontext der Wirtschaftskrise wurden zahlreiche Fabriken, die von Schließung bedroht waren, besetzt und unter Arbeiter:innenselbstverwaltung weitergeführt. Auch wenn sie sich so die eigenen Arbeitsplätze sichern konnten, nahm die Selbstorganisation in einigen dieser Fabriken mit den Jahren durch den Konkurrenzdruck auf dem Markt ab. Das Kommando der Chefs losgeworden zu sein, bringt nur bedingt etwas, wenn die Arbeiter:innen dem Kommando der Konkurrenz nach wie vor untergeordnet sind. Um die Selbstverwaltung dem Tauschwert effizient unterordnen zu können, wurde Macht innerhalb der Fabriken nach und nach wieder zentralisiert und es kam wieder zu einer Trennung zwischen Manager:innen und ausführenden Arbeiter:innen.[54]

Ähnliche Probleme hatten auch zahlreiche Alternativbetriebe, die in der Bundesrepublik im Nachgang der 68er-Bewegung entstanden: Entweder «professionalisierten» sie sich so sehr, dass sie kaum mehr von gewöhnlichen Betrieben zu unterscheiden waren, oder sie gingen in der Konkurrenz unter.

Aufgrund genau dieser Problematik hatte Rosa Luxemburg bereits Ende des 19. Jahrhunderts die Strategie der Gründung von Genossenschaften kritisiert:

«In der Produktivgenossenschaft ergibt sich […] die widerspruchsvolle Notwendigkeit für die Arbeiter, sich selbst mit dem ganzen erforderlichen Absolutismus zu regieren, sich selbst gegenüber die Rolle des kapitalistischen Unternehmers zu spielen. An diesem Widerspruche geht die Produktivgenossenschaft auch zugrunde, indem sie entweder zur kapitalistischen Unternehmung sich rückentwickelt, oder, falls die Interessen der Arbeiter stärker sind, sich auflöst.»[55]

Commons funktionieren nur bei geringer Abhängigkeit vom Markt

Nun kann die Konkurrenz aber abgefedert werden, wenn, wie bereits erwähnt, die Marktvermittlung durch ein direkteres Abnahmemodell – wie bei SoLaWis – ersetzt wird. Das gestand auch Rosa Luxemburg bei aller Kritik zu: Der Widerspruch innerhalb der Produktivgenossenschaften könne aufgehoben werden, wenn sie für einen festen Kreis von Abnehmer:innen produzieren, wenn sie sich mit Konsumvereinen zusammenschließen[56]. Das aber beschränkt dieses Modell auf Produkte

---

54 Atzeni/Ghiglianis 2007

55 Luxemburg 1899, S. S. 417

56 Luxemburg 1899, S. 418. Dies ähnelt dem Ansatz, den Robert Kurz in seinem Aufsatz «Antiökonomie und Antipolitik» vertrat: Er schlug vor, an den Endpunkten der Reproduktion ansetzen, an denen die Produktion in die Konsumtion übergeht. Denn nur dort kann ein sozialer Raum der Kooperation konstituiert werden, deren Tätigkeiten nicht wieder auf den Markt zurückführen. Wenn die Produzent:innen von

des täglichen Bedarfs, bei denen eine solche Verteilung denkbar ist. Bei industriellen Vorprodukten oder Ähnlichem funktioniert dies nicht.

Insgesamt können wir beobachten, dass Commoning vor allem da funktioniert, wo es wenige marktförmige Außenbeziehungen gibt. So ist es wohl kein Zufall, dass wir Commons heute hauptsächlich in Bereichen finden, in denen Produkte hergestellt werden, die sich beliebig oft ohne zusätzliche Arbeit oder Vorprodukte vervielfältigen lassen (Freie Software), bei kleinbäuerlicher Landwirtschaft mit direkten Abnehmer:innen (Solidarische Landwirtschaft), beim Wohnraum, bei Projekten, die sich um die Verteilung von Resten kümmern (Foodsharing oder Umsonst-Läden) oder im Kulturbereich. Bei materialintensiver und in Lieferketten eingebundener Industrie, in der der Einfluss der marktförmigen Außenbeziehungen schnell auf das innere Commoning umschlagen würde, finden sich dementsprechend wenig Beispiele für Commons.

Commons sind meist beschränkt auf überschaubare Gemeinschaften

Mit dem Problem der monetären Außenbeziehungen, dass also im Außen der Commons der Markt herrscht, geht auch einher, dass sich Commons unter diesen Umständen meist nur auf überschaubare geschlossene Gruppen, also interpersonale Zusammenhänge, beschränken.

Für die Commons-Forscherin Elinor Ostrom war eine klar definierte Gruppe von Nutzer:innen sogar ein grundlegendes Designprinzip von Commons[57]. Wir glauben aber, dass dies nicht zwingend ein Merkmal von Commons an sich ist, sondern vor allem ein Merkmal vieler Commons im Kapitalismus. Wenn wir vom kapitalistischen Außen Dinge auch nur bekommen, wenn wir dafür zahlen, dann ist es schwierig, die Dinge, die in einem Commons produziert werden, einfach allen frei zur Verfügung zu stellen. Sie würden dann schnell aufgebraucht und das Commons übernutzt werden, ohne dass dieses selbst die Dinge bekommt, die es braucht, um sich zu reproduzieren.

---

den Konsument:innen getrennt versuchen, Alternativen zu entwickeln, stehen sie schließlich vor dem Problem, mit Letzteren wieder nur über den Markt in Beziehung zu treten. (Kurz 1997)

57 Ostrom 1990

Dies führt dazu, dass Commons im Kapitalismus meistens andere von der Nutzung ausschließen, um sicherzustellen, dass sie sich reproduzieren können und die Bedürfnisse der Beteiligten befriedigt werden.

Trotz dieser relativen Geschlossenheit können sich Commonsschaffende eher dafür entscheiden, die Bedürfnisse Außenstehender einzubeziehen, als ein Unternehmen, das seine Profitinteressen verfolgen muss. Die strukturelle Nahelegung für Solidarität, für den Einbezug der Bedürfnisse, gilt jedoch meist nur innerhalb des Commons, in einem interpersonalen Rahmen. Auch der Einbezug weiterer Menschen funktioniert meist darüber, dass diese Beziehungen interpersonalisiert werden: So werden etwa die Beziehungen zwischen Produzent:innen und Konsument:innen, die auf dem Markt meist transpersonale sind, in Solidarischen Landwirtschaften interpersonalisiert.[58] Diese Interpersonalität macht Commons zwar für viele Menschen auch attraktiv, da sie sich nach Gemeinschaftlichkeit sehnen, gleichzeitig ist sie aber ein Problem. Denn Gesellschaftlichkeit ist eben gerade durch transpersonale Beziehungen gekennzeichnet, weshalb eine Alternative zum Kapitalismus auch transpersonal und nicht rein interpersonal funktionieren muss. Gesellschaft durch Gemeinschaft zu ersetzen würde bedeuten, hinter alle möglichen Errungenschaften zurückzufallen, die uns ein gutes Leben ermöglichen könnten. Auch in einer strukturell solidarischen Gesellschaft müsste sichergestellt sein, dass wir versorgt werden, egal ob die Produzent:innen uns persönlich kennen oder mögen.

Einen Schimmer davon, wie offene Commons aussehen können, die transpersonal allen zur Verfügung stehen, sehen wir in Projekten, die sich um die Verteilung von Resten, die in den Wohlstandsgesellschaften des Globalen Nordens im Überfluss vorhanden sind, drehen, also etwa Umsonstläden oder Foodsharing. Und wir sehen ihn in Commons, in denen Güter produziert werden, die sich ohne viel Ressourcennutzung und Arbeit beliebig vervielfachen lassen, bei Freier und Offener Software etwa, die allen zur Verfügung steht.

58 Wie bereits erläutert, sind interpersonale Beziehungen Beziehungen zwischen konkreten Personen, transpersonale sind Beziehungen zu Unbekannten bzw. abstrakt Anderen.

5.3 Die Beziehung von Kapital und Staat zu Commons: Zwischen Ausbeutung und Einhegung

Der Markt ist also ein feindliches Umfeld. Er schränkt Commons ein, weil sie ihre Außenbeziehungen anders gestalten müssen als es der Logik von Commoning entspräche. Und diese Außenbeziehungen können wieder auf das interne Commoning umschlagen. Commons funktionieren deshalb hauptsächlich in Bereichen, wo es relativ wenig monetäre Außenbeziehungen gibt. Ihre Ausdehnung ist deshalb zunächst auf diese Bereiche beschränkt und auch in diesen Bereichen scheitert sie daran, dass die Dinge, die wir fürs Commoning bräuchten, in Form von Privateigentum existieren.

Dabei hatten die frühen Entwickler der Keimformtheorie, beflügelt durch den Erfolg der Freien Software in den 2000er-Jahren, sogar noch die Hoffnung, der Kapitalismus könne die Ausweitung von Commons selbst beschleunigen. Denn schließlich könnten sich Unternehmen die mit Commons verbundene Kosteneinsparung zunutze machen: «Unternehmen können die partielle Entwertung ausnutzen und z.B. Softwarekosten sparen, Kreativität ausnutzen, Service mit freiem Gut verbunden verkaufen etc.»[59]

Dieses Zunutze-Machen bringt jedoch noch keine Dynamik der Ausweitung hervor, die den marktförmig organisierten Bereich komplett verdrängen könnte. Vielmehr handelt es sich schlichtweg um Ausbeutung von unbezahlter Arbeit, wie wir sie von anderen nicht-monetären Bereichen schon längst kennen. Wenn in Haushalten unbezahlt Sorge-Arbeit geleistet wird oder wenn Menschen einen Teil ihrer Lebensmittel in Subsistenz herstellen, dann senkt dies die Kosten ihrer Arbeitskraft, denn diese Lebensmittel bzw. Arbeiten müssen dann nicht über den Lohn finanziert werden. Das Kapital profitiert also davon, wenn einige Voraussetzungen seiner Verwertung in Bereichen geschaffen werden, die nicht marktförmig organisiert sind – sei es, indem die Reproduktion der Arbeitskraft patriarchal organisiert ist oder indem Wissen und Software als Commons zur Verfügung gestellt werden. Solange es auf solche Bereiche beschränkt ist, die das Kapital ausbeuten kann, und es nicht die Kapitalverwer-

59 Meretz 2011

tung an sich infrage stellt, hat das Kapital auch kein Problem mit Commoning. Das Commoning bleibt dann aber beschränkt dadurch, dass die Commons ausgebeutet werden und sich schwer über diesen Bereich hinaus ausweiten können.

Eine ähnliche Beziehung zu Commons hat auch der Staat. Da er nicht das Andere zum Markt ist, sondern selbst auf eine funktionierende Kapitalverwertung angewiesen ist, ist er bemüht, gute Ausgangsbedingungen für die Kapitalverwertung zu organisieren. Dazu gehört auch die Reproduktion der Arbeitskräfte, die er etwa mit sozialstaatlichen Maßnahmen sichert. Er kann sie aber auch an Commons ausgliedern und selbst Kosten einsparen, wenn Commons oder ähnliche Gemeinschaften diese Aufgaben übernehmen.[60] Gerade aufgrund der finanziellen Beschränkungen von Commons setzen einige Commons-Theoretiker:innen und -Aktivist:innen darauf, über den Staat den Aufbau von Commons zu fördern, über sogenannte Commons-Public-Partnerships[61]. Dies mag auch in einigen Bereichen gelingen, etwa wenn selbstorganisierte Jugend- oder Kulturzentren staatliche Förderung erhalten. Doch dies sollte nicht darüber hinwegtäuschen, dass der Staat damit nur die ausbeutende Beziehung zwischen Kapital und Commons stützt und die Unterstützung von Commons für ihn nur in bestimmten Bereichen funktional ist, hauptsächlich im Bereich der Reproduktion. Wie wir dem Staat trotzdem Ressourcen für Commoning abringen können und welche weiteren Fallstricke es dabei gibt, beleuchten wir näher in Kapitel 8.

Zusätzlich zu der Beziehung der Ausbeutung gibt es eine weitere Beziehung zwischen Kapital und Commons: die der Einhegung. Von Einhegung sprechen wir, wenn – wie im Übergang zum Kapitalismus – nicht marktförmig organisierte Bereiche in den Markt integriert werden. Dinge, die vorher keine Waren waren, werden jetzt zu Waren gemacht, also kommodifiziert. Dann steigen zwar vielleicht – im Vergleich zur Ausbeutung von Commons – die Reproduktionskosten der Arbeitskraft, aber

60 Vgl. van Dyk/Haubner 2021

61 Diese sind gewissermaßen ein Gegenmodell zur üblichen Public-Private-Partnership, bei dem staatliche Institutionen mit Privatfirmen zusammenarbeiten. An die Stelle von profitorientierten Unternehmen sollen in der Commons-Public-Partnership Commons treten. Vgl. dazu: Helfrich/Bollier 2019, S. 306ff

gleichzeitig können den Arbeiter:innen ganz viele neue Waren verkauft und damit Geld gemacht werden. Eine solche Dynamik der Einhegung sehen wir in vielen Bereichen, die über Commoning organisiert werden: Solange sie für den Markt noch nicht lukrativ sind, kann hier Commoning gedeihen. Durch Commoning wird dann Kreativität und Schaffenskraft freigesetzt und es werden neue Gebrauchswerte erschlossen, bis der Markt sie als Anlagemöglichkeit entdeckt. Beobachten kann man das bei Couchsurfing oder auch bei Foodsharing: Wo Menschen Reisenden ihr Sofa als Schlafplatz frei zur Verfügung stellen, wie beim Couchsurfing, wittert das Kapital eine neue Möglichkeit zur Kommodifizierung des Privaten. AirB'n'B absorbiert dann das, was ursprünglich über Commoning organisiert wurde, und macht Wohnzimmer oder gleich ganze Wohnungen zur Ware. Und die Verteilung von Lebensmitteln, die die Supermärkte nicht mehr verkaufen können, wird zu einer Start-up-Idee von Hipstern, die versuchen, auch noch den Müll des Kapitalismus zu Geld zu machen und die Supermarktabfälle zu verkaufen, anstatt sie – wie Foodsharing – frei zu verteilen. Auch Lastenräder werden vielerorts von nicht-kommerziellen Initiativen als Commons produziert und verliehen, doch wo aufgrund gestiegenen Umweltbewusstseins die Nachfrage steigt, werden sie auch für kommerzielle Unternehmen zu einer lukrativen Investitionsmöglichkeit. Das Kapital scheint ausgesprochen gut darin zu sein, das, was die Menschen schaffen, wieder einzuhegen und zur Ware zu machen. So wird unsere Schaffenskraft wieder genutzt, um uns selbst zu negieren.

Die Beziehung von Kapital und Staat zu Commons ist also eine, die von widersprüchlichen Tendenzen zwischen Ausbeutung und Einhegung geprägt ist. Ob es für das Kapital lukrativer ist, die unbezahlte Arbeit von Commons auszubeuten oder aber diese Bereiche einzuhegen und zu kommodifizieren, kann von Konjunktur zu Konjunktur schwanken. Die beiden Tendenzen können sich aber auch als widersprüchliche Interessen zwischen verschiedenen Kapitalfraktionen zeigen oder auch zwischen einzelnen Kapitalfraktionen und dem Staat. Während es immerhin noch Spielräume für den Aufbau von Commons gibt, wenn diese lediglich ausgebeutet, aber nicht eingehegt werden, schränken beide Tendenzen das Commoning ein, und verhindern seine Entfaltung.

5.4 Es braucht eine Bewegung der Commonisierung

Die Logik des Commoning kann sich innerhalb einer kapitalistischen Gesellschaft nie voll entfalten.[62] In den Commons erleben wir zwar Ansätze von bedürfnisorientierter Selbstorganisation jenseits von Privateigentum, Tausch und Zwang, aber eben nur Ansätze. Diese können größer oder kleiner sein, unter Umständen können sie sich sehr befriedigend und erfüllend anfühlen und uns schon einen guten Vorschein davon liefern, was als Alternative zum Kapitalismus möglich wäre. Manchmal scheitern sie aber auch krachend unter all den Beschränkungen, denen sie innerhalb der kapitalistischen Gesellschaft unterliegen. Sie sind beschränkt dadurch, dass wir unsere Subjektivierung innerhalb dieser herrschaftlichen und konkurrenzgetriebenen Gesellschaft nicht ohne Weiteres abschütteln können, wenn wir uns in Commons zusammentun. Und dadurch, dass wir durch das Privateigentum getrennt sind von den Mitteln, mit denen wir all das, was wir zum Leben brauchen, über Commoning herstellen könnten. Deshalb sind Commons damit konfrontiert, dass sie Beziehungen zu Markt und Staat eingehen müssen, die der Logik des Commoning zuwiderlaufen und die auch das Innen der Commons beeinflussen. Deshalb funktioniert Commoning meist nur in Bereichen, in denen es wenige solcher marktförmigen Außenbeziehungen gibt und deshalb beschränkt es sich auch oft auf eine überschaubare, interpersonale Gemeinschaft.

Diese ganzen Beschränkungen führen dazu, dass Commons in ihrer Praxis immer widersprüchlich sind. Commons und Commoning sind nicht an sich transformativ, wenn sie diese Beschränkungen nicht angehen. Transformatives Commoning müsste bedeuten, zum einen das interne Commoning zu intensivieren, und dabei die eigenen Subjektivitäten und Bedürfnisstrukturen zu reflektieren und transformieren. Zum anderen müsste es bedeuten, solidarische Beziehungen nach außen aufzubauen, die das Commoning ausweiten und in Richtung gesellschaftlicher Verallgemeinerung wirken. Dazu gehört auch, um die Aneignung der Mittel, die wir fürs Commoning brauchen, zu kämpfen. Transformative Commons

62 Deshalb schreibt etwa Johannes Euler über die Dimensionen von Commoning auch, dass «in no specific empirical setting all of the dimensions [...] will be observable to full extent» (Euler 2018, S. 12).

gedeihen nicht friedlich in und neben dem Kapitalismus, sie können ihn nicht nach und nach «auskooperieren»[63]. Stattdessen wachsen sie zwar aus den Widersprüchen dieser Gesellschaft, aber gleichzeitig gegen sie, als Bewegungscommons, als kämpfende Commons, in, gegen und über den Kapitalismus hinaus. Dafür braucht es zusätzlich zu Commoning als commons-basierte und commons-reproduzierende Tätigkeit ein Commonisieren, das heißt eine Tätigkeit der Ausweitung und Intensivierung von Commoning. Es gibt im Kapitalismus nicht das Utopische, aber die Bewegung hin zum Utopischen, die Bewegung der Commonisierung[64].

5.5 Die Verallgemeinerung des Commoning

Eine kämpferische Bewegung der Commonisierung kann nicht linear gedacht werden. Es erscheint uns unwahrscheinlich, dass in einem gleichförmigen Tempo schrittweise die Waren und Produktionsmittel angeeignet und commonisiert werden. Denn auch wenn wir dadurch Commoning ausweiten können, stoßen wir auf Grenzen: Solange der Staat das Privateigentum mit seinem Gewaltmonopol durchsetzt, haben es Aneignungskämpfe schwer. Der Staat wird nicht zulassen, dass wir uns schrittweise alles aneignen und so den Kapitalismus untergraben. Zudem setzt die Vermittlungsform des Marktes enge Grenzen und verhindert in Bereichen, die viele monetäre Außenbeziehungen haben, das Commoning.

---

63 So wurde dies in den früheren Diskussionen um Keimformen noch diskutiert, siehe Meretz 2008.

64 Das Wort «Commonisierung» ähnelt dem Begriff der Kommunisierung, wie ihn antiautoritär kommunistische Gruppen wie Théorie Communiste, Troploin, Endnotes, Tiqqun oder das Unsichtbare Komitee geprägt haben (vgl. Doc Sportello 2014). Diese Ähnlichkeit ist auch beabsichtigt, denn sie bezeichnen damit wie wir die Bewegung, die den Kapitalismus und mit ihm Privateigentum, Lohnarbeit und Warenform überwindet, ohne den Umweg über eine Übergangsgesellschaft wie den Staatssozialismus. Bei der Strömung der Kommunisierung bleibt diese Bewegung jedoch oft etwas diffus und wird in einem Aufstand im Bruchmoment verortet. Mit dem Begriff der Commonisierung betonen wir hingegen den Aspekt der Konstruktion, welche auch schon heute beginnt und sich über den gesamten Prozess der Transformation erstreckt.

Diese Grenzen von Markt und Privateigentum könnten abgemildert werden, wenn viele Betriebe gleichzeitig in einer Aneignungswelle commonisiert werden. Überwunden werden können sie aber nur, wenn die gesamtgesellschaftliche Vermittlungsform geändert wird, in einer Commonisierungswelle, die sämtliche Produktionsmittel erfasst. Dadurch könnten das Geld abgeschafft, die Güter bedürfnisorientiert verteilt und neue Institutionen der gesellschaftlichen Koordination etabliert werden.

Dieser Moment der Änderung der gesamtgesellschaftlichen Vermittlungsform wird in der Keimformtheorie «Dominanzwechsel»[65] genannt. Dort verlässt das Commoning sein Keimform-Dasein und wird gesamtgesellschaftlich wirkmächtig. Das würde bedeuten, dass den Menschen nahe gelegt ist, ihre Bedürfnisse über Commoning zu befriedigen, nicht mehr nur in einigen Bereichen, sondern generell.

Da der Dominanzwechsel nur in Form eines revolutionären Bruchs im Sinne einer kämpferischen Aneignungswelle wahrscheinlich ist, denken wir, dass er durch eine Krise des Kapitalismus ausgelöst werden muss. Eine solche Krise, die die Änderung gesellschaftlicher Verhältnisse für viele Menschen notwendig oder erstrebenswert macht und die Kämpfe eskalieren lässt, könnte als Gelegenheit für einen Bruch genutzt werden. Doch auch wenn das Alte in eine Krise gerät, die Tür morsch ist, ist immer noch offen, wer sie eintritt, wohin sie sich öffnet. Je mehr Menschen in so einem Zeitpunkt Erfahrungen mit Commoning gemacht haben, desto wahrscheinlicher ist es wohl, dass sich Commoning dann gesellschaftlich verallgemeinern kann.

Wir sehen unsere Aufgabe also darin, zu sehen, wo Keimformen, trotz der Steine im Weg, gedeihen können. Wir suchen nach einer Dynamik, die die Commonisierung antreiben könnte, und nach Anknüpfungspunkten dafür im Alltag der Menschen. Und gleichzeitig wollen wir dabei ergründen, was für Konsequenzen es für unsere Praxis birgt, wenn die Keimformen im Kapitalismus nicht so umfangreich gedeihen können, dass ihre Ernte uns versorgt.

65 Sutterlütti/Meretz 2018, S. 223

6. Solidarität mit Vielen: soziale Bewegungen

Als wir eine neue Waldbesetzung begonnen hatten, gab es am Anfang kein Geschirr und Besteck. Wir hatten keine Decken oder Kissen, keine Matratzen, keinen Herd und keine Töpfe. An dem Tag, an dem wir im Verborgenen ausreichend Plattformen gebaut hatten, um an die Öffentlichkeit zu gehen, luden wir zu einem Waldspaziergang ein. Es war sonnig, eigentlich zu sommerliches Wetter für einen Herbsttag. Im winzigen Waldstück am Tagebau Garzweiler versammelten sich dutzende Menschen, es wurde gesungen, Reden gehalten, gefeiert und auch ein bisschen geweint. In der Lokalpresse wurde über das neue Baumhausdorf berichtet.

Am nächsten Tag kamen die Spaziergänger:innen. Ältere Ehepaare mit Hunden, Familien mit kleinen Kindern. Alle sagten, das wäre ihr ganz alltäglicher Spazierweg, auch wenn in der Woche vor dem Waldspaziergang niemand außer unserer Gruppe den Wald betreten hatte. Die Spaziergänger:innen legten ihre Köpfe in den Nacken, schauten zu den Plattformen, die sich in den Kronen der alten Bäume wiegten, und staunten.

Und mit den Spaziergänger:innen kamen die Sachspenden. Menschen fragten uns, was wir bräuchten oder brachten einfach das, von dem sie annahmen, wir bräuchten es. Bald hatten wir so viele Töpfe, dass wir tagelang nicht spülen mussten, genug Besteck und Geschirr, um dutzende Menschen zum Essen einzuladen, mehrere Gasherde, einen, um mit Holz zu kochen, und bald so viele Decken und Kissen, dass wir Schwierigkeiten hatten, sie alle trocken zu lagern.

Aber die Menschen aus der Umgebung brachten nicht nur Kram vorbei. Ein gelernter Schreiner, der für einen Großkonzern am Fließband arbeitet, kam vorbei, um unsere Messer zu schärfen. Jeden Sonntag kam ein älterer Herr, der sich mir nie vorgestellt hat, und schraubte an unseren Fahrrädern herum oder kletterte auf das Baumhaus, um den Solarstrom zu optimieren. Der benachbarte Biobauer kam auch immer sonntags, um selbst angebautes Gemüse über dem Feuer zu braten und zu verteilen. Eine Frau, die in einer Plexiglasfabrik arbeitet, brachte uns nicht nur Plexiglasreste zum Fensterbauen, sondern kam auch regelmäßig, um zusammen mit ihrem Sohn unseren Müll abzuholen. Manchmal wurde in dem Dorf neben dem Wald der Müll nicht regelmäßig abgeholt, unsere autonome Müllabfuhr funktionierte immer.

Ich weiß nicht, ob die Mülltüten zum Auto zu tragen und wegzufahren, an sich eine Aufgabe ist, die den beiden so viel Spaß macht, dass sie sie unbedingt regelmäßig machen wollten. Ich glaube vielmehr, dass sie motiviert dazu waren, weil sie, genau wie wir, die Notwendigkeit sahen, etwas gegen die Klimakrise zu tun, und dort vor Ort dafür zu sorgen, dass die Kohle im Boden bleibt. Wir, die den Wald besetzt haben, und all die Menschen, die uns Decken, Töpfe, Tee und Kissen vorbeigebracht haben, hatten also eine gemeinsame Zwecksetzung. Und um diese Zwecksetzung zu erfüllen, war es für uns beide nahegelegt, die Bedürfnisse der anderen mit einzubeziehen.

In einer freien Gesellschaft wäre die gemeinsame Zwecksetzung die eigene Reproduktion, wobei ihre Bedingung die Reproduktion aller wäre, also das herzustellen, was wir brauchen, um gut zu leben. Und wenn Menschen im Hier und Jetzt schon so motiviert sind, gegen Braunkohle tätig zu sein, dann zweifeln wir nicht daran, dass wir alle erst recht motiviert wären, wenn es darum ginge, unsere Reproduktion zu sichern.

6.1 Bewegungen sind Netzwerke des Commoning

In Bewegungen, die für ein gemeinsames Ziel kämpfen, ist Solidarität nahegelegt. Wer einen Missstand sieht und ihn verändern will, mag das alleine versuchen. Aber höchstwahrscheinlich wird er daran scheitern. Und wenn er will, dass sich andere Menschen ihm anschließen, dann ist er darauf angewiesen, ihre Bedürfnisse mit einzubeziehen.

«Vorwärts, und nicht vergessen, worin unsere Stärke besteht! Beim Hungern und beim Essen, vorwärts, und nicht vergessen: die Solidarität!», heißt es im Solidaritätslied von Bertolt Brecht. Meistens werden Bewegungen daraufhin untersucht, ob sie stark genug sind, um ihre Ziele durchzusetzen. Die Ziele werden dabei oft auf konkrete Forderungen an die Politik, auf reformistische Veränderungen heruntergebrochen. Die Solidarität ist dabei allgemein anerkannt ein wichtiges Mittel, diese Ziele zu erreichen. Was aber, wenn die Fähigkeit, Forderungen durchzusetzen, gar nicht die Stärke der Bewegungen ausmacht? Sondern, wenn die Stärke von Bewegungen vielmehr in dem liegt, was Brecht besingt: der Solidarität?

Als Solidarität im Kämpfen, als kämpfendes Commoning, ist aber nicht nur die materielle Versorgung der Kämpfenden zu verstehen, das Hungern und Essen, das Solarstrom bauen und Plexiglas vorbeibringen, sondern auch die Solidarisierung, das Mitkämpfen an sich. Wenn also die erste Russische Revolution 1905 maßgeblich dadurch ausgelöst wurde, dass zwei Arbeiter der Pulitow-Werke entlassen wurden[66], was zu massenhaften spontanen Streiks führte, könnte man diese Praxis als Commoning bezeichnen. Die Arbeiter:innen schlossen sich zusammen, um selbstorganisiert für die Erfüllung ihrer Bedürfnisse zu sorgen. Das Problem, aufgrund einer Gewerkschaftszugehörigkeit gekündigt zu werden, wurde erkannt als ein Problem, dass die Arbeiter:innen gemeinsam betrifft, auch die, die nicht gekündigt wurden.

Laut Kim Moody steht am Anfang von massenhaften Streikbewegungen, die meist ebenso wenig wie Revolutionen im Vorhinein vorhergesehen wurden, genau diese spontane Solidarisierung.[67] Die Entscheidung, dass die Probleme einzelner Arbeiter:innen nicht die Problem einzelner Arbeiter:innen sind, sondern welche, die sie gemeinsam betreffen und die deshalb gemeinsam und selbstorganisiert anzugehen sind.

So lässt sich viel Praxis von sozialen Bewegungen als Commoning begreifen. Menschen in Bewegungen tun sich zusammen, um selbstorganisiert daran zu arbeiten, Bedürfnisse zu befriedigen, wenn auch nicht, indem sie gemeinsam einen Weidegrund bearbeiten, sondern indem sie sich politisch organisieren. Dabei ist hier, im Gegensatz zu anderen Commons, zu beobachten, dass das Commoning transpersonal ist. Menschen arbeiten, ohne sich je gesehen zu haben, ohne dass sie sich je kennenlernen werden und über Kontinente hinweg für dieselben Ziele. Dabei werden emanzipatorische Bewegungen tendenziell versuchen, alle Menschen mit einzubeziehen (auch wenn das

66 Vgl. Luxemburg 1906
67 Moody 2012

im konkreten Fall bedeuten kann und muss, menschenverachtende Positionen nicht zu dulden und Verteidiger:innen solcher Positionen auszuschließen). Denn dann wird es wahrscheinlicher, dass sie ihre Ziele umsetzen können. Bewegungen betreiben also Commoning und dadurch, dass sie ihr Anliegen verallgemeinern wollen, haben sie eine innere Logik, nach der sie versuchen werden zu wachsen. Und so auch das Commoning ausweiten. Das, was einzelne Commons oft nicht leisten können, eine Dynamik zu entfalten, die zur Ausweitung von Commoning führt, das schaffen Bewegungen: Entstanden aus den Brüchen und Widerständen dieser Gesellschaft bieten sie einen Nährboden fürs Commoning und den Antrieb zur Commonisierung.

Bewegungen sind Netzwerke von Organisationen und Einzelpersonen, die sich gemeinsam dafür einsetzen, etwas zu verändern. Die einzelnen Organisationen, die zu den Bewegungen gehören, können auch weniger über Commoning organisiert sein. So können Parteien Elemente hierarchischer Organisierung in sich tragen, statt Selbstorganisation. In NGOs können ähnliche Logiken wie in kapitalistische Unternehmen wirken, wenn es darum geht, Spendengelder einzuwerben. Beides steht bedürfnisorientierter Selbstorganisation entgegen. Die Vermittlung der Bewegung, das heißt der unterschiedlichen Akteure und Einzelpersonen, basiert jedoch großteils auf Commoning. Niemand hat die Machtmittel, die anderen zu zwingen, mit ihnen auf die Straße zu gehen oder eine Waldbesetzung aufzubauen. Das tun die Menschen, weil es ihnen wichtig ist, weil sie sich erhoffen, durch eine solche Veränderung ihre Bedürfnisse besser befriedigen zu können. Und auch intern organisieren sich viele Gruppen, Projekte und Organisationen, die Teil von sozialen Bewegungen sind, über Commoning.

Emanzipatorische Bewegungen grenzen wir dadurch von nichtemanzipatorischen ab, dass sie Ziele verfolgen, die verallgemeinerbar sind. Das kann aber auch bedeuten, sich gegen die Interessen von Gruppen zu stellen, die davon profitieren, ihre Bedürfnisse auf Kosten von anderen zu befriedigen.

Nicht-emanzipatorische Bewegungen schließen sich zusammen, um ihre Interessen auf Kosten von anderen durchzusetzen. Das ist etwa bei rassistischen Bewegungen der Fall, die den

Wohlstand des Globalen Nordens durch noch rigidere Abschottungspolitik sichern wollen. Ihr Zweck ist also Exklusion. Dabei können auch sie nach innen Inklusionsbeziehungen aufbauen, aber keine, die tendenziell alle Menschen einschließen. Oft greifen sie aber auch auf autoritärere Formen des Organisierens zurück.

Emanzipatorische Bewegungen tun das immer weniger. Vielleicht liegt es an der Erfahrung, dass Mittel und Ziel nicht völlig voneinander zu trennen sind, die durch den real existierenden Sozialismus gemacht wurde. Vielleicht liegt es an entschiedenen Interventionen von Feminist:innen, die eine Trennung von Privatem und Politischen anprangerten und so neue Politikformen entwickelten.

Dabei ist zu beobachten, dass viele neuere soziale Bewegungen in ihren Forderungen weit hinter denen der sozialistischen Bewegungen des letzten und vorletzten Jahrhunderts zurückbleiben. Es geht nicht mehr ums Ganze, nicht mehr darum, eine Gesellschaft ohne vermeidbares menschliches Leid zu schaffen, sondern eher darum, das Leid an einigen Stellen zu lindern. Dabei trägt aber trotzdem die Form, in der sie sich organisieren, die Keimform einer solchen Gesellschaft ohne vermeidbares menschliches Leid in sich, auch wenn sie selbst die Möglichkeit einer solchen kaum noch denken oder gar artikulieren.

Zugleich entwickeln sich Forderungen und Positionen oftmals beim Kämpfen selbst weiter. Bewegungen bewegen sich, weil sie sich im Antagonismus zum Bestehenden befinden. Dabei stoßen sie einerseits auf Widerstände, auf die Beschränkungen des Bestehenden und lernen andererseits Selbstvertrauen in ihre Handlungsfähigkeit. Sowohl ihr Scheitern als auch ihr Gewinnen kann Anlass sein, sich tiefergehend mit Gesellschaftskritik zu beschäftigen und immer mehr die Verhältnisse als solche zu hinterfragen. So entwickeln sich Kämpfe beim Kämpfen.

Arbeiter:innen gehen auf die Straße gegen die Schließung ihrer Fabrik, um weiter für den Fabrikbesitzer arbeiten zu können. Die Fabrik wird trotzdem geschlossen und die Arbeiter:innen besetzen sie und sagen, sie wollen nie wieder für einen Fabrikbesitzer arbeiten. Arbeitslose organisieren sich, um mehr Arbeitsplätze zu fordern und stellen dann fest, «dass sie keine Beschäftigung wünschten, dass sie nicht ausgebeutet zu werden wünschten, dass sie ihre Leben sinnvollen und selbst gewählten Tätigkeiten widmen wollten.»[68] Die Forderungen und Vorstellungen der Kämpfenden wachsen über sich hinaus, quellen über[69]. Und aus Rebellionen entsteht Hoffnung, aus Hoffnung Rebellion und so verbreitet sie sich wie ein Lauffeuer, wenn man es kaum erwartet. Kommt es mit einer Eskalation der Rebellion, des Kampfes, auch zu einer Eskalation der Solidarität-im-Kampf, der Konstruktion von solidarischen Beziehungen, von Commons? Und kann diese Konstruktion sich verstetigen?

6.2 Bewegungscommons entstehen in Brüchen, im Nicht-Alltäglichen

Es scheint gerade auch das Nicht-Alltägliche, das Nicht-Verstetigte zu sein, das eine Rolle spielt, bei der Verwobenheit von Kämpfen und Commoning. So sind es gerade die Momente, in denen durch eine antagonistische Praxis mit dem Alten gebrochen wird, die eine andere Form des sich aufeinander Beziehens notwendig machen. Schlicht, weil die alten Formen des sich aufeinander Beziehens in der neuen Situation nicht funktionieren.

Bini Adamczak beschreibt in «Beziehungsweise Revolution», wie die siegreichen Revolutionäre und jungen Kommunist:innen die Revolution zurücksehnen[70]. Dann stellt sie die Frage, was wäre, wenn sie nicht den Kampf, sondern den Kommunismus zurücksehnten, die Solidarität, die im Kämpfen erlebt wurde, dann aber aus dem sowjetischen Alltag verschwand. Gerade, dass diese «befriedigende Beziehungsweise»[71] im Zusammenhang mit der Russischen Revolution und dem Bürgerkrieg, der auf sie folgte, ersehnt wurde, zeigt die Ambivalenz dieser Beobachtung. Bürgerkriege stellen Brüche dar, in denen die Art sich

---

68 Holloway, 2010, S. 29

69 Die Metapher des Überquellens (oder auch Überfließens oder Überschäumens, engl. «overflowing») übernehmen wir von John Holloway (Holloway 2010, S. 171ff; ausführlicher in ders. 2022). Damit kann einerseits, wie hier, beschrieben werden, wie Kämpfe aus ihren systemimmanenten Forderungen überquellen, andererseits aber auch wie wir niemals in den Formen des Kapitalismus aufgehen, sondern darüber hinausfließen bzw. überquellen. Unser Tätigsein z. B. lässt sich nie ganz in das Korsett der Lohnarbeit stecken, sondern fließt darüber hinaus.

70 Adamczak 2017, S. 11ff

71 Adamczak 2017, S. 39

aufeinander zu beziehen, die zuvor alltäglich war, nicht mehr funktioniert. Während man vorher die Nachbarin vielleicht nur im Vorbeigehen gegrüßt hat, liegt man jetzt mit ihr im Schützengraben. Während vorher Einkäufe gemacht wurden, um die Vorratskammer zu füllen, teilt man sich jetzt die knappe Nahrung mit den anderen Kämpfenden. Die alten Beziehungsweisen, die Nachbarin im Schützengraben nur flüchtig zu grüßen oder genug Geld zu verdienen, um einen Vorrat anzulegen, funktionieren nicht mehr. Es müssen sich also neue herausbilden. Diese neuen Arten des sich aufeinander Beziehens müssen aber noch lange nicht befriedigend, solidarisch oder befreiend sein. Im Gegenteil bilden sich gerade in Kriegen oft Beziehungsweisen heraus, die weit hinter den kapitalistischen zurückfallen. Das gilt auch für Beziehungsweisen unter den Kommunist:innen im russischen Bürgerkrieg, in dem die Selbstverwaltung der Räte abgebaut und durch Kommandowirtschaft von Regierungsvertreter:innen ersetzt wurde.

Es gibt aber auch andere Formen von temporären Brüchen, wie Platzbesetzungen, Streiks oder Blockaden, die die Funktionalität der alten Weisen des sich aufeinander Beziehens zeitweise aufheben. Und diese bringen häufig neue solidarische Organisationsformen hervor. Kämpfendes Commoning scheint sich also gerade dann auszubreiten, wenn es mit dem Alltäglichen bricht. In diesem Bruch entstehen neue Beziehungen, aber die alten, in denen noch immer die gesellschaftliche Reproduktion stattfindet, werden nicht unbedingt transformiert und so sind die neuen und solidarischen nicht auf den Alltag beziehbar. Trotzdem kann auch gerade die Differenz zwischen den erlebten solidarischen Beziehungen und dem kapitalistischen Alltag dazu führen, dass Menschen motiviert sind, für einen anderen Alltag zu kämpfen.

Trotzdem wirken die Erfahrungen, die Menschen an Orten wie Waldbesetzungen oder Platzbesetzungen machen, oft weit entfernt vom Alltäglichen und so fällt es schwer, sie zu abstrahieren und sich eine selbstorganisierte Gesellschaft statt ein selbstorganisiertes Camp vorzustellen. Trotzdem sind die Erfahrungen, die wir in diesen Brüchen des Alltäglichen machen, unglaublich wertvoll. Wir entwickeln darin Organisationsformen, die wir in einer solidarischen Gesellschaft brauchen. Und sie können uns so verändern, dass wir auch das Alltägliche, so wie es ist, nicht mehr hinnehmen wollen.

Es bräuchte also eine Praxis, um die solidarischen Beziehungsweisen, die sich im gemeinsamen Kämpfen bilden, in den Alltag zu tragen, in die Herstellung unserer Lebensbedingungen. Ansätze davon sind schon zu sehen, in gemeinsamen Ökonomien, die sich in sozialen Bewegungen bilden, bei Eltern und Nicht-Eltern, die oft aus feministischen Kontexten kommend gemeinsam für Kinder sorgen, oder Gruppen von Frauen und Queers, die nicht nur gemeinsam gegen das Patriarchat kämpfen, sondern sich im Alltag darin unterstützen, es zu überleben.

Eine Weiterentwicklung solcher Praktiken könnte es Bewegungen ermöglichen, weiterzuwachsen. Wenn wir nicht allein gegen die Zumutungen des Neoliberalismus anrennen müssen, wenn nicht die einzige Möglichkeit einer dauerhaften Existenzsicherung die Karriere ist, wenn nicht Kinderkriegen weitgehend bedeutet, sich in bürgerlichen Kleinfamilien zu vereinzeln, dann hätten viel mehr Menschen die Möglichkeit, zu kämpfen. Außerdem könnten die Tätigkeiten, die in sozialen Bewegungen gebraucht werden, deutlich vielfältiger werden und damit viel mehr Menschen ermöglichen, ihre produktiven Bedürfnisse zu befriedigen. Vielleicht würde «aktiv sein» dann nicht nur bedeuten, Bagger zu blockieren oder in endlosen Telefonkonferenzen Demos zu planen und Bündnisse zu managen. Sondern auch Hochbetten bauen, Strom verlegen, auf Kinder aufpassen, Haare schneiden, Gemüse anbauen, Computer reparieren, anderen zuhören oder Gitarre spielen.

Zugleich besteht die Gefahr, das Kämpfen aus dem Auge zu verlieren und sich im Klein-Klein der Commons festzufahren. Dabei hätten Bewegungen viel mehr Möglichkeiten, die Beschränktheit von Commons durch Privateigentum zu umgehen und so dem Klein-Klein zu entkommen. Denn Bewegungen können genug Handlungsmacht organisieren, um Eigentumsverhältnisse zu verschieben. So waren die Fabrikbesetzungen Anfang der 2000er in Argentinien nur von Dauer durch eine Bewegung, die sie verteidigte und die weit über die Fabrikarbeiter:innen hinausging.[72]

Zugleich wären sie aber auch niemals ohne die Fabrikarbeiter:innen möglich gewesen. Um solidarische Beziehungen in das Alltägliche mitzunehmen, braucht es eine kollektive Or-

72 Vgl. Lavaca 2015

ganisation mit denen, mit denen wir alltägliche Beziehungen haben. Oft ist genau das etwas, was soziale Bewegungen nicht leisten können. Sie sind ein neuer Zusammenschluss sehr unterschiedlicher Menschen, die sich solidarisch aufeinander beziehen, um ein übergeordnetes gemeinsames Ziel zu erreichen. Selten sind sie fest verankert in Betrieben oder Nachbarschaften. Um eine strukturell solidarische Gesellschaft zu erreichen, gilt es aber genau diese Beziehungen in Betrieben und Nachbarschaften zu transformieren. Meist ist es nicht möglich, sie einfach solidarisch zu gestalten. Aber Menschen kämpfen darum, sie solidarischer zu gestalten, kämpfen um Schritte in Richtung Commonisierung. Und genau diese Kämpfe können einen Bruch mit dem Bestehenden vorbereiten. Deshalb widmet sich das nächste Kapitel diesen Kämpfen.

7. Kämpfe um die Commonisierung des Alltags

Bewegungscommons, die mit dem Alltäglichen brechen, besitzen eine wichtige Strahlkraft. Zugleich scheitern sie daran, die alltäglichen Beziehungen zu transformieren. Diese alltäglichen Beziehungen sind auch die, die uns tagtäglich versorgen und in denen wir tagtäglich zur gesellschaftlichen Reproduktion beitragen. Es sind die Zusammenhänge, in denen wir arbeiten, wohnen, konsumieren, uns um Menschen kümmern und sich um uns gekümmert wird.

Es funktioniert nicht, oder nur sehr beschränkt, diese Zusammenhänge neben dem Kapitalismus her noch einmal aufzubauen, das haben wir im Kapitel über die Beschränktheit der Commons im Kapitalismus gesehen und es wäre auch rein stofflich gar nicht möglich. Deswegen müssen die bestehenden Zusammenhänge verändert werden. Weil es durch dieselben Beschränkungen nicht möglich wäre, sie völlig zu commonisieren, geht es um Veränderungen oder Kämpfe um Veränderungen, die eine Commonisierung im Dominanzwechsel vorbereiten. Diese Vorbereitung passiert in Bestrebungen und Kämpfen, die bestehenden Beziehungen mehr in Richtung von Commoning zu verschieben.

Wir sehen diese Bestrebungen in Arbeitskämpfen, die sich um den Sinn der Arbeit drehen und damit solidarische Beziehungen zur Gesellschaft zu erkämpfen versuchen. Wir sehen sie in feministischen Kämpfen, die sich gegen die patriarchale Organisierung der Care-Arbeit richten. Und wir sehen sie in Kämpfen um Versorgung, die Bereiche der Daseinsvorsorge der Warenform entreißen wollen.

Diese Kämpfe sind oft auch Teil von sozialen Bewegungen. Während aber soziale Bewegungen häufig Zusammenschlüsse von Menschen sind, die gemeinsam etwas ändern wollen, die aber an ganz unterschiedlichen Orten leben, füreinander sorgen oder arbeiten, interessiert uns bei den Kämpfen um Commonisierung im Alltag etwas anders. Ihre besondere Qualität ist nämlich, dass Menschen, die Dinge herstellen oder über sie verfügen, genau diese Herstellung und Verfügung ändern oder versuchen zu ändern. Auf die Erfahrungen und Organisationsstrukturen, die aus diesen Kämpfen hervorgehen, kann also eine Aneignung der und solidarische Verfügung über die Güter und Produktionsmittel direkt aufbauen.

Wir schauen uns die Bestrebungen danach, die alltäglichen Beziehungen mehr in Richtung von Commoning zu verschieben in drei Bereichen an. Im Bereich der Lohnarbeit, wo darum gekämpft wird, etwas Sinnvolles zu tun oder herzustellen, anstatt das, was am meisten Geld bringt. Im Bereich der Versorgung, wo darum gekämpft wird, dass Menschen die Sachen bekommen, wenn sie sie brauchen und nicht wenn sie für sie bezahlen können. Und im Bereich der unbezahlten Sorgearbeit, wo darum gekämpft wird, dass diese Arbeit bedürfnisorientiert verteilt wird und nicht patriarchal.

All diese Bereiche bleiben für sich beschränkt. Arbeit wird nie ganz sinnvoll sein, wenn die Verteilung von dem, was hergestellt wird, über den Markt läuft. Versorgung wird nie ganz bedürfnisgerecht sein, wenn die Menschen, die die Güter produzieren, dies machen müssen, weil sie dafür bezahlt werden. Und unbezahlte Sorgearbeit wird nicht bedürfnisorientiert sein, solange sie den Zweck hat, verwertbare Arbeitskräfte für den Markt herzustellen und die Sorgearbeitenden nicht genauso versorgt werden, wie die in der Produktion tätigen.

Commons sind gekennzeichnet durch die Einheit von Produktion, Reproduktion und Konsumtion.[73] Im Kapitalismus sind diese Bereiche aber real getrennt. Deswegen schauen wir uns die Bestrebungen um Commonisierung in den einzelnen Bereichen an. Nicht, weil die Bestrebungen isoliert voneinander genug wären. Sondern, weil sie sich zu einer Veränderung verbinden können, die diese Trennung aufhebt.

7.1 Sinnvoll tätig sein! Kämpfe in der Lohnarbeit

«Ist der Patient auf der Intensivstation letzte Nacht gestorben, weil wir zu wenig Zeit für ihn hatten?» Solche Fragen stellen sich Beschäftigte im Gesundheitswesen in völlig überlasteten Kliniken jeden Tag.[74]

Viele Pfleger:innen sagen, dass sie ihren Beruf lieben und stolz auf ihn sind. Dass sie ihn ausüben wollen, weil er wichtig

73 Euler 2018, S. 12f

74 Notruf.NRW 2022

ist und ihre Tätigkeit anderen Menschen hilft. Trotzdem haben Hunderttausende ausgebildete Pflegekräfte in Deutschland den Beruf verlassen. Weil unter den herrschenden Arbeitsbedingungen das unmöglich wird, was sie motiviert: pflegen.

Auch Menschen, die in Bereichen arbeiten, in denen sie nicht so offensichtlich andere unterstützen wie Krankenpfleger:innen, mögen ihre Arbeit oft dann, wenn sie sinnvoll ist. So stellt die Arbeitssoziologin Sarah Nies in der Zusammenfassung verschiedener empirischer Studien zu Ansprüchen von Beschäftigten an ihre Arbeit zusammen:

«Nicht nur die Befriedigung eigener Bedürfnisse im Arbeitsprozess, das eigene Wohlbefinden und der Reiz an der Arbeit stehen im Mittelpunkt subjektiver Ansprüche, sondern vor allem auch die Folgen der Arbeit für andere.»[75]

Dies zeigt sie anhand so verschiedener Berufsfelder wie Ingenieur:innen, Kundenberater:innen in der Bank, Erzieher:innen, Sachbearbeiter:innen in der öffentlichen Verwaltung, Bauarbeiter:innen, Beschäftigten im Einzelhandel wie in der Produktion.

Wenn die einzige Motivation, um morgens aufzustehen, ist, Geld auf dem Konto zu haben, wird das Aufstehen schwieriger. Immer mehr junge Menschen suchen nach sinnvollen Arbeiten, Jobbörsen werben mit «nachhaltigen Unternehmen» und ermutigen dazu, sich «authentisch zu bewerben».

Die Realität im Berufsalltag sieht oft weniger rosig aus. Denn das produktive Bedürfnis etwas Sinnvolles zu tun, etwas beizutragen zur Bedürfnisbefriedigung aller, also die Motivation, Gebrauchswert herzustellen, prallt zusammen mit der kapitalistischen Realität: Der Zweck der Lohnarbeit ist nicht primär Gebrauchswert herzustellen, sondern Tauschwert.

Bei der Tätigkeit, die du ausführst, weil du sie wichtig findest, geht es also nicht vor allem um deine Motivation und auch nicht um die Bedürfnisse derer, denen sie zugute kommt, sondern darum, dass es möglich ist, mit ihr Geld zu verdienen. Im Gesundheitsbereich ist dieser dem Kapitalismus zugrunde liegender Mechanismus durch öffentliche Gesundheitsversorgung und den Staat abgeschwächt. Aber auch die öffentliche Gesundheitsversorgung wurde in den vergangenen Jahrzehnten in der Bundesrepublik immer mehr marktförmig organisiert, privatisiert und kaputtgespart. Dies ist Resultat politischer Ent-

75 Nies 2019, S. 111

scheidungen, doch lassen sich diese nicht davon trennen, dass eben der Staat nicht außerhalb des Kapitalverhältnisses steht. So müssen die Krankenhäuser nun in der Regel profitorientiert wirtschaften oder wie es das Streikbündnis «Notruf NRW» ausdrückt: Es herrscht eine «Orientierung an Gewinnen anstatt an bedarfsorientierter Versorgung der Patient:innen.»[76]

Viele Pfleger:innen schildern, wie sie jahrelang versuchten, die aus der Orientierung an Gewinnen resultierende drastische Unterbesetzung dadurch abzufedern, immer mehr zu leisten[77]. Keine Pausen, das Ansammeln von Überstunden, chronischer Stress, Burn-outs und die Unterversorgung von Patient:innen waren die Folge. Innerhalb des erstickend engen Netzes, das die Gewinnorientierung über die Pflege legte, war das Orientieren am Gebrauchswert immer schwerer möglich. Aber sich nicht am Gebrauchswert zu orientieren würde bedeuten, Menschen sterben zu lassen.

Eine Erleichterung dieser Situation bot schließlich keine persönliche Leistungssteigerung, sondern die kollektive Organisierung und die Straße.

Mehr als elf Wochen laufen die Unikliniken in Nordrheinwestfalen 2022 im Notbetrieb. OPs müssen verschoben werden, denn das Krankenhauspersonal ist nicht auf Station, sondern auf der Straße. Mit Schildern wie: «Mehr von uns ist besser für alle» oder «Bitte sterben Sie langsam, wir haben keine Zeit» üben sie nicht nur im Erzwingungsstreik enormen Druck auf ihre Arbeitgeber:innen auf, sondern machen auch auf die Zustände in den Krankenhäusern aufmerksam.

Die Forderung, die die Streikenden stellen, ist so einfach, wie revolutionär: Menschen wirklich pflegen zu können.

Das Personal der sechs großen Unikliniken führt damit einen erfolgreichen Arbeitskampf, in dem nicht die Frage nach mehr Lohn im Mittelpunkt steht, sondern die Frage danach, was sie brauchen, um die Patient:innen gut pflegen zu können. «Was uns Streikende […] alle eint, ist die moralische Verpflichtung gegenüber den uns anvertrauten Patient:innen und Schutzbefohlenen»[78] heißt es auf ihrer Website. Und weil es eben die Pfleger:innen, die Ärzt:innen, die Reinigungskräfte und die Kantinenköch:innen sind, die die Läden am Laufen hal-

76 Notruf.NRW 2022

77 Herausgeberinnenkollektiv 2023

78 Herausgeberinnenkollektiv (o.J.)

ten und mit ihrer Tätigkeit nicht nur Patient:innen versorgen, sondern auch Gewinn erwirtschaften, konnten sie durch einen Streik genug Druck aufbauen, um ihre Forderungen umzusetzen. Die Orientierung am Gebrauchswert unterscheidet diesen Arbeitskampf von Arbeitskämpfen um mehr Lohn, also einer größeren Beteiligung der Arbeiter:innen am erwirtschafteten Wert. Zugleich sind aber auch Arbeitskämpfe, bei denen der Gebrauchswert im Mittelpunkt steht, Kämpfe um die Verteilung des Werts, denn es bedeutet weniger Profit, ausreichend Pfleger:innen anzustellen, anstatt die wenigen dauernd zu überlasten. Und auch um für mehr Gebrauchswert zu kämpfen, ist eine Sache entscheidend: Die Arbeitenden müssen sich ihrer Macht bewusst werden. Ihnen muss klar werden, dass sie gemeinsam den Laden am Laufen halten und kollektiv organisiert darüber entscheiden können, wie und ob er läuft.

Auch die Techworkers in Silicon Valley haben sich entschieden, diese Macht einzusetzen, um darüber mitzuentscheiden, was sie produzieren, genauer gesagt, was sie nicht produzieren.[79]

Als Trump etwa erklärte, dass er eine Datenbank aller in den USA lebenden Muslim:innen einrichten würde und die Bosse der Tech-Branche dagegen keinen Widerspruch erhoben, sondern ihre Kooperationsbereitschaft signalisierten, verfassten Tech-Arbeiter:innen einen «Never Again Pledge». Darin schworen sie, keine solche Datenbank zu programmieren. Tausende Tech-Arbeiter:innen unterzeichneten. Anders als die Pfleger:innen in NRW mussten die Techworkers nicht streiken, um sich durchzusetzen. Allein die Absichtserklärung, die Arbeit niederzulegen, falls sie diese Datenbanken programmieren sollten, reichte aus, um das Vorhaben zu kippen. Auch das Projekt «Maven», das das Pentagon in Partnerschaft mit Google verwirklichen wollte, wurde so gekippt. Die Arbeiter:innen erklärten, ihr Wissen und ihre Arbeitskraft nicht zur Verfügung zu stellen, damit das US-Militär durch eine bessere Auswertung von Drohnenaufnahmen modernisiert werden kann. Die hoch spezialisierten Arbeiter:innen in der Tech-Branche haben eine besondere Macht, da sie mit ihrem Wissen schwer ersetzbar sind. So mag es für sie einfacher erscheinen, sich in Sachen einzumischen, die auf den ersten Blick nicht ihre direkten Arbeitsverhältnisse be-

79 Tarnoff 2020

treffen wie Entmilitarisierung. Doch entscheidend ist, dass ihre Arbeitskraft notwendig ist, um Militarisierung voranzutreiben.

Und das eint sie mit den Hafenarbeiter:innen in Genua, die durch internationale Verbindungen herausfanden, dass über ihren Hafen versteckte Waffenlieferungen durchgeführt werden. Sie entschieden sich, das Be- und Entladen zu bestreiken und den Betrieb so zu blockieren.[80]

Die Pfleger:innen in Nordrhein-Westfalen, die Hafenarbeiter:innen in Genua und die Techworkers im Silicon Valley haben konkrete Verbesserungen erkämpft, sie haben dafür gesorgt, die Orientierung am Tauschwert etwas zurückzudrängen und so mehr Raum zu haben, um etwas zu tun, was sie richtiger finden. Damit weisen sie auch zurück, nichts weiter zu sein als isolierte Verkäufer:innen ihrer Arbeitskraft. Sie weigern sich, sich selbst zu Objekten zu machen, die nach Bedingungen, die der Boss, die Regierung und der Markt vorgeben, ihre Lebenszeit gegen Geld tauschen. Sie weigern sich, durch diese Bedingungen gezwungen zu sein, etwas zu tun, was anderen schadet. Damit ringen sie nicht nur um das Sinnhafte in ihrer Tätigkeit, sondern bringen auch die Gesellschaftlichkeit zurück in ihr Handeln. Denn Arbeit ist immer ein gesellschaftlicher Akt, etwas, was zustandekommt, weil wir füreinander tätig sind und durch Kooperation miteinander verbunden sind. Wenn wir als vereinzelte Individuen für Lohn tätig sind, dann erscheint diese Verbindung als Trennung. Wir können sie nicht selbst gestalten und meistens bedeutet ein Vorteil für mich einen Nachteil für andere. Die Techworkers hätten vielleicht für das Programmieren von Trumps rassistischen Datenbanken einen Zuschuss bekommen und wenn sie nicht selbst Muslim:innen sind, hätten sie ihnen nicht geschadet. Indem sie sich trotzdem weigerten, diese Datenbanken anzulegen, haben sie sich einerseits daraus befreit, nur Lohnarbeitende zu sein, die völlig von dem Produkt ihrer Arbeit getrennt sind, und haben darauf bestanden, die Verbindung zu anderen durch ihre Tätigkeit bewusst zu gestalten. Anderseits haben sie auch gezeigt, dass der Mensch kein Homo oeconomicus ist, der wirtschaftlich-rational nur an sich denken kann. Vielmehr haben sie klargemacht, dass eine Welt, in der einzelne aufgrund ihrer Religion überwacht werden, eine Bedrohung für alle ist.

80 Labournet 2023

Arbeiter:innen fordern nicht nur ein, die Beziehung zu anderen Menschen bewusst, sinnvoll und inkludierend zu gestalten, sondern auch die Beziehung zur Umwelt. So schlossen sich Arbeiter:innen bei Amazon 2019 dem Klimastreik an, mit der Forderung, dass ihr Unternehmen bis 2030 seine Emissionen auf null reduzieren, Kooperationen mit der fossilen Industrie einstellen und keine klimawandelleugnenden Politiker:innen mehr unterstützen sollte.[81]

Auch wenn der Widerspruch zwischen Gebrauchswert und Tauschwert und der zwischen Kapitalakkumulation und dem Einhalten der planetaren Grenzen im Bestehenden nicht gelöst werden kann, so können diese Kämpfe dem Kapital immer wieder konkrete Verbesserungen in Richtung von mehr Bedürfnisorientierung, das heißt mehr Commoning abringen.

Zugleich glauben wir, dass diese Kämpfe einen Bruch mit dem Bestehenden vorbereiten. Denn plötzlich werden Fragen verhandelt wie: Was braucht es eigentlich, um Patienten gut zu versorgen? Wie kann Software so programmiert werden, dass sie keine Diskriminierung fortschreibt? Das ist relevant, weil so das Wissen, die Fähigkeiten, Beziehungen und Organisationsstrukturen aufgebaut werden, die es für eine solidarische Gesellschaft braucht. Und dieses Wissen braucht es für alle Tätigkeitsbereiche und es muss bei denen liegen und von denen entwickelt werden, die in diesen Bereichen tätig sind. Wir, Indigo und Jonna, haben keine Ahnung, was es braucht, um einen Lungenkranken gut zu versorgen. Indigos Tante, die Krankenpflegerin ist, weiß es schon, aber meistens wird sie nicht gefragt und tauscht sich auch mit den Kolleg:innen auf Station nicht darüber aus, weil sie zu sehr damit beschäftigt ist, von einem Patienten zum nächsten zu rennen.

Auch in Arbeitskämpfen um mehr Lohn werden sich Arbeiter:innen ihrer Macht bewusst und bauen im Betrieb neue Organisationsstrukturen und Beziehungen auf. Durch Streikkassen wird sogar auf eine institutionalisierte Art transpersonale Solidarität hergestellt. Aber während Kämpfe um eine größere Orientierung am Gebrauchswert zwar, genau wie die um mehr Lohn, erst einmal in der Form der Lohnarbeit verweilen, weisen sie zugleich darüber hinaus und quellen über. Denn konsequent befriedigt werden kann das in ihnen artikulierte Begehren nur in

81 Tarnoff 2020

einem Bruch mit der kapitalistischen Gesellschaftsform. Während die Forderung nach mehr Lohn nicht damit bricht, dass unsere Beziehungen über den Tauschwert organisiert sind, kann wirklich sinnvolle Arbeit, die sich am Gebrauchswert orientiert, nur geleistet werden, wenn sie mit dem Diktat des Tauschwerts bricht.

Zugleich scheint die Art der Forderung zu verändern, in welcher Form die Kämpfe organisiert sind. Schon um herauszufinden, was ein Tarifvertrag beinhalten muss, der Pfleger:innen tatsächlich entlastet, war viel mehr Austausch und Basisbeteiligung notwendig als für einen Tarifvertrag, in dem es darum geht, wie viel Prozent mehr Lohn die Arbeiter:innen bekommen. So war der gesamte Prozess viel basisdemokratischer als vorherige gewerkschaftliche Auseinandersetzungen. Über Ausführung und Ergebnis des Streiks entschied nicht wie üblich nur eine von Gewerkschaftsfunktionär:innen besetzte Tarifkommission. Stattdessen wurden diese Fragen in den Teams der Krankenhäuser verhandelt, die Delegierte in einen Teamdelegiertenrat entsandten. Das wiederum führte auch zu viel mehr Beteiligung und dadurch zu größerem Erfolg. Und gleichzeitig schien damit auf, wie ein selbstorganisiertes Gesundheitssystem in Räteverwaltung aussehen könnte. Vielleicht hat das die Macht, eingerosteten, bürokratisierten, sozialpartnerschaftlichen Gewerkschaften neues Leben einzuhauchen.

So bewegt sich auch die Form des Arbeitskampfs selbst mehr in Richtung Commoning, die Beschäftigten lernen Selbstorganisation und Selbstwirksamkeit.

Bisher haben wir uns in diesem Abschnitt vor allem den Aspekt der Gebrauchswertorientierung, also der Bedürfnisorientierung im Produkt der Arbeit, angeschaut. Zu Commoning gehört aber auch die Selbstorganisation, gehört, dass der Arbeitsprozess selbst nach den Bedürfnissen der Beschäftigten gestaltet wird. Beides ist natürlich eng verknüpft, besonders in Dienstleistungsberufen wie der Pflege, wo sich der Arbeitsprozess gar nicht vom «Produkt» trennen lässt. Aber auch losgelöst davon haben Bewegungen für mehr Selbstbestimmung in der Arbeit eine lange Geschichte. Wir sehen dieses Begehren in den Rätebewegungen Anfang des 20. Jahrhunderts, deren Überbleibsel erleben wir noch heute in Betriebsräten, die zumindest ein gewisses Maß an Mitbestimmung erlauben. Die 68er-Bewegung kann ebenfalls in großen Teilen als eine Rebellion gegen eintönige und fremdbestimmte Arbeit verstanden werden, gegen eine Welt, «in der die Garantie, nicht zu verhungern, mit der Gefahr erkauft wird, vor Langeweile zu sterben»[82]. Dieses Begehren drückte sich auch aus in den zahlreichen Alternativbetrieben, die im Nachgang der 68er-Bewegung aufgebaut wurden. Doch das Kapital hat sich die Kraft der Selbstorganisation schon längst selbst zunutze gemacht. Aus den Organisationsweisen der Alternativbetriebe, aber auch aus der Software-Entwicklung im Silicon-Valley und den Produktionsweisen von Toyota entstanden Ende des 20. Jahrhunderts neue Management-Methoden, die weniger auf direkten Vorgaben fußten, sondern vielmehr auf indirekter Steuerung. Es ist in vielen Betrieben nicht mehr der Takt des Fließbands oder der direkte Befehl des Vorarbeiters, der bestimmt, was die Beschäftigten zu tun haben. Stattdessen werden sie vom Management mit Zielvorgaben konfrontiert, die sie selbstorganisiert in Teams zu erfüllen haben. Diese Form der Selbstorganisation ist dabei keineswegs nur erfüllend, vielmehr führt sie zu Stress, Entgrenzung der Arbeit und Burn-out. Denn die Zwecke werden weiterhin vom Unternehmen und vom Markt gesetzt[83]. Dennoch werden darin Fähigkeiten der Selbstorganisation gelernt, die die Commonisierung erleichtern können. Zudem gehen einige Theoretiker:innen, etwa der Philosoph Stephan Siemens und die Arbeitspsychologin Martina Frenzel, davon aus, dass sich die Beschäftigten darin vermehrt mit dem gesellschaftlichen Sinn ihrer Arbeit auseinandersetzen[84].

Insofern könnten diese Arbeitsverhältnisse vermehrt Ausgangspunkt sein für Kämpfe um eine sinnvollere Arbeit, um mehr Orientierung am Gebrauchswert. Wir sind uns jedoch unsicher, inwiefern die von uns geschilderten Arbeitskämpfe mit der Form der Arbeitsorganisation verknüpft sind. Oder ob nicht das Bestreben, sinnvolle Arbeit zu leisten, sich durch Beschäftigte in sämtlichen Branchen und Organisationsformen zieht. Unsere Beispiele zeigen jedenfalls, dass es in verschiedenen Branchen, sowohl in der Pflege als auch bei Hafenarbeiter:innen und in der Tech-Branche Kämpfe darum geht, sinnvolle Arbeit zu leisten, die sich an Bedürfnissen orientiert.

---

82 Vaneigem 2008[1967]

83 Tilman Wendelin Alder (2020) spricht deshalb von «restriktivem Commoning».

84 Siemens/Frenzel 2016, S. 12f

Bei all diesen Kämpfen geht es nicht darum, direkt etwas zu schaffen, das wir im engeren Sinne als Commons verstehen könnten. Aber es sind Kämpfe darum, die Arbeit selbstbestimmter ausführen zu können, und so, dass sie Bedürfnisse befriedigt oder keine zerstörerischen Auswirkungen hat. Damit sind es Kämpfe um mehr Commoning, Bewegungen hin zu mehr Commonisierung. Und zwar welche, die im Alltag der Menschen, dort, wo sie arbeiten, verankert sind.

7.2 Alles für alle! Kämpfe um Versorgung

«Das Wasser gehört uns», prangt es auf Transparenten. Die Menschen, die sie halten, werden als Guerreros del Agua in die Geschichte eingehen. Im Jahr 2000 kämpfen sie gegen die Privatisierung von Wasser in der bolivianischen Stadt Cochabamba. Dabei kämpfen sie auch für etwas, für das Millionen vor ihnen gekämpft haben. Für etwas, für das wir Menschen kämpfen, seit es Privateigentum und Klassen gibt, und für das wir weiter kämpfen werden, solange es sie gibt. Darum, das zu bekommen, was sie brauchen. Unabhängig davon, ob wir dafür Geld bezahlen können oder nicht. In Cochabamba kämpfen Hunderttausende für Wasser. Dafür, dass Wasser ein Menschenrecht ist und keine Ware.[85]

Im US-amerikanischen Chicago der Dreißigerjahre besetzen Arbeitslose leerstehende Häuser und Ladenlokale, zapfen Stromleitungen an und besorgen sich – ohne zu zahlen – Essen bei den Läden in ihren Vierteln: «Wir sind systematisch zu allen Bäckern und Schlachtern gegangen und haben von denen verlangt, uns Nahrungsmittel zu geben. Irgendwie waren sie verängstigt und so kamen sie mit großen Tüten», berichtet der Rätekommunist Paul Mattick später darüber.[86] Diese Arbeitslosen akzeptieren nicht, dass ihnen, weil niemand ihre Arbeitskraft kaufen will, der Zugang zu dem, was sie brauchen, verwehrt wird. Dabei machen sie ganz praktisch eine Feststellung, die Brecht besingt: «dass nur Fensterscheiben uns vom guten Brote trennen, das uns fehlt».

---

85 Wikipedia o.J., vgl. De Angelis 2017, S. 304ff

86 King 2022

Das, was sie brauchen, zu bekommen, auch wenn sie nicht die Mittel haben, es zu kaufen, versuchen Menschen auf sehr unterschiedlichen Wegen. Immer wieder kommt es, vor allem in Krisenmomenten, zu kollektiven direkten Aneignungen. Supermärkte werden geplündert und Mietzahlungen bestreikt. Aber auch vereinzelt und alltäglich stecken Millionen Menschen im Laden einfach mal etwas, was sie wollen, aber sich nicht leisten können, in die Tasche, anstatt in den Einkaufswagen.

Zugleich versuchen Bewegungen immer wieder, über den Staat eine Grundversorgung zu erkämpfen, die nicht an Geld gekoppelt ist. In Berlin hat *Deutsche Wohnen und Co Enteignen* mit dem erfolgreichen Volksentscheid dafür, Wohnraum zu vergesellschaften und ihn dem Profitinteresse der Immobilienkonzerne zu entreißen, für Aufmerksamkeit und Hoffnung gesorgt. Auch die Forderung nach Wiedereinführung des 9-Euro-Tickets wird von vielen Bewegungen vertreten[87], während einige direkt einen komplett kostenfreien öffentlichen Nahverkehr fordern. Damit soll nicht nur das Bedürfnis nach Mobilität bedingungsloser befriedigt werden, sondern auch ein anderes Bedürfnis: das nach einem intakten Klima. Also auch danach, die Klimakrise durch motorisierten Individualverkehr nicht weiter anzuheizen. In diesem Fall sind es also auch Kämpfe darum, sich aus der Rolle des Konsumenten zu befreien. Es geht nicht nur darum, mobil sein zu können, sondern mobil sein zu können, ohne das Klima zu zerstören. Und dabei nicht gezwungen zu sein, wie es bei vielen teuren «ethisch» produzierten Produkten ist, mein Bedürfnis nach Konsum gegen mein Bedürfnis nach einer intakten Umwelt oder der besseren Bezahlung meiner Mitmenschen aufzurechnen. Es ist ein Kampf darum, nicht einfach ein Produkt kaufen oder nicht kaufen zu können, sondern auch die Strukturen so zu gestalten, dass die Entscheidung für klimagerechte Mobilität gesellschaftlich nahegelegt wird.

Bei der Bereitstellung von öffentlichen Verkehrsmitteln liegt es nahe, sie vom Staat zu fordern, anstatt sie selbst zu organisieren. Allein der Betrieb benötigt viel Geld, zusätzlich müsste ordentlich investiert werden, um das Bahnnetz auszubauen.

87 So ist die Wiedereinführung des 9-Euro-Tickets sowohl eine der Forderungen des sozialpolitischen Genug-ist-Genug-Bündnisses als auch der «Letzten Generation».

Deutsche Wohnen und Co Enteignen will sich wiederum etwas aneignen, was keine hohen Betriebskosten hat und nicht erst produziert werden muss: Wohnraum. An den Staat wird hier nicht als dauerhafter Geldgeber appelliert, sondern als Gewaltmonopol, um die Enteignungen durchzusetzen. In dem Konzept der Nutzung der Wohnungen, die so gewonnen werden sollen, wird versucht, eine Organisationsform zu schaffen, in der Bewohner:innen gemeinsam mit ihren Nachbarschaften, Beschäftigten der Wohnbaugesellschaft sowie Vertreter:innen der Gesamtgesellschaft rätedemokratisch über die Häuser verfügen[88]. Darin sehen wir eine relevante Vorarbeit für eine Gesellschaft der strukturellen Solidarität. Denn Fragen wie die danach, wie Wohneinheiten organisiert werden können, oder danach, wie entschieden wird, wer wo wohnt, können so selbstorganisiert und solidarisch von den Betroffenen angegangen werden. So können neue Verteilungsstrukturen entwickelt und, wenn tatsächlich enteignet wird, erprobt werden. In der Kampagne werden diese Strukturen auf gewisse Art und Weise bereits vorweggenommen: Auch hier organisieren sich die Aktivist:innen auf der Ebene von Nachbarschaften als Kiez-Teams und darüber hinaus in der gesamten Stadt.

Ausgehend von dem Leidensdruck durch steigende Mieten und der Forderung nach bezahlbarem Wohnraum ist dieser Kampf übergequollen, hat sich entwickelt zur Forderung nach gesellschaftlicher Verfügung und grundlegend anderen Verteilungsstrukturen. Die in dem Kampf aktiven Mieter:innen verstehen sich nicht mehr nur als Mieter:innen, sondern als potenzielle Gestalter:innen ihrer Lebensbedingungen.

Bei vielen spontaneren Aneignungen geht es weniger darum, neue Verteilungsstrukturen aufzubauen. Die, die etwas brauchen, nehmen es sich einfach. Doch auch diese Form der Aneignung ist eine Form der Commonisierung, denn sie ist selbstorganisiert und bedürfnisorientiert. Nur dass sie eben keine gesellschaftlichen Aushandlungsprozesse enthält, die uns für den Aufbau einer freien Gesellschaft relevant erscheinen.

Die Guerreros del Agua in Bolivien haben versucht, ihre Versorgung jenseits von Staat und Individualismus zu organisieren. Nachdem bei den riesigen Protesten gegen die Privatisierung,

---

88 Deutsche Wohnen & Co Enteignen 2020

die zu einem Anstieg der Wasserpreise zwischen 30 und 300% führen sollte, schließlich das Militär gegen die Protestierenden eingesetzt und der Schüler Víctor Hugo Daza auf einer Demonstration erschossen wurde, war die Wut der Anwohner:innen Cochabambas so groß, dass die Regierung begann, sich aus der Region zurückzuziehen. Schließlich wurde ein Vertrag unterzeichnet, nach dem sich das Privatunternehmen zurückziehen musste, und die kommunale Wasserversorgung in die Hände der Coordinadora gelegt wurde, die auch die Proteste organisiert hatte. Doch bis heute haben rund 300.000 Haushalte in Cochabamba keinen Zugang zu Wasser. Und ob du an Wasser kommst und wie viel du dafür bezahlen musst, hängt weiter davon ob, ob du arm oder reich bist. Diese Probleme konnten von der kommunalen Selbstorganisation nicht gelöst werden, weil nicht genug Geld vorhanden ist, um so viel in die Wasserinfrastruktur zu investieren, wie notwendig wäre, um alle ans Wassernetz anzuschließen und ausreichend zu versorgen. Als der linke und indigene Präsident Evo Morales an die Macht kam, investierte er zwar in ein teures Staudammprojekt, um die Wasser- und Stromversorgung zu verbessern. Aber auch ihm sind als Präsident des ärmsten Landes Südamerikas erhebliche Grenzen gesetzt. Um den Aufbau von Infrastruktur in Bolivien zu gewährleisten, braucht es nicht nur lokale Selbstorganisation, um die Infrastruktur zu verwalten, sondern vor allem globale Umverteilung, um die seit der Kolonisierung angewachsene Ungerechtigkeit zu beheben.

Auch der Kampf der Arbeitslosen in Chicago wurde auf gewisse Weise gewonnen und auf gewisse Weise verloren. Massenhafte Besetzungen, Demonstrationen und Streiks übten so viel Druck auf die Regierung aus, dass Sozialhilfeprogramme und Arbeitsbeschaffungsmaßnahmen eingeführt wurden. Diese führten zu einem Abmildern des Leides, aber zugleich befriedeten sie auch die Proteste und neutralisierten die Stimmen in ihnen, die einen Bruch mit dem Bestehenden forderten. Die Zeiten der spontanen Aneignung, in der die Arbeitslosen sich einfach nahmen, was sie brauchten und einander solidarisch unterstützten, waren vorbei.

Öffentliche Güter wie Krankenkassen oder Arbeitslosenhilfen haben oft diese Seiten.

Einerseits machen sie die Zumutungen des Kapitalismus für uns alle erträglicher. Sie tragen sogar Züge von Commoning in sich[89]. Bei der Versorgung geht es viel mehr um die Bedürfnisse der Versorgten als bei einer Versorgung über den Markt. Ob ich etwas bekomme, hängt also stärker davon ab, ob ich es brauche und haben will, und weniger davon, ob ich es bezahlen kann. Und der Staat hat die Möglichkeit, diese Bedürfnisorientierung stärker gesellschaftlich zu verallgemeinern. Während bei Hausprojekten oder SoLaWis immer nur ein kleiner Kreis an Menschen von Commoning profitiert, profitieren hier immerhin alle Staatsbürger:innen oder Bewohner:innen eines Staats. In alltäglich akzeptierten Dingen wie Krankenkassen oder Rentenversicherungen äußert sich der Anspruch bedingungslos versorgt zu werden. So ist das, was wir für eine Utopie fordern, in einigen Bereichen schon jetzt selbstverständlich. Man könnte es auch so sagen: Das was gut ist, ist schon Commoning. Und es wurde erkämpft.

Allerdings ist hier nur die Seite der Versorgung bedürfnisorientiert organisiert, die Produktion und Dienstleistungen werden nicht über Commoning organisiert, sondern in staatlich-bürokratischen Organisationen oder sogar vom Staat beauftragten privatwirtschaftlichen Unternehmen in Form von Lohnarbeit. Aber auch die Seite der Versorgung hat nur beschränkt Commons-Form: Bei Krankenkassen muss ich zwar nicht das Geld bezahlen, das für meine Operation anfällt, aber meine Krankenkassenbeiträge. Welche Leistungen unter welchen Bedingungen übernommen werden und welche nicht, wird zudem nicht gemeinsam von allen Betroffenen entschieden, sondern von der Krankenkasse. Und die schärfste Beschränkung der meisten öffentlichen Güter ist die Staatsbürgerschaft, sind nationalstaatliche Grenzen: Staatsbürger:innen, bisweilen auch andere Bewohner:innen des Staats, werden versorgt, alle anderen exkludiert.

Auch wie gut oder meistens schlecht die Versorgung ist, wird vom Markt beschränkt. Der Staat hat zwar ein Interesse daran, dass Menschen so gut versorgt sind, dass sie arbeiten können und keine Proteste aufflammen. Aber zugleich will er nicht zu viel Geld für Sozialleistungen ausgeben und den Wirtschaftsstandort nicht durch zu hohe Steuern in der Standortkonkurrenz belasten. So bleibt die Versorgung mit öffentlichen

89 De Angelis spricht sogar von «Protocommons» (De Angelis 2017, S. 147).

Gütern immer prekär. Und etwas, gegen dessen Abschaffung immer neue Abwehrkämpfe geführt werden müssen.

Und doch können genau diese Kämpfe um öffentliche Güter Hoffnung machen, die über eine halbwegs gewährleistete Gesundheitsversorgung hinausgehen. Denn hier artikuliert sich der Anspruch, bedingungslos versorgt zu werden. Und von diesem Ausgangspunkt quellen die Kämpfe oft über, wie in Berlin und Cochabamba bleiben sie nicht beim Aspekt der Versorgung stehen. Wenn wir gut versorgt werden wollen, dann müssen wir letztlich auch über die Mittel dafür verfügen können, dann müssen wir auch Verteilung und Produktion commonisieren. So können diese Kämpfe über die Versorgung an sich hinausweisen, von der Konsumseite aus die gesamte gesellschaftliche Reproduktion «aufrollen»[90] und der Warenform entziehen.

7.3 Nieder mit der Hausarbeit! Feministische Kämpfe

Am achten März 2022 sind die Straßen Mexiko-Stadts geflutet mit Frauen. Lila Bengalos vernebeln die Luft. Bilder von ermordeten Freundinnen, Genossinnen und Schwestern werden durch die Straßen getragen, ihre Namen zieren violette Kreuze. Es wird gesungen und geschrien.

Am Tag darauf sind die Frauen aus dem Stadtbild verschwunden. Und Teile der Wirtschaft liegen lahm. Mehr als die Hälfte der Bankfilialen bleibt geschlossen. Aber noch etwas ist entscheidend anders als an anderen Tagen. Nur ist es nicht direkt zu sehen, wenn du über die Straße läufst. Denn feministische Kollektive hatten Frauen unter dem Motto: «Un dia sin nosotras», ein Tag ohne uns Frauen, nicht nur dazu aufgerufen, die Lohnarbeit zu bestreiken, sondern auch die Hausarbeit.

Einige Commons-Theoretiker:innen feiern die Hausarbeit als eine nicht marktförmige Tätigkeit, die schon fast über Commoning organisiert ist[91]. Denn ums Baby kümmert man sich

90 Eine solche Bewegung des Aufrollens von der Konsumseite her schlug auch Robert Kurz vor (Kurz 1997).

91 So schreibt de Angelis: «The phenomenology of commons is grounded in daily life. Households are one example of commons" («Die Phänomenologie der Commons ist im täglichen Leben verankert. Haushalte sind

schließlich nicht, weil man dafür bezahlt wird, sondern irgendwie einfach so. Wobei Mann sich eigentlich meist einfach nicht ums Baby kümmert. Das hat dann nicht mehr viel mit Freiwilligkeit zu tun. Denn warum sollten sich Frauen freiwillig mehr um schreiende Babys kümmern als Männer? Diese ungleiche Verteilung hat sich auch nicht dadurch geändert, dass viele Frauen jetzt zusätzlich zu ihrer Arbeit im Haushalt für Lohn arbeiten. Stattdessen kommt es zu einer Doppelbelastung und durch ungleiche Bezahlung bleibt auch die ökonomische Abhängigkeit vom Mann bestehen.

Offensichtlich wirkt hier also auch ein anderes Herrschaftsverhältnis als der Markt, was aber ebenso sehr wie er Commoning entgegensteht. Dieses Herrschaftsverhältnis ist das Patriarchat, die Herrschaft der Männlichkeit.

Die Herausforderung, vor der eine Commonisierung der Hausarbeit also im Gegensatz zu einer Commonisierung der Lohnarbeit steht, ist, dass die Hausarbeit schon als freiwillig erscheint. Es ginge also zuallererst darum, diesen Schein zu zerstören und den damit einhergehenden Schein der Natürlichkeit von Geschlechterrollen.

Kaum jemand hat das klarer ausgedrückt, als Silivia Federici, in «Lohn gegen Hausarbeit»: «Sie sagen, es sei Liebe. Wir sagen, es ist unbezahlte Arbeit.»[92]

Die internationale «Wages for housework»-Kampagne, in deren Zuge Federicis Text 1972 entstand, hat versucht, das Problem anzugehen, Haushaltsarbeit zu entmystifizieren. Im Mittelpunkt der Kampagne standen wir Frauen, die wir alle durch die Zurichtung der Erziehung dazu gebracht werden, als «Dienstmädchen, Prostituierte, Krankenschwestern, Psychoanalytiker»[93] zu arbeiten, ohne dafür je einen Lohn zu bekommen. Oder auch nur auf die Idee zu kommen, ihn zu verlangen. Diese Arbeit machen Frauen nicht, weil «es einfacher für uns ist, als für irgendwen sonst, sondern weil wir keine andere Wahl hatten.»[94] Das

ein Beispiel für Commons», De Angelis 2017, S. 101). Er ergänzt zwar, dass dies nur der Fall sei, wenn sie nicht durch das Patriarchat korrumpiert seien, verortet diese patriarchale Korrumpierung an anderer Stelle allerdings erst in der Nachkriegszeit (ders., S. 195), so als seien Familien nicht auch schon vorher patriarchal gewesen.

92 Federici 1977, S. 1

93 Ebd., S. 6

94 Ebd.

Patriarchat funktioniert einerseits über ökonomische Bedingungen, durch die Frauen weniger verdienen als Männer, weshalb es vielen heterosexuellen Paaren sinnvoller erscheint, dass die Frau sich um die Hausarbeit kümmert. Anderseits funktioniert es auch über eine psychologische Zurichtung. Federici spricht von Manipulation, die Frauen dazu bringt, Haushaltstätigkeit ohne Entlohnung zu machen und sich Männern in allen Lebensbereichen unterzuordnen.

Für die Feminist:innen, die eine Entlohnung für Hausarbeit forderten, stand deshalb nicht das Ergebnis – mehr Geld für Hausfrauen und die damit einhergehende ökonomische Unabhängigkeit von Männern – im Mittelpunkt, sondern der Kampf darum. Dieser Kampf könne nicht passieren, ohne dass Frauen selbst ihre Arbeit entmystifizieren und sich gleichzeitig ihrer enormen Macht in der Gesellschaft bewusst werden. Ohne dass sie erkennen, manipuliert zu werden, und sich kollektiv davon befreien. Das bedeutet letztlich, dass Frauen sich aus ihrer Rolle, Objekte einer männlichen Welt zu sein, befreien und zu Subjekten werden, die sich nicht länger Männern unterordnen lassen. Für diese Befreiung reicht es nicht aus, dass wir uns nur individuell dem Schicksal Hausfrau zu sein entziehen oder uns weigern, in heterosexuellen Beziehungen zu leben:

«Dieser Betrug, der unter dem Namen Liebe und Ehe läuft, betrifft uns alle, auch wenn wir nicht verheiratet sind, denn sobald die Hausarbeit völlig naturalisiert und sexualisiert wurde, sobald sie zu einem weiblichen Attribut wurde, sind wir alle als Frauen davon geprägt. Wenn es natürlich ist, bestimmte Dinge zu tun, dann wird von allen Frauen erwartet, dass sie sie tun und sogar gerne tun – selbst von den Frauen, die aufgrund ihrer sozialen Stellung einem Teil oder dem größten Teil dieser Arbeit entgehen könnten (ihre Männer können sich Dienstmädchen und Psychiater und andere Formen der Entspannung und des Vergnügens leisten). Wir dienen vielleicht nicht nur einem Mann, aber wir stehen in einem Verhältnis des Dienens zur gesamten Männerwelt.»[95]

Um uns aus diesem Verhältnis zu befreien, müssen wir nicht nur solidarisch zusammenstehen, betont Federici, sondern auch kämpferisch.

---

95 Ebd., S. 5

«Es ist die Forderung, mit der unsere Natur endet und unser Kampf beginnt, denn Lohn für Hausarbeit zu verlangen, bedeutet, diese Arbeit als Ausdruck unserer Natur abzulehnen, und damit genau die weibliche Rolle, die das Kapital für uns erfunden hat.»[96]

Im Mittelpunkt der Kampagne stand also die Entmystifizierung der Hausarbeit und die damit verbundenen Zuschreibungen an Frauen und weniger das tatsächliche Reformziel einer Entlohnung von Hausarbeit. Wie wir im dritten Kapitel dargelegt haben, glauben wir, dass die Trennung von Produktion und Reproduktion nicht dadurch aufgehoben werden kann oder sollte, dass alle Tätigkeiten bezahlt werden, sondern dadurch, Lohnarbeit und Geld abzuschaffen. Aber eben nicht ausschließlich die Lohnarbeit, sondern auch ihr Gegenstück, die patriarchal organisierte Reproduktionsarbeit. Die Stärke der Forderung «Lohn für Hausarbeit» liegt also nicht so sehr in ihrem utopischen Gehalt, sondern vielmehr in ihrem entmystifizierenden und kämpferischen Charakter.[97] Auch Federici betonte später stärker den Aufbau von Commons als Lösung anstelle der Lohnforderung.

Und wenn mit diesem Kampf «unsere Natur endet», dann bedeutet das auch, dass darin letztlich die Kategorie Geschlecht insgesamt infrage gestellt werden kann. Die Vorstellung der Zweigeschlechtlichkeit geht damit einher, Menschen bestimmte Eigenschaften zuzuschreiben, die sie als besonders geeignet für bestimmte Arbeiten erscheinen lassen. Der Kampf von Frauen darum, es nicht mehr als natürlich gegeben hinzunehmen, die Hausarbeit machen zu müssen, ist deshalb zugleich auch ein Kampf gegen das Identifiziert-Werden, ein Kampf, in dem wir über die Identitätskategorien, in die wir gesteckt werden, überquellen. Auch wenn dieser Kampf selbst nie ohne den Verweis auf ebendiese Identitäten auskommen mag – eben weil diese so wirkmächtig sind.

Diese Wirkmacht, das Aufrechterhalten dieser Rollen beruht aber nicht nur auf der durch Manipulation erlangten Gehorsamkeit von Frauen, sondern auch auf der Gewalt der Männer.

---

96 Ebd.

97 Zur Debatte um einen feministischen Umgang mit Lohn- und Hausarbeit siehe auch Kow/Pflücke 2018.

Frau zu sein ist «Konsens gepanzert mit Zwang»[98]. In vielen Situationen werden sich Frauen dem ihnen von der Gesellschaft zugewiesenen Weg fügen, weil das der einfachste Weg ist und es wenig andere gangbare Wege gibt. Viele identifizieren sich dann auch mit der ihnen zugeschriebenen Rolle, allerdings sicher nie, ohne auch gegen sie zu rebellieren. Frauen, die sich weigern, nur im Kleinen zu rebellieren, nur mit ihren Freundinnen über ihren sexistischen Chef oder faulen Ehemann zu lästern und stattdessen darauf bestehen, die Menschen zu sein, die sie sein wollen, befinden sich immer in noch größerer Gefahr, Opfer männlicher Gewalt zu werden. Ehemänner, Ex-Partner, Väter und Richter stehen bereit, um sie zu vergewaltigen, zu schlagen, zu erniedrigen, zu ermorden oder diese Verbrechen zu decken. Jeden dritten Tag bringt in Deutschland ein Mann seine Partnerin oder Ex-Partnerin um. Jeden zweiten Tag versucht er es. Für Frauen ist der Moment, in dem sie versuchen, sich von ihren Partnern zu trennen, der gefährlichste.[99] Es ist in diesem Moment am wahrscheinlichsten Aggressionen zu erfahren, weil es der Moment ist, in dem sie versuchen sich der Verfügung der Männer über sie zu entziehen. Und auch wenn nicht alle Frauen diese Gewalt erfahren, so trifft sie doch alle. Es ist diese Gewalt, die die Identität Frau formt, diese Identität beschränkt alle Frauen und alle anderen Menschen, die als solche wahrgenommen werden. Patriarchale Gewalt trifft zudem auch alle, die aus den Identitäten von heterosexueller und cis-geschlechtlicher Männlichkeit und Weiblichkeit ausbrechen. Denn um diese Identitäten aufrechtzuerhalten, braucht es auch immer Gewalt gegen alle, die von ihnen abweichen, Gewalt gegen queere Personen. Männliche Gewalt ist die Exekutive des

98 Mit einer ähnlichen Formulierung umschrieb der italienische Marxist Antonio Gramsci die Wirkungsweise von Klassenherrschaft in westlichen kapitalistischen Staaten, die er auch «Hegemonie» nannte: Einerseits sichert die herrschende Klasse ihre Macht nicht nur mit Gewalt, sondern auch darüber, dass sie bei den Unterdrückten Zustimmung generiert. Andererseits wird im Zweifelsfall aber trotzdem Gewalt eingesetzt, die damit den «Panzer» der Zustimmung darstellt, die also letztlich auch erzwungen wird (Gramsci 1992). Er bezog das nicht auf das Geschlechterverhältnis, aber auch hier funktioniert Herrschaft ähnlich. Ein überzeugender Ansatz, die Verknüpfungen zu denken und Hegemonietheorie intersektional weiterzuentwickeln, findet sich bei Habermann 2008

99 Cruschwitz/Haentjes 2023

Patriarchats, sie hält nicht nur die Geschlechtsidentitäten selbst aufrecht, sondern auch die damit verbundene Abwälzung der Hausarbeit an Frauen.

Wenn wir Haushaltsarbeit commonisieren wollen, dann bedeutet das also auch, die Gewalt von Männern zu stoppen. Die Feministinnen in Mexiko, die am 9. März Teile des Landes lahmlegten, wissen das. Keine mehr, ni una menos, prangt auf ihren Bannern. Und: Wenn sie eine anfassen, antworten wir alle!

Sich die Gewalt, die andere Frauen und Queers erfahren, zu eigen zu machen, zu verstehen, dass sie auch mich betrifft und dass auch ich deshalb gegen sie aufbegehren muss, ist ein relevanter Teil von feministischen Kämpfen. Nur dadurch wird es ermöglicht, Erfahrungen nicht individuell zu betrachten, sondern als Fazit aus gesellschaftlichen Verhältnissen. Eigene Unterdrückungserfahrungen können so erkannt, eingeordnet und geteilt werden. So legt genau diese Handlung den Grundstein dafür, dass wir uns aus unserer Unterdrückung befreien. Zugleich ist das gemeinsame Kämpfen für Anliegen, in denen wir uns selbst erkennen, eine Form der transpersonalen Solidarität, jener Kraft, die Revolutionen ins Rollen bringt. Und es nimmt, wie wir im vergangenen Kapitel gezeigt haben, oft die Form des Commoning an.

Außer *Ni una menos*, einer Bewegung gegen Femizide, also gegen frauenfeindliche Morde, die in Argentinien startet und von dort die Welt entfachte, gibt es viele andere Praxen, sich gegen männliche Gewalt zu wehren und sie zurückzudrängen.

Die zweite Welle der feministischen Bewegung in Deutschland hat auf vielfältige Weise dagegen gekämpft. Ihre Kämpfe haben sich zum Teil in veränderten Gesetzen niedergeschlagen wie dem Verbot von Vergewaltigung in der Ehe 1997. Oder diese Kämpfe haben Orte der Solidarität und transpersonalen Fürsorge zurückgelassen, wie Frauenhäuser oder Anlaufstellen für Betroffene sexualisierter Gewalt, die sie als Commons aufgebaut oder vom Staat als öffentliche Versorgung abgerungen haben.

Heute setzen viele Versuche, männliche Gewalt zu beseitigen, darauf, dass Männer ihre Subjektivierung ändern, ihre Männlichkeit kritisch reflektieren und so aufhören, Gewalt auszuüben. Angebunden an eine gemischtgeschlechtliche Organisierung, in der Frauen und andere Geschlechter Kritik herantragen können, mag eine solche Männer-Organisierung sinnvoll sein. Wir glauben aber, dass Frauen und andere unterdrückte Geschlechter der Ausgangspunkt des Kampfes gegen das Patriarchat sein müssen. Denn auch wenn Männer vielleicht darunter leiden, Gefühle unterdrücken oder stark sein zu müssen, so profitieren sie doch enorm davon, dass Frauen ihnen im Patriarchat untergeordnet sind. So wie Kapitalist:innen sicherlich nicht die Speerspitze der Revolution gegen den Kapitalismus sein werden, obwohl wir annehmen, dass es auch ihnen in einer strukturell solidarischen Gesellschaft besser gehen würde, werden Männer nicht die sein, die männliche Gewalt beenden, nachdem sie genug mit anderen Männern darüber geredet haben. Das werden Frauen und andere unterdrückte Geschlechter tun, in dem sie sich organisieren, beschützen, verteidigen, verweigern, wehren und dafür sorgen, dass männliche Gewalt Konsequenzen hat.

Ein besonders eindrucksvolles Beispiel für diese Konsequenzen ist die Gulabi Gang, ein Zusammenschluss von Frauen im indischen Bundesstaat Uttar Pradesh, der gegen Vergewaltiger und prügelnde Ehemänner Knüppel einsetzt, wenn diese nach vorhergehender Ansprache keine Einsicht gezeigt haben.[100] Aber auch im Kleinen lassen Frauen und Queers Männer Konsequenzen spüren, etwa wenn sie auf Partys zusammen übergriffige Typen rauswerfen. Oder Nachbarinnen ansprechen und ihnen Hilfe anbieten, wenn aus der Wohnung Gepolter und Gebrüll dringt.

Neben Kämpfen gegen männliche Gewalt halten wir Kämpfe für ökonomische Unabhängigkeit von Frauen und Queers für relevant für eine Commonisierung der Hausarbeit. Dazu können auch Kämpfe wie die um gleichen Lohn für gleiche Arbeit oder staatliche Unterstützung für alleinerziehende Mütter gehören. Es gibt aber auch zahlreiche Beispiele, in denen Frauen und Queers sich diese ökonomische Unabhängigkeit durch den Aufbau selbstorganisierter Strukturen geschaffen haben. So haben die zapatistischen Frauen im Süden Mexikos sich in Kooperativen zusammengetan, um gemeinsam mit anderen Frauen Geld zu erwirtschaften. Dieses Geld steht den Frauen zur Verfügung, die es gerade brauchen, sei es für Gesundheitsversorgung oder um ihren gewalttätigen Mann zu verlassen. Damit

100 Autorinnenkollektiv Zora Zobel findet die Leiche 2018, S. 183ff

haben sie nicht nur männliche Herrschaft zurückgedrängt, sondern auch andere Formen des Sich-Aufeinander-Beziehens geschaffen, Commons aufgebaut. Solche Projekte können Praxen sein, mit denen aus der Isolation des patriarchalen Haushalts ausgebrochen wird.

Ein anderes Beispiel für den Aufbau solcher feministischer Commons ist die Kinderladenbewegung, in der Care-Arbeit kollektiviert wurde, um Frauen mehr Zeit für politische Aktivitäten zu schaffen. Sie formierte sich innerhalb der 1968er-Bewegung und war besonders in West-Berlin stark[101]. Die Frauen in der Studierendenbewegung wollten, dass mehr Frauen an den Protesten teilnahmen. Und ihnen war auch schnell klar, was viele Frauen an einer Teilnahme hinderte: die Verantwortung für die Betreuung ihrer Kinder. In West-Berlin gab es damals nicht mal für jedes dritte Kind einen Kindergartenplatz[102]. So bauten sie eigene Kinderbetreuungseinrichtungen in leeren Ladenlokalen auf. Die Mütter sollten die gewonnene Zeit nutzen, um sich politisch zu bilden und zu organisieren. Gleichzeitig versuchten sie mit antiautoritärer Pädagogik ein Gegenmodell zur staatlichen Kinderbetreuung aufzubauen, das einerseits die Funktion hat, die Kinder zu verwahren, damit die Eltern arbeiten gehen können und anderseits dazu beiträgt, Kinder zu Mädchen und Jungen und zukünftigen Arbeiter:innen zuzurichten.

Auch Wohnformen wie WGs oder Hausprojekte können Versuche sein, Care-Arbeit anders zu verhandeln und zu verteilen und eine Alternative zur Kleinfamilie darstellen. Zahlreiche solcher Praktiken sind auch hervorgegangen aus Communitys, die ohnehin von der Norm der Kleinfamilie ausgeschlossen sind: So sind queere Räume und Lebensformen einerseits Bedingung dafür, dass Abweichungen von der heterosexuellen Zweigeschlechternorm überhaupt ausgedrückt und gelebt werden können. Und andererseits finden sie dabei oftmals einen anderen Umgang mit Care-Arbeit.

So verbanden die «Street Transvestite Action Revolutionaries» – oder kurz STAR – Kollektivierung von Care-Arbeit mit der Schaffung ökonomischer Unabhängigkeit und revolutionärer Organisierung.[103] Gegründet wurde die Gruppe 1970 von Syl-

101 Trumann 2019, S. 51ff
102 Wikipedia o.J.b
103 Raha 2023, S. 128ff

via Rivera und Marsha P. Johnson. In dieser Zeit war Sexarbeit für transweibliche Personen eine der wenigen Möglichkeiten, Geld zu verdienen – und zugleich bedeutete sie ein hohes Risiko, Opfer von patriarchaler Gewalt zu werden. Auch Rivera und Johnson arbeiteten als Sexarbeiterinnen. Mit den Einnahmen mieteten sie ein Haus, in dem sie jüngeren, obdachlosen, transgeschlechtlichen und queeren Personen Wohnraum zur Verfügung stellten, damit diese keine Sexarbeit machen mussten. Diese jüngeren Leute kümmerten sich dann darum, Nahrungsmittel zu «befreien», mit denen sie nicht nur sich selbst, sondern auch noch die Nachbarschaft im von puerto-ricanischstämmigen Arbeiter:innen geprägten Stadtteil versorgten. Für die Nachbarschaft übernahmen sie auch weitere Care-Tätigkeiten wie Babysitting. STAR hat also nicht nur kollektiv für mehr ökonomische Unabhängigkeit von transgeschlechtlichen und queeren Personen gesorgt, sondern dabei Wege gefunden, Care-Tätigkeiten in einem ganzen Viertel zu kollektivieren und so aus der isolierten Sphäre des Privaten zu holen. All das war zudem eingebettet in eine größere politische Bewegung. STAR machte Solidaritätsarbeit für politische Gefangene wie Angela Davis und nahm an Demonstrationen der Black Panthers und der Young Lords teil.

All diese Beispiele sind Ansätze, Care-Arbeit zu kollektivieren und mit der patriarchalen Kleinfamilie zu brechen. Darin wie auch in feministischen Bewegungen ändern wir auch uns selbst. Wenn über Care-Arbeit kollektiv verhandelt wird, anstatt dass sie scheinbar natürlich im privaten Haushalt von Frauen erledigt wird, dann verlernen wir, hinter Männern aufzuräumen. Und Männer lernen, dass sie Care-Arbeit nicht immer auf Frauen abwälzen können. Wir können lernen, unsere Bedürfnisse zu artikulieren und zu verhandeln und unsere Bedürfnisstrukturen zu verändern. Diese Selbstveränderung, diese andere Subjektivierung, ist ein wichtiger Bestandteil feministischer Transformation. Sie ist die Grundlage dafür, dass wir uns eines Tages vielleicht nicht mehr als Männer und Frauen und eventuell weitere Geschlechter, sondern als Menschen begegnen können.

Aber als einzelne für sich stehende Projekte können diese Praktiken das Patriarchat nicht abschaffen. Denn wie Federici schrieb, betrifft der «Betrug, der unter dem Namen Liebe und Ehe läuft», uns alle, unabhängig davon, ob wir verheiratet sind oder nicht. Denn solange es gesellschaftliche Vorstellungen davon gibt, was eine Frau ist und was diese zu tun hat, betrifft dies alle Frauen: «Wir dienen vielleicht nicht nur einem Mann, aber wir stehen in einem Verhältnis des Dienens zur gesamten Männerwelt.»[104]

Das Patriarchat muss daher gesamtgesellschaftlich bekämpft werden. Dazu tragen all die hier skizzierten Kämpfe bei: Kämpfe um die Entmystifizierung und Entnaturalisierung von Hausarbeit und Geschlecht, Kämpfe gegen männliche Gewalt und Kämpfe um ökonomische Unabhängigkeit von Frauen und Queers. Damit tragen diese Kämpfe zu einer Transformation der Geschlechterverhältnisse und damit auch der Beziehungen, in denen Hausarbeit organisiert ist, bei.

Weil diese Beziehungen überall wirken, müssen auch diese Kämpfe überall geführt werden, das heißt auch innerhalb emanzipatorischer Bewegungen. Auch Kämpfe, die sich nicht an feministischen Themen entfachen, müssen feministisch gekämpft werden.

Denn wenn sich in den neuen Organisationsstrukturen und Beziehungen, die sie aufbauen, die Unterordnung aller anderen Menschen unter Männer fortschreibt, dann sind diese Organisationsstrukturen nicht inklusiv. Sie werden nicht in der Lage sein, die Bedürfnisse aller mit einzubeziehen, sondern sind so aufgebaut, dass sie die Bedürfnisse von Frauen und Queers übergehen werden. Alle Kämpfe um ein emanzipatorisches Morgen müssen also so geführt werden, dass Frauen und Queers in ihnen ermöglicht wird, Subjekte zu werden. Das bedeutet leider meist, dass Frauen und Queers einen doppelten Kampf führen müssen: einerseits für die Ziele der jeweiligen Bewegung, anderseits darum, von ihren eigenen Genossen nicht dauernd übergangen zu werden oder sogar Gewalt zu erfahren.

Dadurch, dass der Widerspruch im Patriarchat, anders als der Widerspruch zwischen Arbeit und Kapital, wie ein scharfes Messer in allen Bereichen des Privaten, dessen, was wir lieben und was uns prägt, verläuft, ist das Angehen dieses Widerspruchs oft besonders schmerzlich. Ein Messer, das in uns steckt, aber mit dem wir gelernt haben zu überleben. Und drohen zu verbluten, wenn wir es bewegen. Und die Erkenntnis, dass Männer, die mit uns für eine solidarische Welt streiten,

104 Federici 1997, S. 5

gleichzeitig nicht aufhören, Männer zu sein und mit Gewalt gegen Frauen und Queers ihre Bedürfnisse durchzusetzen, ist eine, die auch uns immer wieder schmerzlich zweifeln lässt, ob Veränderung überhaupt möglich ist. Trotzdem liegt aber auch ein riesiges Potenzial, was die Grundvoraussetzung dafür ist, dass die Welt sich verändern kann, in Frauen und Queers, die sich gegen diese Gewalt wehren und den ihn zugedachten Platz in der Gesellschaft oder der Politgruppe nicht weiter hinnehmen.

7.4 Die Commonisierung der Welt im Alltag vorbereiten

Die Kämpfe und Bewegungen, das organisierte Begehren, das wir uns in diesem Kapitel angeschaut haben, artikuliert sich sehr unterschiedlich. Sich vom gewaltvollen Ehemann zu trennen und in ein Hausprojekt zu ziehen, ist etwas anderes als einen Arbeitskampf um mehr Mitbestimmung zu führen oder Massenproteste gegen die Privatisierung von Wasser zu organisieren.

Trotzdem gibt es eine Gemeinsamkeit: Sie alle verschieben die existierenden Beziehungen von Produktion, Reproduktion oder Konsumtion in Richtung Commonisierung. Dabei schaffen sie Organisationsstrukturen und Kampferfahrungen, die eine Commonisierung der ganzen Gesellschaft vorbereiten. Wenn du schon mal mit deinen Kolleg:innen am Streikposten darüber diskutiert hast, was ihr eigentlich bräuchtet, um eure Arbeit gut zu machen, ist es wahrscheinlicher, dass ihr euch im richtigen Moment zusammentut und den Laden übernehmt. Es ist also relevant, sich nicht nur anzuschauen, wie viel Commonisierung erreicht werden kann, sondern auch wie sehr sie vorbereitet wird, weil viele Bereiche sich vor dem Dominanzwechsel kaum commonisieren lassen.

Dafür scheint es unabdinglich, Menschen dort zu organisieren, wo sie zusammenkommen, also etwa in Betrieben oder im Stadtteil. Das fassen wir als Basisorganisierung.

Betriebliche Organisierung kann die Aneignung der Produktionsmittel vorbereiten. Die Menschen, die in einem Betrieb arbeiten, wissen am besten Bescheid über die konkreten Arbeitsprozesse und wie sie diese ändern müssen, damit sie ihren Bedürfnissen entsprechen. Sie können auch am besten überlegen, wie sie die Mittel in ihrem Betrieb einsetzen, um gesellschaftlich sinnvolle Dinge herzustellen, und wie sie den Produktionsprozess so gestalten, dass er die natürlichen Lebensgrundlagen nicht zerstört. Durch gemeinsame Organisierung am Arbeitsplatz können die Beschäftigten diese Commonisierung vorbereiten. Organisierung in Stadtteilen und Nachbarschaften, etwa von Mieter:innen, lassen sich in vielen Fällen als Organisierungen auf der Konsumseite fassen. So wie sie heute Kämpfe um bedingungslose Versorgung, etwa mit Wohnraum, führen, können sie in einer solidarischen Gesellschaft die Rolle übernehmen, Bedürfnisse zu erfassen und die Verteilung von Gütern zu koordinieren. Dafür sind sie auch geeignet, da sie tendenziell alle Menschen einschließen, die etwa in einem bestimmten Gebiet wohnen und nicht nur die, die auch lohnarbeiten gehen. Aus ihnen könnten sich im Dominanzwechsel daher auch Räte bilden, die die gesellschaftliche Entscheidungsfindung organisieren.

Außerdem könnten sie die Grundlage sein, auf der Care-Arbeit kollektiviert und bedürfnisorientiert gestaltet werden kann. Denn wenn wir wirklich die Kleinfamilie als patriarchale Institution überwinden wollen, ist das eine anspruchsvolle Aufgabe, bei der es nicht nur darum geht, kollektive Kinderbetreuung zu organisieren. Schließlich übernimmt in der heutigen Gesellschaft die Kernfamilie eine wichtige Funktion, indem sie die Care-Arbeit koordiniert. Vor allem im Alter wird das für viele Menschen relevant. Obwohl durch Pflegeheime und Rentenversicherungen in Ländern wie Deutschland den (meist weiblichen) Familienangehörigen etwas von dieser Verantwortung abgenommen wurde, funktionieren auch diese staatlichen oder privat organisierten prekären Einrichtungen meist nur, weil Angehörige sich kümmern. Weil sie Pflegeheime suchen, der Krankenkassen hinterhertelefonieren, an Geburtstagen anrufen und tausend andere organisatorische und pflegerische Aufgaben übernehmen. In einer strukturell solidarischen Gesellschaft wäre es zwar möglich, viel von dem organisatorischen und pflegerischen Aufwand gesamtgesellschaftlich zu organisieren. Zugleich müssten sich aber für jeden einzelnen Menschen andere Menschen so verantwortlich fühlen, dass sie zumindest mitbekommen, wenn dieser Mensch Fürsorge braucht, und dafür sorgen, dass die Pflege-Commons sich kümmern. Wenn dies nicht der enge Kreis der Kleinfamilie sein soll, dann erscheint uns eine solche Verantwortungsübernahme am wahrscheinlichsten im nachbarschaftlichen Bereich, vielleicht organisiert durch Care-Räte[105].

Eine solche Kollektivierung ist aber wiederum nur möglich, wenn Frauen und andere unterdrückte Geschlechter sich autonom organisieren, im Kampf Weiblichkeit und Care-Arbeit entmystifizieren und männliche Gewalt zurückdrängen. Sonst wird die Care-Arbeit unsichtbar bleiben und an uns Frauen hängen bleiben.

Die Basisorganisationen in allen Lebensbereichen müssten also auch eine solche feministische Organisierung beinhalten. So ließen sich mit diesen Basisorganisationen sowohl die bestehenden Beziehungen mehr in Richtung Commonisierung verschieben als auch eine umfangreiche Commonisierung aller Lebensbereiche in einem gesellschaftlichen Bruchmoment vorbereiten.

Doch egal, ob durch Basisorganisation die bestehenden Beziehungen mehr commonisiert werden oder durch Bewegungen neue solidarische Beziehungen geschaffen werden: Beides benötigt auch die Mittel, über die anders verfügt wird, um sich ausbreiten zu können und auch materielles Commoning zu betreiben. Und diese Mittel sind das Privateigentum anderer, sie gehören uns nicht, das heißt, wir sind von ihrer Verfügung ausgeschlossen. Deswegen geht es im nächsten Kapitel darum, wie wir uns diese Mittel aneignen können. Dabei geht es nicht um eine Aneignung, die sie einfach zu dem Privateigentum eines anderen macht. Sondern um Commonisierung, das heißt die Aneignung von Privateigentum, um die Mittel aus der Eigentumsform zu befreien.

105 Vgl. Winker 2021, S. 179

8. Nehmen, was wir brauchen: Aneignung

Wir wollen also die Welt commonisieren. Aber das, was wir dafür brauchen, gehört uns nicht. Wenn wir Commons schaffen und ausweiten wollen, stoßen wir auf eine harte Grenze: das Eigentumsverhältnis.

Im Kapitalismus existiert ein Großteil der Dinge, die wir zum Leben brauchen, und der Dinge, die wir brauchen, um diese Dinge herzustellen, in Form von Privateigentum. Diese Art der Verfügung erlaubt es den Eigentümer:innen, andere von der Nutzung auszuschließen, auch wenn sie die Dinge selber gar nicht gebrauchen. Privateigentum ist auch noch extrem ungleich verteilt. Wenigen Menschen gehört viel – Geld, Immobilien, Produktionsmittel – und sehr vielen Menschen gehört nicht viel mehr als ihre Arbeitskraft. Erstere – die Kapitalist:innen - profitieren davon, dass sie als Privateigentümer:innen über Produktionsmittel, Land oder Immobilien verfügen und sich darüber bereichern können, dass sie die Arbeitskraft anderer direkt oder indirekt ausbeuten können. Es erscheint sehr unwahrscheinlich, dass sie die Möglichkeit fremde Arbeit zu kontrollieren und alle Privilegien, die dadurch entstehen, einfach aufgeben werden. Sie werden also nicht einfach entscheiden, ihr Privateigentum aufzugeben und in Commons umzuwandeln. Deshalb ist die Bewegung der Commonisierung auch ein Klassenkampf, ein Kampf darum, wer über den gesellschaftlichen Reichtum verfügen kann. Als solcher zielt er auf mehr als nur auf Umverteilung zwischen den Klassen oder darauf, dass die Arbeiter:innenklasse die politische Macht erobert. Klassenkampf als Commonisierung zielt vielmehr auf die Aufhebung der Klassen, er ist ein Kampf gegen das Dasein als Lohnabhängige und ein Kampf für eine gemeinsame solidarische Verfügung über unser aller Lebensbedingungen.

Das bedeutet, dass sich die commonisierende Bewegung Ressourcen aneignen und in Commons überführen muss. Darum, wie sich Ressourcen angeeignet werden und welche Formen der Aneignung eine Commonisierung nahelegen, geht es im Folgenden.

8.1 Aneignung als Commonisierung

Eine Aneignung als Commonisierung kann nicht nur eine Überführung des Privateigentums in die Hände einer anderen Gruppe von Privateigentümer:innen sein. Commons stehen dem Prinzip des Privateigentums entgegen, wie wir bereits in Kapitel 5 diskutiert haben.

Und doch kann eine commonisierende Aneignung, solange die Gesellschaftsform noch eine kapitalistische ist, das Privateigentum nicht einfach auflösen oder Dinge komplett aus der Logik des ausschließlichen Verfügens befreien. Denn wie wir im ebenfalls in Kapitel 5 dargelegt haben, sind Commons im Kapitalismus vielseitig beschränkt. So wie die Commons beschränkt sind, ist auch die Aufhebung von Privateigentum beschränkt.

Die dort erläuterten Beschränkungen der Aufhebung bezogen sich vor allem auf Privateigentum als soziales Verhältnis, also als eine Beziehung zwischen Menschen.

Privateigentum ist aber auch eine Rechtsform. Die ausschließende Verfügung ist gesetzlich geregelt und wird vom Gewaltmonopol des Staates im Zweifelsfall durchgesetzt. Für Commons gibt es keine Rechtsform. Das heißt, auch wenn sich die soziale Verfügung über die Dinge ändert, bleiben sie formell doch in der Regel Privateigentum einzelner oder von klar definierten Gruppen. Eine Ausnahme bildet in Deutschland zum Beispiel die Rechtsform des Vereins, in dem die Mittel nicht einzelnen oder einer Gruppe gehören, sondern dem ideellen Zweck, den sich der Verein gesetzt hat, dienen soll. Real entscheidet aber dann doch eine bestimmte Gruppe über den Einsatz der Mittel und sie kann andere von der Nutzung ausschließen.

Ein anderer Versuch eine Rechtsform für Commons zu finden ist, sie in öffentliche Güter zu überführen, in Staatseigentum. Letztlich tritt dann aber der Staat als Eigentümer gegenüber den Menschen auf und entscheidet, wer die Mittel nutzen darf und wer nicht.

Es gibt also keine passende Rechtsform für Commons, auch wenn wir uns Ressourcen aneignen und sie kollektiv, bedürfnisorientiert und selbstorganisiert nutzen, gehören sie formell einzelnen, Gruppen oder dem Staat.

Da, wie wir im Keimformkapitel dargelegt haben, Commoning immer beschränkt ist, wenn es unter Marktbedingungen geschieht, geht es auch nicht darum, eine richtige Rechtsform für Commons zu suchen. Commons können sich erst ganz entfalten, wenn sie mit der kapitalistischen Totalität als solcher brechen. Dann braucht es auch keine passende Rechtsform mehr für sie, weil Staat und Rechtsform passé sind, wenn niemand gewaltvoll von der Nutzung der Dinge ausgeschlossen werden und zum Arbeiten gezwungen werden kann. Vorher ist in Bezug auf Aneignungen zum einen relevant, wie Commons mit der Rechtsform des Privateigentums und deren Durchsetzung durch den Staat umgehen und zum anderen wie sie als soziales Verhältnis diese Form überschreiten, indem die Bedürfnisse möglichst aller einbezogen werden.

Wenn wir uns im Folgenden nun verschiedene Wege der Aneignung anschauen, wollen wir deshalb nicht nur diskutieren, wie sie es ermöglichen, Dinge umzueignen und dies gegebenenfalls auch rechtlich abzusichern, sondern auch wie dies verbunden sein kann mit einer Dynamik, die solidarische Beziehungsweisen, nicht nur innerhalb der so entstehenden Commons, sondern auch darüber hinaus, nahelegen kann. Denn nur dann wäre eine Aneignung weder eine Verstaatlichung noch eine Vergemeinschaftung, bei der das Gut in die Hände einer geschlossenen Gemeinschaft übergeht, sondern eine Commonisierung, die, soweit es geht, die Art und Weise, wie wir in einer strukturell solidarischen Gesellschaft über die Dinge verfügen würden, vorwegnimmt.

Eine einfache Aneignung ist aber auch nicht nur deswegen nicht genug, weil sich auch die Form der Verfügung und damit einhergehend der Vermittlung verändern muss, sondern auch, weil die bestehende Technik nicht neutral, sondern kapitalistisch geformt ist. Es ist fragwürdig, ob man an einem Fließband überhaupt motiviert nach den eigenen Bedürfnissen tätig sein kann oder ob es nicht ganz andere Formen der Produktion braucht. Und das Design vieler Dinge, zu deren Produktion die Produktionsmittel heute dienen, ist nicht unbedingt bedürfnisorientiert. So werden Produkte mit Absicht so gebaut, dass sie früher kaputtgehen, oder so, dass sie schwerer zu reparieren sind. Der Tauschwert schreibt sich im Kapitalismus also auch auf die stoffliche Ebene des Gebrauchswerts ein. Vor allem aber stellt die Klimakatastrophe uns vor die enorme Aufgabe, dass ein Großteil der Industrie innerhalb relativ kurzer Zeit umfassend ab- und umgebaut werden muss, weg von fossilen Brennstoffen und energieintensiver Produktion, hin zu einer Produktion, die mit relativ wenig Energie auskommt und zwar aus erneuerbaren Quellen. Manche Maschinen, Kohlebagger etwa, sollten wir uns also vielleicht gar nicht aneignen, sondern sie einfach kaputt machen.

Doch auch um sie kaputt machen oder umbauen zu können, müssen wir die Grenzen überschreiten, die durch das Privateigentum um sie gezogen werden. Weder bei der Vermittlung noch beim ökologischen und bedürfnisorientierten Ab- und Umbau kommen wir um die Eigentumsfrage herum.

Deswegen schauen wir uns jetzt Wege an, auf denen Menschen diese Grenzen überschreiten. Diese Wege untersuchen wir auf ihre Möglichkeit, Privateigentum als Rechtsform aufzuweichen und transpersonale solidarische Beziehungen, die Privateigentum als soziales Verhältnis ersetzen können, zu schaffen.

8.2 Wege der Aneignung

Aneignung kann legal oder illegal geschehen, sie kann erkämpft werden oder relativ konfliktfrei vonstatten gehen. Im Folgenden unterscheiden wir zunächst vier Wege, die Aneignungen innerhalb des Kapitalismus ermöglichen: Die Aneignung von «Resten», wie etwa weggeworfene Lebensmittel, die für das Kapital nicht mehr interessant sind, die Aneignung durch Kaufen, die konform mit den Gesetzen des Warentausches ist, die Aneignung über staatliche Reformen, bei denen der Staat Ressourcen enteignet und in Commons-Strukturen überführt und die Aneignung durch direkte Aktion, bei der Menschen sich etwas außerrechtlich aneignen, etwa bei Hausbesetzungen. Da diese Wege jeweils beschränkt sind, diskutieren wir anschließend, wie diese Beschränkungen überwunden werden können.

8.2.1 Aneignung von Resten

In Deutschland werden jährlich 18 Mio. Tonnen Lebensmittel weggeworfen, über die Hälfte davon in Produktion und Handel und nicht bei den Endverbraucher:innen. Dabei sind etliche davon noch genießbar und werden lediglich weggeworfen, weil das Mindesthaltbarkeitsdatum überschritten ist oder die Saison für bestimmte Lebensmittel (z.B. Weihnachtssüßigkeiten) vorbei ist. Die 2012 gegründete Initiative Foodsharing rettet diese Lebensmittel, indem sie Kooperationen mit Supermärkten und anderen Lebensmittelläden schließt, dort die nicht mehr verkäuflichen Lebensmittel abholt und diese in sogenannten Fairteilern kostenfrei allen Menschen zur Verfügung stellt. Die «Reste», die sich nicht mehr verkaufen lassen, aber noch gut zu gebrauchen sind, werden somit commonisiert. Ein ähnliches Prinzip zeigt sich in den Umsonst-Läden oder bei öffentlichen Bücherschränken: Hier können Menschen Dinge, die sie nicht mehr brauchen, etwa Kleidung oder Küchengeräte oder eben Bücher, hinbringen und ohne Geld einfach nehmen, was andere hingebracht haben.

Dieser Weg der Aneignung ist vielleicht am einfachsten: Er ist legal und kommt ohne viel Geld aus (das wird höchstens für die Infrastruktur, etwa die Miete eines Umsonstladens, benötigt) – eben weil das commonisiert wird, was aus der Verwertungsmaschinerie herausfällt. Es gibt auch Beispiele der Resteaneignung, die nicht legal sind, etwa das Containern. Im Unterschied zu Foodsharing werden dabei nicht in Absprache mit den Supermärkten Reste eingesammelt, sondern die Sachen werden aus dem Müllcontainer gefischt. In Deutschland ist dies immer noch illegal und zählt als Diebstahl. Doch trotzdem ist das Containern relativ risikoarm: Die Mülltonnen sind deutlich weniger gut bewacht als die Waren im Laden und so lässt sich ihr Inhalt relativ leicht aneignen.

Die Commonisierung von Resten ist also relativ günstig oder gar kostenlos. Das ist ein Unterschied zu Commons, die selbst Güter produzieren, wie etwa Solidarische Landwirtschaften, deren Produktion mehr Geld benötigt, weil die Gärtner:innen ein Feld, Produktionsmittel und vor allem viel Zeit zum Anbauen brauchen und außerdem noch bemüht sind, soziale und ökologische Kosten nicht zu externalisieren wie gewinnorientierte Unternehmen, sondern sie zu inkludieren. Dies wird zwar durch die Entkopplung von Geben und Nehmen auf individueller Ebene abgefedert (du kannst bei Bieter:innenrunden auch geringere Beiträge bieten als der Durchschnitt), doch auf kollektiver Ebene müssen alle Kosten wieder reinkommen und das geht nur, wenn genug Leute auch höhere Beiträge zahlen. Dies ist bei commonsgemäßer Resteverteilung anders. Damit kann sie einen wichtigen Teil zur Versorgung von Menschen beitragen, die ihre Existenz nicht (mehr) über den Markt sichern können oder wollen, etwa weil sie ihre Zeit nicht für Lohn verkaufen wollen und sie stattdessen für wichtigere Dinge wie Commoning oder Aktivismus nutzen. Besetzungen wie der Hambacher Forst etwa versorgen sich zum großen Teil darüber, dass sie die Reste von Bäckereien und Gemüsebäuer:innen einsammeln.

Allerdings geht dieser Vorteil bei den hier diskutierten Beispielen damit einher, dass lediglich die Verteilung bzw. Vermittlung geändert wird und nicht die Produktion. Angeeignet werden sich hier lediglich die Konsumtions-, nicht aber die Produktionsmittel. Eine commonsgemäße Verteilung wird zwar erfahrbar, ebenso wie die daran hängende Organisation (etwa das Betreiben eines Ladens) über Commoning, allerdings nicht die Herstellung von neuen Produkten. Auch wenn es auch denkbar wäre, aus angeeigneten Resten Neues zu produzieren.

Diese Form der Commonisierung ist auf wenige reiche Industriestaaten beschränkt, in denen viele noch gut brauchbare Reste anfallen und gleichzeitig wenig Menschen hungern.

Da in den Wegwerfgesellschaften des Globalen Nordens so viele Reste anfallen, dass daran eher ein Überfluss herrscht, ist der Schritt, diese Reste frei zur Verfügung zu stellen, ein relativ niedrigschwelliger. Somit beschränkt sich die Solidarität nicht nur auf die Gemeinschaft, die etwa einen Umsonstladen betreibt oder das Foodsharing organisiert, sondern es werden auch andere eingeschlossen, die die so zur Verfügung gestellten Dinge nutzen können. Dieser Überfluss ist jedoch, selbst im Globalen Norden, nicht immer gegeben. In zuspitzenden Krisen werden immer mehr Leute auf solche «Reste» angewiesen sein und die Commons, die Resteverteilung organisieren, könnten dadurch vor neue Herausforderungen gestellt werden.

Eine weitere Herausforderung ist die Kommerzialisierung von Resteverwertung. Viele Bereiche, in denen neue Gebrauchswerte durch Commoning erschlossen werden – etwa die Resteverwertung – können auch von Unternehmen als neu zu erschließende Märkte gesehen werden. So gibt es etwa bereits Start-ups wie Sirplus, die im Prinzip dasselbe machen wie Foodsharing, aber die geretteten Lebensmittel kistenweise an die Abnehmer:innen liefern und dafür Geld verlangen. Es bleibt hier eine Herausforderung, wie gegen solche Einhegungen vorgegangen werden kann.

Zusammenfassend lässt sich sagen, dass das Aneignen von Resten in einigen Teilen der Welt bisher relativ voraussetzungsarm ist und damit einen wichtigen Bestandteil zur commonsgemäßen Versorgung liefern kann, die auch im transpersonalen Rahmen funktioniert. So bieten Resteverwertungscommons einen Vorschein darauf, wie es nach dem Kapitalismus sein wird, im Laden mit nichts als einem Lächeln zu bezahlen (oder noch nicht mal mit dem, wenn du schlecht drauf bist). Sie ändern jedoch lediglich die Verteilung, nicht die Produktion, und bleiben auf die aus der Kapitalverwertung anfallenden Reste beschränkt. Dadurch bietet dieser Weg keine verallgemeinerbare Perspektive zur Ausweitung von Commons.

8.2.2 *Aneignung durch Kaufen*

Wer sich über solche Reste hinaus Dinge im Kapitalismus aneignen will, muss sie üblicherweise kaufen. Auch Menschen, die Commons aufbauen, nutzen diesen Weg immer wieder, um sich Ressourcen anzueignen, die sie dann für den Aufbau nutzen können. Die Aneignung durch Kaufen setzt mehr finanzielle Mittel voraus als die Commonisierung von Resten, aber sie ist ähnlich konfliktfrei und rechtssicher. Sie gestaltet die Überführung in Commons konform mit dem Eigentumsrecht und den Gesetzen des Warentauschs. Dies ist ihre Stärke wie auch ihre Schwäche. Denn einerseits ist es so möglich, etwas zu commonisieren, auch wenn es nicht zufällig weggeschmissen wird und ohne dabei das Risiko von Repression und Polizeigewalt einzugehen, mit denen ungehorsame Formen der Aneignung verbunden sind. Und es wird möglich, eine Ressource auch langfristig zu sichern.

Das Mietshäusersyndikat ist zum Beispiel aus der Hausbesetzer:innenbewegung heraus entstanden, aus der Frustration, die mit wiederholten Räumungen immer wieder verbunden ist. Dadurch, Häuser zu kaufen und in eine Rechtsform zwischen Verein und GmbH zu überführen, wird einerseits die Selbstbestimmung der Bewohner:innen sichergestellt und anderseits verhindert, dass die Häuser wieder am Markt verkauft werden können.[106]

Commonisierung-durch-Kaufen bietet also Rechtssicherheit. Allerdings ist sie daran gebunden, dass, wie im Kapitalismus üb-

106 Rost 2014

lich, Geld gebraucht wird, um sich eine Ressource anzueignen. Damit bleibt diese Form tendenziell jenen vorbehalten, die über genug finanzielle Mittel verfügen. Aufgeweicht werden kann dies durch eine breiter getragene, gemeinsame Finanzierung, die die Last auf mehreren Schultern verteilt. Bei den Hausprojekten des Mietshäuser-Syndikats etwa geschieht dies über Direktkredite. Wenn eine Gemeinschaft ein neues Wohnprojekt gründen und dafür ein Haus kaufen möchte, finanziert sie dies neben Bankkrediten vor allem mit Direktkrediten, also Krediten von Privatpersonen. Diese fungieren als Nachrangdarlehen, d.h., falls das Projekt in die Situation kommen sollte, die Kredite nicht zurückzahlen zu können, werden diese Nachrangdarlehn zuerst nicht zurückgezahlt. Dadurch gelten sie bei Banken als Eigenkapital, wodurch auch Gemeinschaften einen Bankkredit für den Hauskauf aufnehmen können, die sonst nicht über genügend Geld verfügen würden. Ob mit oder ohne zusätzlichen Bankkredit – die Direktkredite ermöglichen es, Häuser zu kaufen, ohne selbst über viel eigene Geldmittel zu verfügen. Sie werden dann schließlich über die Mieten der Bewohner:innen nach und nach zurückgezahlt. Überdies zahlt jedes Projekt Solidaritätsbeiträge an das Syndikat, was damit einen solidarischen Transfer zwischen den verschiedenen Hausprojekten ermöglichen kann. Allerdings setzen Direktkredite voraus, Menschen im Bekanntenkreis oder politische Sympathisant:innen zu haben, die über solche Geldmittel verfügen.

Eine andere Form, die Finanzierung von Commonisierungen auf mehrere Schultern zu verteilen, ist das Crowdfunding. Es lebt davon, dass unzählige Menschen über Internetplattformen kleinere oder größere Beträge spenden, um ein Projekt, das sie unterstützenswert finden, zu finanzieren. Während Crowdfunding prinzipiell nicht auf die Finanzierung von Commons beschränkt ist, gibt es mit Goteo.org auch eine Crowdfunding-Plattform, die ihren Service daran koppelt, dass die finanzierten Projekte tatsächlich Commons-Prinzipien umsetzen müssen.[107]

Auch Commons-Projekte im digitalen Raum, wie Wikipedia oder RiseUp, finanzieren sich über die Spenden von tausenden Nutzer:innen.

Die Finanzierung auf mehrere Schultern zu verteilen, vereinfacht nicht nur die Finanzierung oder den Kauf, sondern kann

107 Helfrich/Bollier 2019, S. 150

auch den Commons-Charakter des so finanzierten Projekts stärken.

Denn wenn sich eine abgeschlossene Gruppe etwas vom eigenen Geld kauft, etwa ein Haus für ein Gemeinschaftswohnprojekt, bleibt es oftmals bei einer reinen Vergemeinschaftung und vielleicht wird das Haus wieder auf dem Markt verkauft, wenn sich die Gemeinschaft auflöst. Gemeinsame Finanzierung über Strukturen wie das Mietshäuser-Syndikat kann dem entgegenwirken. Das Mietshäuser-Syndikat entzieht Immobilien dauerhaft dem Markt. Die Hausgemeinschaft verfügt dort nicht alleine über das Haus, sondern gemeinsam mit dem Syndikat, das einen Wiederverkauf verhindert und zudem auch finanzielle Solidarität zwischen Hausprojekten organisiert. Auch eine Finanzierung über Crowdfunding kann die Grenzen der Vergemeinschaftung auflösen, denn es werden mehr Menschen bereit sein, etwas zu spenden, wenn das Ziel kein reines Privatprojekt ist, sondern z.B. auch wichtige Ressourcen für soziale Bewegungen zur Verfügung stellt.

Doch auch über das Verteilen der Finanzierung auf vielen Schultern, durch Direktkredite und Crowdfunding, wird es nicht möglich sein, den ganzen Kapitalismus aufzukaufen. Einzelne Grundstücke, Häuser und Geräte lassen sich darüber erwerben, doch große Unternehmen und ihre Produktionsmittel sowie große Landflächen werden sich darüber nicht aufkaufen lassen. Zu ungleich ist das Privateigentum verteilt, zu sehr profitieren die Großeigentümer:innen davon, Privateigentum zu haben, als dass sie ein Interesse daran haben könnten, im großen Stil finanziell zur Commonisierung von Privateigentum beizutragen.

Durch Kaufen können also Ressourcen rechtssicher und langfristig in Commons überführt werden. Wenn der Kauf auf viele Schultern durch Formen der gemeinsamen Finanzierung verteilt wird, dann kann dies einerseits solidarische Beziehungen fördern und andererseits die finanziellen Hürden für die Einzelnen senken. Dadurch kann das Problem, dass Kaufen eben Geldmittel voraussetzt, jedoch nur abgefedert werden. Die ungleiche Verteilung des Privateigentums steht einer Verallgemeinerung dieses Wegs entgegen.

8.2.3 Aneignung über den Staat

Viele würden sicher auch sagen: Was sollen wir versuchen, den Kapitalist:innen ihren Reichtum abzukaufen, sodass sie trotzdem weiter reich bleiben? Wir sollten ihnen den Reichtum, der durch unsere Arbeit angesammelt wurde, entziehen! Und zwar über die Instanz, die die Macht dazu hat, nämlich über den Staat.

So ließe sich auch an das große Privateigentum großer Konzerne herankommen.

Deren Enteignung strebt in Berlin die Initiative *Deutsche Wohnen & Co. Enteignen* an. Sie will Wohnungsunternehmen mit mehr als 3000 Wohnungen enteignen und Wohnraum zum Gemeingut machen. Schon seit vielen Jahren steigen die Mieten in den Städten, in Berlin ist es besonders schwer geworden, bezahlbaren Wohnraum zu finden. Die Unzufriedenheit darüber führte in eine große Mobilisierung der Kampagne *Deutsche Wohnen & Co Enteignen*, der es schließlich nicht nur gelang genug Unterschriften für einen Volksentscheid zu sammeln, sondern diesen auch noch im Sommer 2021 zu gewinnen. Weil der Senat sich bisher weigert, dem Entscheid zu folgen und ein entsprechendes Gesetz zu formulieren, wird nun ein Gesetzesvolksentscheid in die Wege geleitet.

Die Enteignungs-Kampagne bezieht sich mit ihrer Forderung auf die im Grundgesetz der Bundesrepublik Deutschland vorgesehene Möglichkeit zur Enteignung. In Artikel 15 heißt es dort:

«Grund und Boden, Naturschätze und Produktionsmittel können zum Zwecke der Vergesellschaftung durch ein Gesetz, das Art und Ausmaß der Entschädigung regelt, in Gemeineigentum oder in andere Formen der Gemeinwirtschaft überführt werden.»

Hier wird explizit nicht von Staatseigentum, sondern von Gemeineigentum und anderen Formen der Gemeinwirtschaft gesprochen – was diesen Weg der Aneignung auch für das Schaffen von Commons interessant macht. Tatsächlich bezieht sich der Begriff Gemeinwirtschaft auf Modelle wie Wohnungsbaugenossenschaften, die in der Weimarer Republik, aber auch in der frühen Bundesrepublik günstigen Wohnraum für Arbeiter:innen schufen. *Deutsche Wohnen & Co. Enteignen* versteht darunter «ein Wirtschaften, bei dem Gebrauchswerte im Vordergrund stehen – die Versorgung mit lebenswichtigen Gütern, basierend auf Solidarität, Demokratie und Selbsthilfe»[108]. Die Initiative strebt also keine reine Verstaatlichung an:

«Vergesellschaftung bedeutet nicht Verstaatlichung, sondern die Überführung von privatem Eigentum in gemeinwirtschaftliches Eigentum, das mittels demokratischer, gesellschaftlicher Prozesse verwaltet wird.»[109]

Sie hat dafür ein Modell entwickelt, mit dem einerseits die Interessen und Bedürfnisse der Mieter:innen und Beschäftigen, andererseits aber auch der gesamten Stadtgesellschaft berücksichtigt werden sollen. Schließlich ist Wohnraumversorgung ein Thema für die ganze Stadt. Eine Abkapselung in Form einer reinen Vergemeinschaftung, wie sie bei vielen Wohnbaugenossenschaften zu beobachten ist, soll vermieden werden. Konkret sieht dieses Modell einen Verwaltungsrat vor, in dem gewählte Vertreter:innen der Mieter:innen, der Beschäftigten, der Stadtgesellschaft wie auch der Senatsverwaltung sitzen, wobei Letztere in der Minderheit sind[110]. Die Vertreter:innen der Stadtgesellschaft sollen von dieser direkt gewählt werden und zwar von allen Bewohner:innen Berlins, unabhängig von der Staatsbürgerschaft und ohne den Umweg über Parlament und Regierung. Dem Subsidiaritätsprinzip entsprechend sollen Entscheidungen jedoch jeweils auf der Ebene getroffen werden, wo sie auch umgesetzt werden, so dezentral wie möglich. Zu diesem Zweck soll es neben dem Verwaltungsrat noch Mieter:innenräte auf den verschiedenen Ebenen geben.[111]

Mit diesem Vorschlag bewegt sich das Modell nicht komplett jenseits des Staats, wie Commons üblicherweise verortet werden. Der Staat hat einerseits weiterhin seine Finger im Spiel und kann mitbestimmen, aber trotzdem sind viele Möglichkeiten der Selbstorganisation, also letztlich Commoning, vorgesehen. Dies könnte ein Spannungsverhältnis darstellen. Andererseits könnte aber auch ein bedingungsloses Zur-Verfügung-Stellen von Ressourcen für die Beteiligten zu Problemen führen, wenn diese sie lediglich unter sich vergemeinschaften. Deshalb kann es Sinn machen, in den Entscheidungsstrukturen eine Instanz zu verankern, die die Allgemeinheit repräsentiert – so wie das

108 Deutsche Wohnen & Co Enteignen, S. 5
109 Ebd., S. 21
110 Ebd., S. 24
111 Ebd., S. 26ff

im Berliner Modell die direkt gewählten Vertreter:innen der Stadtgesellschaft sowie die Vertreter:innen des Senats sind. Sowohl die Autonomie der Beteiligten zu gewährleisten als auch die Bedürfnisse der Allgemeinheit einzubeziehen, bleibt unter kapitalistischen Bedingungen, unter denen sich die Bedürfnisse als oftmals gegeneinanderstehende Interessen formieren, ein Spagat.

Zugleich wird es, wenn versucht wird, Aneignung und Commonisierung über den Staat zu organisieren, wohl immer einen Interessenskonflikt zwischen dem Staat, der die enteigneten Bereiche kontrollieren will, und den Commons geben.

Wie sich das Verhältnis von Staat und Commoning in einer durch Enteignung hervorgegangenen Wohnraum-Institution gestalten wird, kann sich nur zeigen, wenn diese Enteignung erfolgreich sein wird. Davor stellt sich die Frage, wie sich Enteignungen politisch durchsetzen lassen. Denn der Staat ist kein vom Markt getrennter neutraler Akteur, sondern er ist von Steuereinnahmen und so von funktionierender Kapitalverwertung abhängig. Unternehmen durch die Androhung von Enteignungen zu verschrecken, kann dabei nachteilig für den Wirtschaftsstandort sein. Zudem haben Interessensvertreter aus der Wirtschaft auch über Lobbyismus Einfluss auf politische Entscheidungen.

Gleichzeitig ist der Staat jedoch auch auf die Reproduktion seiner Bürger:innen angewiesen, damit diese als Arbeitskräfte Wert schaffen können. Wo durch Commoning also Aufgaben zur Existenzsicherung übernommen werden, die sonst der Sozialstaat übernehmen würde, kann es dem Staat durchaus nahegelegt sein, dafür Ressourcen zur Verfügung zu stellen – zumal das eventuell billiger ist.

Es gilt, sich diesen Widersprüchen bewusst zu sein und trotzdem dadurch entstehende Spielräume zu nutzen. Eine Möglichkeit dazu kann das Konzept der Commons-Public-Partnerships (CPP) sein, wie es etwa Silke Helfrich und David Bollier vorgeschlagen haben.[112] Statt Public-Private-Partnership, bei dem private, gewinnorientierte Unternehmen mit öffentlichen Geldern gefördert werden, um staatliche Aufgaben zu übernehmen, sollen Commons diese Aufgaben übernehmen. Ähnlich geschieht dies tatsächlich bei den Freiwilligen Feuerwehren,

112 Helfrich/Bollier 2019, S. 306ff

in denen in Deutschland 97% der Feuerwehrleute organisiert sind. Alles, was die Feuerwehr dabei an Ausrüstung braucht, wird von den Kommunen finanziert, ansonsten aber organisieren sich die Feuerwehrleute selbst und sind ehrenamtlich tätig. Von Commoning grenzen Helfrich und Bollier dies trotzdem ab – schließlich bleibt der Staat in diesem Arrangement der Seniorpartner. In Commons-Public-Partnerships jedoch müssten die Commons der Seniorpartner sein, sie müssen die treibende Kraft sein und ihre umfassende Entscheidungsbefugnis müsste vom Staat anerkannt werden.

Auch an günstigem Wohnraum kann der Staat ein Interesse haben, denn wenn die Wohnungen so teuer sind, dass die Arbeitskräfte sie sich nicht mehr leisten können, kann dies auch nachteilig für den Wirtschaftsstandort sein. So finanziert der Staat auch heute sozialen Wohnungsbau.

Und schließlich setzt die Funktion und die damit einhergehenden Interessen des Staates im Kapitalismus Reform-Politiken zwar gewisse Grenzen, doch diese Grenzen sind nicht immer fest, sie können verschoben und verbogen werden. Wenn soziale Bewegungen stark genug sind, um entsprechenden Druck aufzubauen, dann können auch Reformen durchgesetzt werden, die den Standortinteressen des Staates eigentlich widersprechen. Ob das in Berlin gelingt, ist unklar und es hängt letztlich davon ab, wie viel Druck wir auf den Berliner Senat aufbauen können. Es wäre aber nicht das erste Mal, dass der Berliner Senat sich über die Ergebnisse von Volksentscheiden hinwegsetzt; schon 2008 hat er den Volksentscheid gegen das Aufwertungsprojekt «Mediaspree» geflissentlich ignoriert. Man sollte sich also keine Illusionen darüber machen, dass der Staat solche direktdemokratischen Entscheidungen einfach umsetzt. Wenn sie Interessen des Wirtschaftsstandorts widersprechen oder die Kapitalfraktion gut organisiert Einfluss auf die Entscheidungsfindung nimmt, übergeht der Staat direktdemokratische Entscheidungen.

Keineswegs stellt das die Wichtigkeit von «Deutsche Wohnen und Co. Enteignen» infrage, denn der Initiative ist bereits jetzt allein durch die Kampagne eine Politisierung vieler Menschen gelungen und sie hat auf einer diskursiven Ebene mit dazu beigetragen, dass Eigentumsverhältnisse nicht als Naturgesetze betrachtet werden. Damit liefert sie Inspiration für andere Bewegungen – so hat sich etwa bereits unter dem Titel «RWE & Co Enteignen» eine Kampagne gegründet, die auf ähnliche Art und Weise Energiekonzerne vergesellschaften und damit die Frage der Energieerzeugung mit der von Energiepreisen verbinden will. Wie erfolgreich solche Kampagnen sein können, wird davon abhängen, wie viel Druck die Bewegungen auf die Politik ausüben können.

So wie es bei der Commonisierung durch Kaufen sowohl ihre Stärke wie ihre Schwäche ist, dass sie konform mit den Gesetzen des Warentauschs ist, so ist es bei der Commonisierung über den Staat Stärke und Schwäche zugleich, dass sie die Macht des Staates nutzt. Mit der Macht des Staates – wenn es gelingt ihn dazu zu bringen – lassen sich Mittel mobilisieren, die Menschen, die Commons schaffen wollen, sonst nicht aufbringen könnten. Die *Deutsche Wohnen* und andere Wohnungsunternehmen könnten wir niemals aufkaufen, aber über den Staat könnten sie enteignet werden. Und wie bei der Strategie des Kaufens ist auch dies ein legaler Weg, der somit Rechtssicherheit und Langfristigkeit garantiert – zumindest so lange, bis sich politische Kräfteverhältnisse oder die wirtschaftliche Situation wieder verändern und zu einer Reprivatisierung und Rekommodifizierung führen.

Auf die Macht des Staates zu setzen ist jedoch auch der Nachteil dieses Weges, denn der Staat wird Commonisierung nur dort unterstützen, wo sie nicht die Kapitalverwertung bedroht oder durch einen billigen Beitrag zur sozialen Reproduktion sogar unterstützt. Das Problem einer reinen Vergemeinschaftung stellt sich hier weniger, dafür besteht aber die Gefahr, dass Enteignungen zu Verstaatlichungen führen.

Deshalb ist es wichtig, bei Kämpfen um Enteignung auch dafür zu kämpfen, dass möglichst viele Elemente von Commoning ermöglicht werden. Dies wäre auch wichtig, um nicht die Rolle des Staates in der Transformation zu sehr zu stärken. Denn dieser kann zwar in dem hier diskutierten begrenzten Maße ein Werkzeug sein, Commons mit zu unterstützen, er ist jedoch kein Werkzeug, mit dem wir den Bruch in eine auf Commoning basierende solidarische Gesellschaft erreichen können. Es gilt daher, staatskritisch für Reformen und staatliche Enteignungen zu kämpfen – etwa, indem wir dabei betonen, dass es nicht der gütige Vater Staat ist, der für uns die Dinge enteignet, sondern dass wir ihn dazu durch unseren Druck von der Straße zwingen. Und in dem wir betonen, dass er nicht für uns verstaatlichen und die Dinge regeln soll, sondern uns die Ressourcen zur Verfügung stellen soll, damit wir sie selbst verwalten.

Der Staat hat also die Möglichkeit zu enteignen. Und zwar deutlich mehr Mittel, als wir je kaufen könnten. Dabei ist er allerdings nicht unabhängig von der Kapitalverwertung, weshalb er sie nicht für uns abschaffen wird. Um ihn überhaupt dazu zu bewegen, zu enteignen, ist es notwendig, das bestehende Kräfteverhältnis zu verschieben.

Außerdem wird der Staat dazu tendieren, die enteigneten Ressourcen nicht frei als Commons zur Verfügung zu stellen, sondern selbst zum Eigentümer der Mittel zu werden. Die Macht des Staates für Aneignung zu nutzen, bedeutet also immer auch, mit ihm darum zu ringen, die eigene Autonomie zu behalten.

8.2.4 Aneignung durch direkte Aktion

Statt sich mit den eigenen Anliegen an eine scheinbar äußere Macht wie den Staat oder Unternehmen zu wenden, um mit diesen zu verhandeln oder ihnen etwas abzukaufen, können wir auch die Anliegen selbst umzusetzen. Wir können selbst in die ökonomischen, die sozialen Abläufe eingreifen. Dieses Selbst-Eingreifen wird mit dem Begriff der direkten Aktion ausgedrückt.

Das Konzept der direkten Aktion ist eng mit der Geschichte des Anarchismus verbunden. So arbeitete der französische Anarchosyndikalist Émile Pouget heraus, dass direkte Aktion bedeutet, «dass die Arbeiterklasse in ihrem ständigen Aufbegehren gegen die bestehende Ordnung nichts von Außenstehenden, von ihr äußerlichen Mächten oder Kräften erwartet, sondern dass sie ihre eigenen Kampfbedingungen erzeugt, ihre Aktionsmittel aus sich selbst schöpft»[113]. Emma Goldman weitete das Konzept auf andere Felder jenseits des Arbeitskampfs aus:

«Die direkte Aktion, die sich schon auf ökonomischem Gebiet als erfolgreich erwiesen hat, ist im Bereich des Individuums

113 Pouget 1907

gleichermaßen wirksam. Hunderte von Zwängen beeinträchtigen dort sein Dasein, und nur hartnäckiger Widerstand dagegen wird es endlich befreien. Direkte Aktion gegen die Betriebsführung, direkte Aktion gegen die Autorität des Gesetzes, direkte Aktion gegen den zudringlichen, lästigen Einfluss unseres Moralkodexes ist die folgerichtige, konsequente Vorgehensweise des Anarchismus.»[114]

Aneignung über direkte Aktion bedeutet also, sich etwas einfach zu nehmen, ohne dafür zu bezahlen oder es sich vom Staat geben zu lassen.

Solche Aneignungen sind alltäglich: Jedes Mal, wenn du im Supermarkt einen Schokoriegel in der Jackentasche verschwinden lässt, einen Zug betrittst, ohne ein Ticket gekauft zu haben oder dir eine Raubkopie herunterlädst, dann ist das eine Aneignung im Kleinen, eine kleine Rebellion gegen die Warenform[115].

Über solche privaten Aneignungen können direkte Aktionen hinausgehen, wenn sie kollektiv geschehen und wenn sie die so enteigneten Dinge in Commons überführen. Dies ist oft bei Haus-, Land-, Wald- oder Fabrikbesetzungen der Fall. Bei Hausbesetzungen ziehen Menschen, mal aus Protest gegen steigende Mieten und Spekulation auf dem Wohnungsmarkt, mal aus Protest gegen mangelnde nicht-kommerzielle Freiräume und kulturelle Angebote, in Häuser ein, ohne Miete zu zahlen. So protestieren Besetzungen nicht nur, sondern verwirklichen direkt das, wofür sie kämpfen. Sie schaffen Wohnraum oder bauen Autonome Zentren auf, die Raum für verschiedene kulturelle und politische Aktivitäten bieten. Damit war die Hausbesetzer:innenbewegung in Westdeutschland und anderen europäischen Ländern vor allem in den 70er- und 80er-Jahren erfolgreich. Auch heute noch gibt es immer wieder Hausbesetzungen, doch sie werden meist schneller geräumt und weniger lang geduldet. Landbesetzungen sind vor allem im Globalen Süden ein viel genutztes Mittel, mit dem sich Zusammenschlüsse von Landlosen – weltweit organisiert im klein-

114 Goldman 1983[1911], S. 15

115 In Bezug auf akademische Texte, die oftmals unter Paywalls versteckt sind oder nur für Menschen mit Zugang zu Universitätsbibliotheken einsehbar sind, ermöglicht die Plattform Sci-Hub so eine ungehorsame Aneignung. Dies hat uns auch bei der Recherche für dieses Buch geholfen.

bäuerlichen Netzwerk Via Campesina – Land aneignen, um Lebensmittel für ihre Versorgung anbauen zu können. Auch im Globalen Norden gibt es Landbesetzungen, hier wenden sie sich oftmals gegen unerwünschte Großprojekte. So besetzten in den 2000er-Jahren Bäuer:innen und Aktivist:innen eine Fläche in Notre-Dame-des-Landes in Frankreich und riefen eine Zone-A-Defendre (ZAD), eine zu verteidigende Zone, aus, um den Bau eines Flughafens zu verhindern und das Gebiet für landwirtschaftliche Nutzung zu erhalten. Der Protest war erfolgreich: 2018 wurde der Flughafenbau endgültig abgesagt. Waldbesetzungen, bei denen Aktivist:innen in Wälder ziehen und sie schützen, indem sie Baumhäuser bauen und Rodungen verhindern, sind in der deutschen Klimagerechtigkeitsbewegung seit der erfolgreichen Verteidigung des Hambacher Forstes zu einem beliebten Mittel geworden, um ähnlich wie bei der ZAD unökologische Projekte wie etwa Braunkohletagebaue oder Autobahnen zu verhindern. Dabei geht es also nicht primär darum, sich etwas anzueignen, um es zu nutzen, sondern um es zu schützen. Zugleich ist aber auch dieses Schützen ein Ausdruck des Bedürfnisses nach einer intakten Lebensgrundlage und somit ist das Durchsetzen des Nicht- oder Andersnutzens eine Form der bedürfnisorientierten Nutzung.

Fabrikbesetzungen hingegen gehen meist von den dort beschäftigten Arbeiter:innen aus, wenn ihr Unternehmen den Standort schließen will. Durch Besetzungen, wie sie sich Anfang der 2000er-Jahre in Argentinien häuften, führen die Arbeiter:innen die Produktion in Eigenregie fort, um ihre Arbeitsplätze zu erhalten.

Solche Formen der Aneignung stellen die Besetzer:innen aber stets vor die Frage, wie sie auf die staatliche Repression reagieren oder wie sie sie vermeiden können. Denn sie eignen sich die Dinge zwar physisch an und nutzen sie, rechtlich gehören sie aber weiter den Eigentümer:innen. Und der Staat hat die Aufgabe, das Privateigentum zu sichern und zu verhindern, dass es sich einfach von anderen als den Eigentümer:innen genommen wird, ohne dafür zu bezahlen. An einem gewissen Punkt sind deshalb die meisten Besetzungen damit konfrontiert, dass die Polizei vor ihrer Tür steht und sie räumen will. Mit direktem Widerstand, sei es aktiver, indem die Besetzer:innen sich gegen die Polizeiangriffe zur Wehr setzen, oder passiver durch das

Bauen ausgeklügelter Blockaden und Lock-Ons, an denen die Besetzer:innen sich festketten und so ihr eigenes Leben in die Waagschale legen, kann eine Räumung in der Regel nur verzögert, aber nicht verhindert werden.

Damit eine Besetzung von den Eigentümer:innen und vom Staat geduldet wird, ist es relevanter, dazu beizutragen, dass eine Räumung von vielen Menschen als illegitim gesehen wird. Für erfolgreiche Besetzungen kann es deshalb wichtiger sein, viel Öffentlichkeitsarbeit zu machen, die Nachbarschaft einzubeziehen und so Solidarität zu organisieren. Da staatliche Strukturen immer auch auf Zustimmung angewiesen sind, kann somit der Preis einer Räumung hochgetrieben werden. Passive oder aktive Verteidigung gegen die Polizei kann dann dazu führen noch mehr Aufmerksamkeit zu generieren, indem die Räumung in die Länge gezogen wird.

Doch auch wenn der Staat und die privaten Eigentümer:innen eine Besetzung dulden, dann oft nur, wenn diese den Schritt der Legalisierung geht – wenn also z.B. ein Nutzungsvertrag ausgehandelt und dann eventuell doch Miete gezahlt wird. So ganz unabhängig ist dieser Weg also von den bisher diskutierten Wegen der Aneignung durch Kauf oder über den Staat nicht. Langfristig lässt sich eine Aneignung nur sichern, wenn sie doch wieder den Weg über das Geld und/oder über den Staat geht. Mit dem Mittel der Besetzung lassen sich jedoch bessere Ausgangsbedingungen, eine bessere Verhandlungsposition, schaffen.

Indem Besetzungen darauf angewiesen sind, sich um solidarische Unterstützung und eine positive öffentliche Meinung zu kümmern, ist es ihnen tendenziell nahegelegt, die Bedürfnisse anderer einzubeziehen – so wie wir es in Kapitel 6 in Bezug auf soziale Bewegungen diskutiert haben. Eine Hausbesetzung, die z.B. nette Veranstaltungen für die Nachbarschaft organisiert, wird mehr Unterstützung erfahren, als eine, bei der die Besetzer:innen nur privaten Wohnraum für sich schaffen wollen. Zugleich führt die ständige Möglichkeit einer Räumung aber auch dazu, dass besetze Häuser in Deutschland oft stark subkulturell geprägt sind. Es besetzt nicht unbedingt die alleinerziehende Mutter, die nicht weiß, wie sie am Ende des Monats Miete zahlen soll. Sondern eher junge Menschen ohne viele Verpflichtungen. Durch die Kultur der Räume, die so geschaffen werden, bleibt das Commoning oft auf bestimmte subkulturelle Gruppen beschränkt.

Die Fabrikbesetzungen in Argentinien konnten sich die Unterstützung der Nachbarschaft sichern, indem sie nicht nur die Fabrik übernommen, sondern dort auch Kulturzentren aufgebaut haben.[116] Vio.Me hat darüber hinaus auch die Bevölkerung Thessalonikis mit bei der Frage einbezogen, was sie überhaupt produzieren sollen (in diesem Fall ökologische Seife statt wie zuvor umweltschädliche Baustoffe). Somit ist im Mittel der Besetzung eine Commonisierung, die über eine Vergemeinschaftung hinausgeht, bereits tendenziell nahegelegt: Der Einbezug möglichst vieler Bedürfnisse, eine möglichst umfassende Commonisierung, erhöht die Legitimität einer Besetzung. Nach einer Legalisierung, wenn die ehemaligen Besetzer:innen nicht mehr so sehr auf die Solidarität angewiesen sind, besteht jedoch die Gefahr, dass diese solidarischen Beziehungen wieder vernachlässigt werden. Aus einigen besetzten Fabriken haben sich relativ normale Unternehmen, wenn nun auch kollektiv geführte, herausgebildet. Auch sind viele Legalisierungen von Besetzungen mit Spaltungen innerhalb der Besetzer:innen einhergegangen, so auch bei der ZAD Notre-Dame-des-Landes. Dies sind Fallstricke, mit denen Besetzungsbewegungen umgehen müssen. Die Einbettung in Bewegungen bleibt ein wichtiger Faktor bei der Aufrechterhaltung des inkludierenden Commons-Charakter von Besetzungen.

Was Besetzungen noch von den vorher diskutierten Wegen unterscheidet, ist, dass mit ihnen nicht nur Ressourcen in Commons überführt werden, sondern dass auch diese Praxis der Aneignung durch direkte Aktion die ist, die im revolutionären Bruch auf Massenbasis geschehen muss. Somit wird nicht nur die Utopie in Keimform erprobt, sondern auch die Praxis des revolutionären Bruchs.

In direkten Aktionen wird sich also ungehorsam und direkt etwas angeeignet, ohne den Umweg über Geld und Staat und durch die dabei notwendige Einbindung in soziale Bewegungen wird Solidarität über die Gemeinschaft der Besetzer:innen hinaus nahegelegt.

Das Angeeignete kann jedoch längerfristig nur gesichert werden, wenn die Umwege über Geld und Staat doch noch auf die

116 Lavaca 2015, vgl. Azzelini 2018

ein oder andere Art im Rahmen von Legalisierung durch Miete oder Kauf oder Duldungen genommen werden. Die Rechtsform des Privateigentums bleibt eben totalitär, an einer Auseinandersetzung damit ist in der kapitalistischen Gesellschaft nicht vorbeizukommen. Wenn sich Besetzer:innen gegen Verhandlungen und Legalisierungen entscheiden oder diese Wege vom Staat und den Eigentümer:innen gar nicht erst angeboten werden, dann bleibt die Aneignung eine temporäre und wird dann entweder freiwillig oder durch gewaltsame Räumung durch die Polizei beendet.

8.2.5 Über die Beschränkungen hinausgehen: Aneignung im revolutionären Bruch

Reste benutzen, kaufen, über den Staat enteignen, besetzen. All diese Wege sind möglich, um Waren in Commons zu überführen und Commoning auszuweiten. Doch letztlich sind sie alle beschränkt, sind nicht unendlich skalierbar oder verallgemeinerbar. Über sie können wir uns nicht Schritt für Schritt den stofflichen Reichtum aneignen und ihn commonisieren. Denn letztlich scheitern wir an der Macht des kapitalistischen Staates, der das Recht auf Privateigentum durchsetzen wird. Wir können ihm zwar etwas abringen, aber er wird nicht den Ast der Kapitalakkumulation absägen, auf dem er selbst sitzt.

Deshalb nehmen wir an, dass es neben der schrittweisen Aneignung einen Moment braucht, in dem sich die Bewegung aus Aneignung und Commonisierung intensiviert. Oder auch: einen revolutionären Bruch.

Revolutionen werden von Historiker:innen und staatsfixierten Revolutionär:innen gerne als singuläres Ereignis, nämlich als die Eroberung der Staatsmacht gesehen. Wenn wir aber nicht lediglich die politische Führung auswechseln, sondern die Gesellschaftsform verändern wollen, dann brauchen wir ein anderes Verständnis von Revolution. Revolution ist für uns dann ein Prozess der Veränderung gesellschaftlicher «Beziehungsweisen»[117]. In diesem Sinne kann der gesamte Prozess der Transformation als Revolution beschrieben werden. Im engeren Sinne – als revolutionären Bruch – beschreiben wir damit aber den Teil des

117 Adamczak 2017

Prozesses, in dem diese Veränderung an Geschwindigkeit gewinnt, in dem nicht nur schrittweise mehr Commons gebildet werden, sondern in dem die gesamtgesellschaftliche Vermittlung über Commoning organisiert wird. Dies entspricht dem Begriff des Dominanzwechsels: Die bisherige Keimform wird dominant und beginnt, die Gesellschaft zu strukturieren.

Es braucht diese Zeit der größeren Geschwindigkeit, «um die Schwerkräfte der alten Gesellschaft als Gewohnheit außer Kraft zu setzen»[118]. Denn solange die gesellschaftliche Vermittlung über den Markt geschieht, wird es auch nach einer Fabrikbesetzung nahegelegter sein, die produzierten Güter als Waren auf dem Markt zu verkaufen, anstatt sie frei herauszugeben bzw. bedürfnisgerecht zu verteilen.

Um diese Beschränkung zu überwinden, braucht es den Bruch. Die Änderung der Vermittlung, die im Bruch geschieht, setzt voraus, dass die wesentlichen Produktionsmittel – bei denen gerade die Commonisierung vor dem Bruch sehr schwierig ist – enteignet und unter die Kontrolle der commonisierenden Bewegung gebracht werden. Denn nur wenn sie nicht mehr Privateigentum der kapitalistischen Klasse, die von der bestehenden Vermittlungsform über Geld profitiert, sind, bietet sich überhaupt die Möglichkeit, die Vermittlungsform zu ändern. Es braucht also eine Welle von ungehorsamen Aneignungen innerhalb von relativ kurzer Zeit. Durch die Gleichzeitigkeit dieser Aneignungen wäre der Staat schier überfordert mit ihrer Bekämpfung. Zugleich würde die Commonisierungswelle dem Staat seine Grundlage entziehen. Dadurch, dass sie die Versorgung der Menschen jenseits von Geld sicherstellen würde und dadurch Geld keine Funktion mehr hätte, könnte der Staat seine Soldat:innen und Polizist:innen nicht versorgen und hätte ihnen wenig zu bieten. Sie hätten gute Gründe zur Commonisierungsbewegung überzulaufen – auch wenn dies nicht zwingend bedeutet, dass sie es auch tun. Auf die Schwierigkeiten dabei gehen wir im übernächsten Kapitel näher ein.

Für dieses Überlaufen ist aber nicht nur die Aneignung von Ressourcen entscheidend, sondern vor allem, dass sie frei oder bedürfnisorientiert zur Verfügung gestellt werden, das heißt neue Formen der solidarischen Vermittlung entstehen. Diese Vermittlung müsste tendenziell alle einschließen, die sich der

118 Ebd., S. 89

Aneignungsbewegung anschließen – und schließlich die ganze Gesellschaft. Die *Freundinnen und Freunde der Klassenlosen Gesellschaft* drücken das so aus:

«Vorstellbar ist der Übergang in die Commune daher nur als *wilde Bewegung der Besetzungen*, die sich allem bemächtigt, was für sie von Nutzen ist – Wohnraum, öffentliche Gebäude, Betriebe, Ländereien, Transportmittel –, oder aber blockiert und sabotiert, was stillgelegt werden muss. Entscheidend wäre, das Eroberte sofort zur Ausweitung der Bewegung zu nutzen, ohne die alles wieder in sich zusammenfallen würde. Güter müssten einfach verteilt, Dienste wie medizinische Versorgung und öffentlicher Verkehr ebenfalls kostenlos bereitstehen; das Geld würde nicht wie im sowjetischen Kriegskommunismus per Dekret ‹abgeschafft›, sondern überflüssig».[119]

Eine solche «wilde Bewegung der Besetzungen», die Geld dauerhaft überflüssig machte, hat es bislang nicht gegeben. Massenhafte Aneignung in zahlreichen revolutionären Bewegungen hingegen schon. 1917 eigneten sich Arbeiter:innen in Russland Fabriken an, Bäuer:innen enteigneten feudales Land und es wurden Räte gebildet. 1936 gab es in Spanien im Rahmen eines Generalstreiks, der der Abwehr des faschistischen Putsches von General Franco galt, ähnliche Besetzungs- und Aneignungsbewegungen. Auch in jüngeren Aufständen geschah Ähnliches, etwa 1994 als die Zapatistas im Bundesstaat Chiapas in Mexiko einen Aufstand wagten und Land von Großgrundbesitzern enteigneten.

Diese Aneignungswellen hatten commonisierende Momente, manche mehr, manche weniger. Wir können hier nicht erläutern, warum sie Commonisierung nicht verstetigen konnten. Wir führen sie vor allem auf, um zu zeigen, dass diese Aneignungswellen kein Wunschtraum sind, sondern immer wieder historische Realität waren.

Die Aufgabe einer Bewegung der Commonisierung, unsere Aufgabe, liegt also darin, diese Aneignungswellen zu schaffen, auszuweiten und zu nutzen, um nicht nur zu enteignen, sondern auch zu vergesellschaften, zu commonisieren.

Bedingung für massenhafte Aneignungsbewegungen war stets eine krisenhafte Entwicklung der Gesellschaft, in der die Dring-

119 Freundinnen und Freunde der klassenlosen Gesellschaft 2018

lichkeit von Veränderung mit ihrer Möglichkeit zusammenfiel. In Russland war dies der Erste Weltkrieg und die dadurch ausgelösten Hungersnöte, in Spanien der Putsch Francos und in Chiapas das Inkrafttreten des Freihandelsabkommens mit den USA und Kanada. Durch das Freihandelsabkommen wurden die Ejidos, Land-Commons, die in der mexikanischen Revolution zu Beginn des 20. Jahrhunderts erkämpft worden waren, bedroht. Inwiefern gesellschaftliche Krisenentwicklungen Gelegenheiten für revolutionäre Veränderung bieten, werden wir im nächsten Kapitel diskutieren und im übernächsten widmen wir uns der Frage, wie sich im Rahmen von Aneignungsbewegungen auch die gesellschaftliche Vermittlung ändern kann.

Auch wenn eine Aneignungswelle so groß sein kann, dass sie die staatliche Gewalt überfordert, bedeutet das nicht, dass sie dann nicht mehr mit Gewalt konfrontiert ist. Die Russische Revolution musste sich unter Bedingungen eines blutigen Bürgerkriegs gegen Zaristen entwickeln. In Spanien wurden die Anarchist:innen von den Faschisten besiegt. Die Autonomie in Chiapas wird ständig bedroht vom mexikanischen Militär und paramilitärischen Einheiten. Das heißt, auch eine massenhafte Aneigungsbewegung, muss die Commons, die sie schafft, irgendwie verteidigen.

Auf die Gefahr von Gewalt und Konterrevolution gehen wir im übernächsten Kapitel ein. Auf die Frage nach den Momenten, in denen die Dringlichkeit der Veränderung mit ihrer Möglichkeit zusammentreffen, gehen wir ein im nächsten Kapitel.

Wir halten es also für unwahrscheinlich, dass sich ohne einen solchen revolutionären Bruch – im Sinne einer massenhaften Aneignungs- und Commonisierungswelle innerhalb von relativ kurzer Zeit – eine solidarische Gesellschaft durchsetzen kann. Jedoch kann auch in einer revolutionär-bruchhaften Aneignung keine neue Gesellschaftsform aus dem Nichts geschaffen werden. Es kann sich nur verallgemeinern, was vorher in Keimform bereits vorhanden war, die Erfahrungen der Menschen geprägt und ihren Vorstellungsraum erweitert hat. Solidarische Vermittlung entwickelt sich vor allem da, wo Menschen schon solidarische Beziehungen zueinander gepflegt haben und vielleicht schon gemeinsam gegen das Kapital gekämpft haben. Auf diese organisatorischen Zusammenhänge würde also zurückgegriffen werden.

Deshalb ist auch die Konstruktion vor dem Bruch wichtig, die sich durch die verschiedenen Formen der Aneignung, sei es durch Reste verwerten, Kaufen, über Reformen enteignen oder durch direkte Aktionen, beschränkt ausbreiten kann. Dabei können diese Wege auch zusammengehen und sich ergänzen. So wäre es vorstellbar, innerhalb einer Kampagne für die Enteignung von Wohnungskonzernen auch Häuser zu besetzen, um der Forderung Nachdruck zu verleihen. Wichtig scheint uns, dass wir bei all diesen Formen der Aneignung nicht aus dem Blick verlieren, dass sie uns für sich genommen noch nicht in die solidarische Gesellschaft bringen, sie aber den Bruch in die solidarische Gesellschaft vorbereiten können.

9. Krisen und Gelegenheiten

Es gibt Momente, in denen es scheint, als sei die Schwerkraft des Bestehenden plötzlich verschwunden. Momente, in denen Dinge, die vorher unmöglich schienen, möglich werden. Momente, in denen wir plötzlich keine Plena mit denselben zehn Leuten mehr machen, sondern mit hunderten. Momente, in denen wir plötzlich merken, wie viele wir sind. Weil es scheint, als wäre etwas übergekocht, als hätte der letzte Tropfen auf den heißen Stein den Stein erkalten lassen, uns plötzlich nicht nur unmissverständlich klargemacht, dass es so nicht weitergehen kann, sondern auch, dass wir gemeinsam Veränderung schaffen können, in einer Welt, die in Flammen steht. In diesem Kapitel versuchen wir die Unmöglichkeit: Die schwerelosen Momente zu fassen.

Im letzten Kapitel haben wir festgestellt, dass wir uns nicht in Ruhe immer mehr aneignen können, bis uns die ganze Welt gehört und wir gemeinsam und solidarisch über alles verfügen können. Der Staat wird das nicht zulassen und Privateigentum schützen. Wir werden Probleme haben, andere Formen der Vermittlung neben dem Markt her aufzubauen.

Den Übergang in eine strukturell solidarische Gesellschaft müssen wir stattdessen als einen Bruch denken, als einen Zeitraum, in dem wir uns in relativ beschränkter Zeit die Produktionsmittel aneignen und mit ihnen, gemeinsam mit einem großen Teil der Menschen, eine andere Form aufbauen, um zu produzieren, was wir brauchen, und es zu verteilen.

All die Rebellionen, all die Versuche in dem Bestehenden etwas anderes aufzubauen, all die Handlungen gegen und über den Kapitalismus hinaus, die wir uns in den letzten Kapiteln angeschaut haben, haben uns beim Schreiben begleitet und uns Hoffnung gegeben. Die Einsicht, dass ein solcher Bruch notwendig ist, hinterlässt hingegen ein Gefühl der Ohnmacht. Er scheint unbestimmbar weit, als wären wir allein auf hoher See und drohen zu verdursten, vielleicht kommt Land, vielleicht kommt es nicht. Wie darauf hinarbeiten, dass ein solcher Bruch möglich wird?

9.1 Kleinere Brüche, die den großen Bruch vorbereiten

Holloway benutzt das Bild einer Eisdecke[120]: Die unzähligen widerständigen Handlungen sind Haarrisse in der Eisdecke. All diese Haarrisse können zu Brüchen, zu sichtbaren Rissen im Eis führen, vielleicht bricht sogar eine Scholle heraus. Die Eisdecke ist jetzt schon sichtbar brüchig geworden und diese tiefen Risse wachsen aufeinander zu, bereiten den Moment vor, in dem die ganze Eisdecke aufbricht, schmilzt, verschwindet und unter ihr die neue Welt sichtbar wird, die dort im Schlafe lag.

Es gibt also auf dem Weg zu diesem großen Bruch, den wir nach der Keimformtheorie Dominanzwechsel nennen, kleinere Brüche. Diese mögen uns im Moment euphorisch stimmen und dann niedergeschlagen zurücklassen, weil es scheint, als hätte das Bestehende wieder gesiegt, als wäre die Scholle zwar kurz herausgebrochen, aber nur, um dann wieder festzufrieren. Aber gleichzeitig können diese kleineren Brüche den großen Bruch mit dem globalen Elend des Kapitalismus, der Gesellschaft der Trennungen, vorbereiten. Denn zum einen hinterlassen sie Spuren. Sie verändern Kräfteverhältnisse, verändern die Art, wie wir über die Welt nachdenken und sie ermöglichen Aneignungen und Aufbauprozesse. Alles, was wir in den bisherigen Kapiteln skizziert haben, der Aufbau von Commons, die Dynamik sozialer Bewegungen, Kämpfe um Commonisierung und um Aneignung verlaufen nie einfach nur linear. Vielmehr gibt es Momente, in denen sie aufflammen, wie wenn ein Windstoß die Glut erfasst und sie zum Feuer wird. Brüche, in denen sie eskalieren und sich ausweiten. In denen sie, auch wenn sie noch nicht die gesamte Gesellschaft erfassen und umformen, doch deutlich sichtbare Spuren in ihr hinterlassen. Und zum anderen können wir, wenn wir diese kleineren Brüche betrachten, vielleicht Rückschlüsse daraus ziehen, wie wir uns einen großen Bruch, einen gesamtgesellschaftlichen Dominanzwechsel vorstellen können. Wir können erforschen, welche Bedingungen Brüche ermöglichen und welche Dynamiken daraus entstehen können und wie wir uns auf sie vorbereiten müssen.

120 Holloway 2010, S. 21

Als die Polizei 2020 in den USA Georg Floyd, einen Schwarzen Mann, erschoss, kam es zu den größten Protesten, die es je in den USA gab. Neben Demonstrationen und Riots wurde sich auch öffentlicher Raum angeeignet und die Forderung der Abschaffung der Polizei mit polizeifreien Zonen praktisch umgesetzt. Und der Funken verbreitete sich als Lauffeuer. Black-Lives-Matter-Proteste eroberten die Straßen der Welt.

In den USA werden jährlich ca. 1000 Menschen von der Polizei umgebracht. Schwarze sind davon – gemessen am Bevölkerungsanteil – mehr als doppelt so oft betroffen wie *Weiße*[121]. Rassistische Polizeigewalt ist also Normalität. Warum genau dieser Mord ein Aufbegehren, das die rassistischen Grundfesten dieser Gesellschaft zum Erzittern gebracht hat, hervorgebracht hat, lässt sich nicht genau sagen. Dass die Zeit dafür reif war, liegt nicht nur an den Zumutungen, die rassifizierte Menschen in den USA und auf der ganzen Welt tagtäglich erleben müssen, sondern auch an ihren vorherigen Versuchen, sich gegen sie zu wehren. Alle Proteste gegen rassistische Polizeigewalt vor dem Mord an Georg Floyd haben, auch wenn sie nicht zu einem weltweiten Aufbegehren geführt haben, vorbereitet, dass sich an diesem Mord das Empören, das Entsetzen, die Wut bricht. Die antirassistische Bewegung hat die schreckliche Gelegenheit des Mordes an Georg Floyd genutzt und zugleich selbst dafür gesorgt, dass die Zeit reif war, dies zu tun.

Nun, einige Jahre später, scheint das Feuer erstickt. Das rassistische Morden geht weiter. Anti-Rassismus hat Hollywood-Filme und Netflix-Serien erreicht. Aber die Polizei ist nicht abgeschafft. Die soziale Ungleichheit zwischen Schwarzen und *weißen* US-Amerikaner:innen besteht weiter. Schwarze Menschen müssen weiter im öffentlichen Raum um ihr Leben fürchten. Der Riss, der sich aufgetan hat in der Eisdecke festgefrorener Gewalt scheint sich wieder geschlossen zu haben. Ein Zeitfenster ist vorbei. Während 2020 kurz alles möglich schien, scheinen die Verhältnisse jetzt wieder unverrückbar.

Doch auch, wenn es scheint, als hätte die Eisdecke sich wieder geschlossen, bleibt sie nicht unverändert zurück. Wir bleiben nach solchen Erschütterungen nicht unverändert zurück.

121 Washington Post 2023. Für Deutschland finden sich keine verlässlichen Zahlen, aber auch hier sind rassistische Polizeigewalt bis hin zum Mord an der Tagesordnung, wie die Fälle von Oury Jalloh 2005 oder Mouhamed Dramé 2022 zeigen. Siehe https://justice4mouhamed.org

Millionen Menschen haben nicht nur verstanden, dass Rassismus bittere Realität ist und bekämpft werden muss, sondern auch, wie stark wir sein können, wenn wir uns kollektiv dagegen wehren. Die Polizei besteht weiter und sie mordet weiter. Und das wird sie wohl auch, solange wir nicht mit der Eigentumsform brechen. Und mit der Marktwirtschaft, die rassistisch strukturiert ist. Aber mit all den Protesten, die aufflammen und dann erstickt oder befriedet werden, wächst die Erfahrung. Menschen erfahren, dass auch mehr Repräsentation, dass auch ein Schwarzer Präsident, keine Gerechtigkeit schaffen kann in einem rassistischen System. All die Organisationserfahrung, alles, was in diesen Protesten gelernt wurde und die Solidarität, die in ihnen gewachsen ist, verschwinden nicht, wenn die großen Protestwellen abflauen. Sie sind der Stoff, aus dem die nächsten Wellen, die nächsten Brüche entstehen.

Solche Brüche können auch beinhalten, dass sich schubweise Produktionsmittel angeeignet werden, wie in Argentinien Anfang der 2000er. Als eine Wirtschaftskrise für viele den Arbeitsplatz und die Existenz bedrohte, besetzten Arbeiter:innen massenhaft ihre von der Schließung bedrohten Fabriken. Selbstverwaltet produzierten sie weiter und bauten solidarische Beziehungen untereinander auf. Auch solche Aneignungswellen können das Brechen mit dem Kapitalismus vorbereiten. Die Arbeiter:innen in den Fabriken stehen allerdings vor der Herausforderung, neue Formen der Vermittlung zu etablieren, damit die Konkurrenz auf dem Markt nicht dazu führt, dass sie entweder in ihr untergehen oder sie sich ihrem Kommando anpassen müssen und letztlich gar nicht so viel anders arbeiten können als vorher – wie wir bereits in Kapitel 5 diskutiert haben. Aber je größer diese Aneignungswellen sind, je besser die besetzten Fabriken untereinander organisiert sind und je mehr sie in eine kämpferische Bewegung, die sie mit der restlichen Bevölkerung verbindet, eingebettet sind, desto wahrscheinlicher wird es, dass sie Vermittlungsformen schaffen, die untereinander solidarisch sind und so kollektiv den Marktdruck von außen abfedern können. Hilfreich wären auch zeitlich näher aneinander folgende Aneingnungswellen, bei der sich neue Besetzungen schon bestehenden Kooperationsstrukturen anschließen und von ihnen lernen können. Hilfreich wäre auch eine transnationale Verbindung zurückeroberter Produktionsmittel entlang der

Lieferketten, die eine transnationale Gleichzeitigkeit von Aneignung voraussetzen.

Auch linke Regierungen können Teil solcher Brüche sein und Bedingungen für eine schubweise Commonisierung verbessern. So wurde in Venezuela der Aufbau von Selbstorganisation in Nachbarschaften oder in der Produktion von Chávez' Regierung unterstützt. Allerdings hört auch ein Staat unter linker Regierung nicht auf, ein Staat zu sein, und kann nicht mit der Logik von Staatlichkeit brechen. So wurde Selbstorganisation zwar in vielen Bereichen unterstützt, aber in den Schlüsselbereichen die staatliche Kontrolle ausgeweitet.[122] Auch in Allendes Chile wurden Land- und Fabrikbesetzungen gegen den Willen der Regierung von den Arbeiter:innen durchgesetzt. Allende fiel die schwierige Aufgabe zu, die sozialen Errungenschaften und die Arbeiterselbstorganisation zu vermitteln mit diplomatischen Außenbeziehungen und den Interessen der ehemals Privilegierten. Eine unmögliche Aufgabe, wie sich in dem Militärputsch 1973 zeigte. Dieser Militärputsch wurde auch durch die CIA mit geplant und finanziert. Und er wurde zum Teil von den Militärs und der Christdemokratischen Partei durchgeführt, die Allende versuchte, an der Macht zu beteiligen, um sie nicht gegen das sozialistische Projekt aufzubringen.

Der Spielraum linker Regierungen, Commonisierungsbewegungen zu unterstützen, ist so eingeschränkt, wie es der Handlungsspielraum von Staaten nun mal ist, auch durch die Bedrohung durch andere Nationalstaaten. Und dennoch können diese Spielräume genutzt werden für kleinere Brüche, die sowohl Erfahrungen als auch materielle Strukturen hinterlassen.

Brüche mit dem Alltäglichen bereiten also vor, dass das Kapitalverhältnis zerbricht und eine Gesellschaft der strukturellen Solidarität sich ausbreiten kann. Indem Bewusstsein über die Zustände und Solidarität aufgebaut wird. Indem der Weg geebnet wird, sich nicht-rassistisch aufeinander zu beziehen. Indem sich symbolischer oder materieller Raum angeeignet wird.

Diese Brüche passieren weltweit immer wieder. Manchmal hinterlassen sie sogar dauerhafte Löcher im Eis, die uns alle wärmen, wie die zapatistische Selbstverwaltung in Chiapas. Ein

122 Exner/Kratzwald 2012, S. 121f, vgl. Azzellini 2018, S. 88,

weltweiter Bruch mit den Verhältnissen scheint allerdings in unerreichbar weiter Ferne zu liegen.

An diesem Problem kann man auf unterschiedliche Weisen verzweifeln.

Einige lehnen sich zurück. Sie denken: Wenn der Bruch in weiter Ferne liegt, warte ich lieber hier, bis er näherkommt. Irgendwann wird der Kapitalismus schon an seinen eigenen Widersprüchen zerbrechen. Dann erst können wir etwas verändern.

Andere beharren darauf, dass die Veränderung jetzt sofort möglich sein muss. Ungeduldig rufen sie alle dazu auf, sich augenblicklich zusammenzutun und die Verhältnisse zu stürzen. Wenn wir nur genug sind, dann ist auch die Zeit reif, sagen sie, doch weil die Zeit nicht reif ist, werden wir nie genug. Und nach zwei, drei erschöpfenden Jahren verbittern sie und geben auf und schieben das Scheitern auf eine angebliche Natur des Menschen.

Wieder andere ignorieren einfach das Bruchhafte der Eisdecke, auf der wir stehen, und versuchen schrittweise, eine Reform nach der anderen, linear aufeinander aufbauend, den Kapitalismus wegzureformieren.

Ein Ausweg aus der scheinbar unvermeidlichen Verzweiflung bietet das Konzept des Kairós. Kairós ist eine andere Vorstellung von Zeit: Sie wird nicht als linear vor sich hin schreitend verstanden, sondern als bruchhaft. Es gibt historische Momente, in denen Veränderung möglich wird. Diese Momente sind aber nicht dazu determiniert, eine bestimmte Veränderung zu bringen. Sie sind Gelegenheiten, offene Türen. Sie können genutzt werden, ergriffen werden, aber auch ungenutzt verstreichen. Um in der Lage zu sein, eine Gelegenheit zu ergreifen, braucht es Vorbereitung. Kleinere Brüche, das Ausfechten von Kämpfen, die uns vielleicht nur kleine Veränderung bringen oder das Organisieren von Solidarität sind Formen, wie wir uns darauf vorbereiten, die Gelegenheit zu nutzen. Es geht also darum zu verstehen, dass nicht jede Veränderung, an der wir arbeiten, zu jedem Moment umsetzbar ist, dass wir aber trotzdem weiter an ihr arbeiten müssen, damit wir in der Lage sind, die Gelegenheit zu ergreifen und die Veränderung umzusetzen, wenn die Zeit reif ist.

9.2 Die Gelegenheit ergreifen: Kairós

Vor der Verzweiflung bewahren soll uns also Kairós[123]. Er ist im antiken Griechenland der Gott der guten Gelegenheit. Ein kleines Männchen mit Flügeln und einer lustigen Frisur: Kairós hat nur vorn am Kopf Haare, hinten ist er kahl. Denn als Gott der richtigen Gelegenheit fliegt er an uns Menschen vorbei und wer die Gelegenheit am Schopfe packen will, muss sich beeilen und den Kairós von vorn packen. Ist er einmal vorbeigeflogen, ist es zu spät. Ohne Haare am Hinterkopf ist Kairós von hinten nicht zu greifen.

Für emanzipatorische Philosophie wurde diese Denkfigur vom christlichen Sozialisten Paul Tillich in der ersten Hälfte des zwanzigsten Jahrhunderts fruchtbar gemacht. Er beschreibt damit «einzigartige Momente im zeitlichen Prozess, Momente, in denen sich etwas Einzigartiges ereignen oder vollenden kann»[124]. Was erst einmal eher religiös als materialistisch klingt, hat seinen Ursprung in den unzulänglichen Geschichtsauffassungen zu Tillichs Zeit. Orthodoxe Marxist:innen und Sozialdemokrat:innen wie Karl Kautsky sahen die Geschichte als eine Geschichte des Fortschritts, in der der Kapitalismus, angetrieben durch die Produktivkraftentwicklung, unausweichlich, Schritt für Schritt, in den Sozialismus führt.

Neben der Vorstellung, der Fortschritt münde letztlich objektiv betrachtet im Sozialismus, vertraten andere Revolutionäre wie der Anarchist Gustav Landauer eine voluntaristische Geschichtsauffassung: Die Revolution sei, unabhängig von den objektiven Entwicklungen der Geschichte, immer möglich. Relevant sei nur, ob wir sie machen oder nicht.

Gegen beide Vorstellungen richtete sich Tillich unter Bezugnahme auf den geflügelten Gott mit der Halbglatze. Damit Veränderung möglich ist, braucht es bestimmte objektive Bedingungen. Ein Beispiel dafür ist das Ende des Ersten Weltkriegs, in dem Tillich ein ungenutzten Kairós für den Sozialismus sah, der schließlich in Deutschland doch nur für die Absetzung des Kaisers genutzt wurde.

---

123 Eine umfangreiche Ausführung zur politischen Philosophie des Kairós findet sich bei Neupert-Doppler 2019

124 Tillich 1963, S. 137

Die objektiven Bedingungen, die bedeuten, dass das alte wirtschaftliche und politische System sich nicht mehr reproduzieren kann, müssen also auch richtig genutzt werden, um Veränderung zu schaffen. Hier gibt es keinen Determinismus, keinen Strom der Zeit, der in den Sozialismus führt. Stattdessen sind diese Gelegenheiten offene Türen in eine ungewisse Zukunft. Wer es schafft, diese Türen zu nutzen und so die Richtung für die Zukunft festzulegen, ist ungewiss. Es können emanzipatorische Bewegungen sein, wenn sie sich gut vorbereitet haben, aber auch konservative oder faschistische Kräfte.

Heute ist der Geschichtsdeterminismus weitestgehend passé. Der deutsche Nationalsozialismus und der Holocaust zerriss die zuvor in der Arbeiter:innenbewegung vorherrschende Zuversicht, dass die Geschichte auf ihrer Seite stehe. Revolution und Sozialismus konnten nun nicht mehr als ein Zweck, auf den die Geschichte zusteuert, als die Lokomotive der Geschichte selbst verstanden werden, sondern nur noch als «der Griff des in diesem Zuge reisenden Menschengeschlechts nach der Notbremse»[125]. Aber auch dieser Griff zur Notbremse, so nötig er wäre, erscheint vielen kaum noch als Option. Stattdessen ist schließlich, mit dem Zusammenbruch des Realsozialismus, eine Vorstellung von der Alternativlosigkeit des Bestehenden dominant geworden. Auch gegen die Vorstellung eines Endes der Geschichte und vor allem dem daraus resultierenden Stillstand kann die Denkfigur des Kairós helfen, indem sie darauf besteht, dass es keinen Stillstand der Geschichte geben kann: «Sofern postmoderne Alternativlosigkeit die moderne Fortschrittsgläubigkeit abgelöst hat, kämpft Kairologie nicht mehr gegen die Idee sicheren Fortschritts, sondern gegen rasenden Stillstand.»[126]

Dieser rasende Stillstand, der Zug, in dem die Menschheit sitzt, rast heute auf den Abgrund der Klimakatastrophe zu. Die postmoderne Alternativlosigkeit ist in eine Vorstellung von alternativlosem Untergang gemündet. Seit Regierungen vorgeben, daran zu arbeiten, die Klimakrise und andere ökologische Katastrophen abzuwenden, können alle dabei zusehen, wie sie sich verschärfen. Es ist erlebbar, dass wir, so wie unsere Wirtschaft organisiert ist, der Zerstörung keinen Einhalt gebieten können. Und da das Ende des Kapitalismus unvorstellbar

125 Benjamin 2010[1940], S. 153

126 Neupert-Doppler 2019, S. 275

scheint, scheint das Ende der Welt unabwendbar. Zugleich sinken Reallöhne beständig und der Sozialstaat wird abgebaut. In Deutschland gibt es kaum Gegenwehr dagegen, in anderen Ländern flammen immerhin immer wieder mal kurze Revolten auf. Doch es gibt keine langfristige, organisierte Gegenwehr, die Anlass für Hoffnung bieten könnte. Ökonomische Zukunftsängste wuchern und paaren sich mit der Klimaangst, verschärfte Konkurrenz und Individualisierung versperren den Blick auf das Gemeinsame.

Wie hilft uns Kairós in dieser vorherrschenden Dunkelheit, in der Vorstellung von alternativlosem Untergang?

Einerseits, indem die Denkfigur klarmacht, dass nur weil der Kapitalismus jetzt gerade nicht zu beenden ist, das nicht bedeutet, dass es keine Gelegenheiten dafür geben wird. Solche Gelegenheiten sind oft unvorhersehbar, manchmal scheinen sie loszubrechen, wenn die Revolutionär:innen am wenigsten darauf warten. So sagte Lenin einen Monat vor der Oktoberrevolution: «Wir, die Alten, werden die entscheidenden Kämpfe dieser kommenden Revolution nicht erleben.»[127] Und Erich Honecker dachte wirklich, seine «Scheiße hält ewig»[128] und prophezeite am 19. Januar 1989, dass die Mauer «in 50 und auch in 100 Jahren noch bestehen»[129] wird.

Anderseits enttarnt Kairós auch die Vorstellung der Apokalypse als eine unzulänglich lineare, in der die Geschichte in ein endgültiges Ende steuert. Statt der himmlischen Erlösung der Fortschrittsgläubigen lauert an ihrem Ende jetzt die höllische Bestrafung. Aber auch der ökologische Zerfall wird kein Knall sein, der alles, was wir kennen, beendet. Stattdessen müssen wir uns einen Zerfallsprozess vorstellen, bei dem Kipppunkte erreicht werden, also sich selbst beschleunigende Prozesse in Gang gesetzt werden, die nicht mehr rückgängig zu machen sind. In diesem Zerfallsprozess kommt es immer häufiger zu Naturkatastrophen. Diese befeuern politische und ökonomische Krisenerscheinungen. Das sind keine rosigen Aussichten, keine Zukunft, auf die wir leichtfertig hoffen sollten, denn diese Zukunft bedeutet massives Leid. Aber diese Krisenprozesse können eben auch Kairoi bieten, um Solidarität zu verallgemeinern.

127 Lenin 1917
128 KIZ/May 2015
129 Honecker 1989

Und gerade auf einem Planeten mit immer knapper werdenden Ressourcen wird es relevanter denn je, wie wir den Zugang zu diesen Ressourcen organisieren und uns versorgen. Die Realität der ökologischen Zerstörung, der bereits weit in Gang gesetzte Prozess des Zerfalls unserer Lebensgrundlage, macht also das Kämpfen um Veränderung weder unmöglich noch unwichtig. Wenn es auch bedeutet, Veränderung zu schaffen in einer Welt, die nicht mehr so ist, wie wir sie kennen, und in der vieles, was wir lieben, unwiderruflich verloren ist.

Es geht also darum, darauf vorbereitet zu sein, den Kairós zu nutzen. Sei es der, für einen Bewegungsmoment und wild um die Welt wuchernde Solidarität. Der Moment für eine bestimmte Reform, die dadurch erkämpft werden kann. Der Moment um sich Fabriken und Häuser anzueignen. Oder der für eine gesamtgesellschaftliche Verallgemeinerung von struktureller Solidarität.

Alexander Neupert-Doppler beschreibt eine Gelegenheit für Veränderung als «die Korrelation von bekannten Zielen und Mitteln mit geeigneten Umständen»[130]. Es gilt also zu untersuchen, welche Mittel und Umstände es braucht, um eine strukturell solidarische Gesellschaft aufzubauen.

Wir sind uns unsicher, wie viele Menschen dieses Ziel teilen müssen, um den Kairós zu ergreifen. Wichtig dafür, dass Menschen dieses Ziel teilen, wird sein, die Erfahrung gemacht zu haben, in Bewegungen versorgt zu werden, von Menschen, die du nicht einmal kennst und die Erfahrung gemacht zu haben, freiwillig beizutragen. Dafür ist die Konstruktion, das Aufbauen von struktureller Solidarität, so wichtig. Zugleich werden Erfahrungen theoretisch reflektiert, weshalb ein Ausweiten von Commons auch dazu führen wird, dass immer mehr Menschen den Kapitalismus als Gesellschaftsform ablehnen und bewusst das Ziel einer solidarischen Gesellschaft vertreten.

Das Mittel, um dieses Ziel zu erreichen, wäre die organisierte Handlungsfähigkeit von Bewegungen und Basisorganisationen, die sich massenhaft Produktionsmittel aneignen und eine bedürfnisorientierte Vermittlung schaffen. Dazu gehört auch die Commonisierung des Care-Bereichs, etwa durch die Kollektivierung von Care-Arbeit in Nachbarschaftsräten. Zudem müsste die Bewegung der Commonisierung wohl über Mittel ver-

130 Neupert-Doppler 2019, S. 17

fügen, um sich gegen Angriffe zu verteidigen. Sie müsste sich gegen Versuche, das Alte wiederherzustellen oder neue Herrschaftsverhältnisse einzuführen, wehren und verhindern, dass die Produktionsmittel in die Hände faschistischer Banden kommen. Die Frage nach Gewalt und Verteidigung im und nach dem Bruch ist eine schwere, zermürbende Frage, sie hat uns schlaflose Nächte und aufreibende Diskussionen beschert. Die unbefriedigenden Erkenntnisse, die wir daraus gewonnen haben, teilen wir im nächsten Kapitel.

Was die geeigneten Umstände für ein Überschreiten des Kapitalverhältnisses hin zu einer solidarischen Gesellschaft sein könnten, behandelt der nächste Abschnitt.

9.3 Krisen als Kairói

Wie schon in Kapitel 5 behandelt, kann etwas Neues dann entstehen oder sich ausweiten, wenn das Alte nicht mehr funktioniert. Wenn unsere jetzige Gesellschaftsform also in einer Krise steckt, das heißt sich nicht ohne Weiteres reproduzieren kann, dann kann das bedeuten, dass die Umstände geeignet sind, dass etwas Neues entstehen kann. Solche Krisen haben immer objektive und subjektive Faktoren.

Objektiv ist das System in der Krise, wenn es sich nicht mehr reproduzieren kann, das heißt, dass es in sich nicht mehr funktioniert. Das wäre eine absolute Krise. Von Krisen können wir aber auch schon sprechen, wenn die Funktionsweise ins Stocken gerät, wenn das System nach neuen Wegen suchen muss, um sich zu reproduzieren. Auch dies sind objektive Faktoren eines Krisenprozesses. In Kapitel 5 hatten wir das Beispiel eines schimmeligen Zimmers, aus dem wir aber erst ausziehen, wenn wir ein neues gefunden haben. Der Schimmel und der Verkehrslärm sind die objektiven Faktoren dieser Krise. Die reichen allerdings noch nicht, um sicher sagen zu können, dass du ausziehen wirst. Das wäre vielleicht gegeben, wenn das Zimmer zusätzlich noch abbrennt, es also gar kein Zimmer mehr gibt, in dem du weiterwohnen könntest. Vorher wäre für die Entscheidung, ob du ausziehst oder nicht, der subjektive Faktor entscheidend. Mit dem subjektiven Faktor beschreiben wir die Art und Weise, wie wir uns auf die objektiven Bedingungen beziehen. Es geht um die Frage, ob wir eine Krise auch als Krise wahrnehmen, zum Beispiel, weil wir unsere Bedürfnisse nicht mehr befriedigen können. Wenn das Zimmer vor sich hinschimmelt und der Verkehrslärm nächtelang dröhnt, dann wird etwa unser Bedürfnis nach Schlaf und nach sauberer Luft verletzt. Trotzdem könnten wir noch eine Weile lang denken: «Nun, so ist das aber eben. Ein bisschen Schlaf bekomme ich ja trotzdem noch und andere Zimmer sind bestimmt auch schimmelig». Je stärker das Zimmer aber vor sich hinschimmelt und je mehr der Verkehrslärm zunimmt, desto größer wird bestimmt auch der Wille, auszuziehen. Je stärker der objektive Faktor, desto klarer wird auch der subjektive Faktor, wird die Krise als Krise erkannt. Und auch wie drastisch oder plötzlich die Verschlechterung ist, spielt eine Rolle. Wenn das Zimmer jeden Tag ein winziges bisschen mehr schimmelt, dann verdrängst du das vielleicht. Wenn aber eines Morgens die Tapete über deinem Bett herunterfällt und dahinter schwarze Flecken zum Vorschein kommen, dann ist das vielleicht der endgültige Anlass zu handeln. Spätestens wenn das Zimmer abgebrannt ist, bleibt uns nichts anderes übrig, als auszuziehen – falls wir diesen Brand überleben. Besser wäre es natürlich, vorher ausgezogen zu sein. Dafür ist aber nicht nur entscheidend, die Krise als Krise wahrzunehmen, sondern auch um Alternativen zu wissen. Wenn wir wissen, dass es auch Zimmer ohne Schimmel gibt, und es realistisch ist, dahin umziehen zu können, wird das Schimmeln zu einer unzumutbaren Zumutung.

Das schimmelige Zimmer ist natürlich nur ein Bild. Was wir uns hier eigentlich ansehen wollen, ist das gesellschaftliche System, der Kapitalismus. Bei einer Gesellschaft entscheiden nicht alle Menschen vereinzelt in ihrem Zimmer, ob es jetzt wirklich schon schlimm genug ist, zu einer anderen Gesellschaftsform rüberzuwechseln. Stattdessen ist auch der subjektive Faktor ein gesellschaftlicher, die Krisenwahrnehmung beginnt oft dann, wenn die Probleme nicht als welche gesehen werden, die einzelne betreffen, sondern ein Kollektiv. In diesem Prozess gibt es auch gesellschaftliche Kipppunkte, in denen eine bestimmte Deutung oder ein bestimmter Lösungs- und Handlungsansatz hegemonial wird und es für einzelne naheliegend wird, sich dem anzuschließen. Und je mehr Menschen sich dem anschließen, desto wahrscheinlicher und gangbarer wird auch eine Alternative.

Der Kapitalismus bringt immer wieder objektive Krisen hervor, seine Reproduktion stockt und es kommt zu Wirtschaftskrisen, in denen die Kapitalverwertung nicht mehr funktioniert. Und gleichzeitig untergräbt er seine natürlichen Bedingungen, zerstört Ökosysteme und befeuert die Klimakrise. Auf einem toten Planeten aber wird auch keine Kapitalverwertung mehr funktionieren.

Beide – ökonomische wie ökologische Krisenprozesse – sorgen auch dafür, dass wir schlechter unsere Bedürfnisse befriedigen können. Sei es dadurch, dass wir unsere natürlichen Lebensgrundlagen verlieren oder unsere Jobs und damit unsere finanzielle Sicherheit.

Anstatt auf solche Krisen zu verweisen, könnte man auch sagen, dass die kapitalistische Gegenwart für die meisten in ihr lebenden Menschen schon immer eine Krise war. Denn Bedürfnisbefriedigung war und ist für viele im Kapitalismus nie auch nur rudimentär gegeben. Dementsprechend gibt es, seit es diese Form des Wirtschaftens gibt, auch Widerstände dagegen. Doch diese Widerstände, in denen sich nicht erfüllte Bedürfnisse artikulieren, wurden immer wieder eingehegt durch eine Mischung aus Spaltung, Zugeständnissen, Ideologie und einer Vorstellung von Alternativlosigkeit. Im Globalen Norden wurden Lohnabhängige durch Massenkonsum und die imperiale Lebensweise[131] über die Zwänge hinweggetröstet, im Globalen Süden greift meist die nackte Gewalt, die Widerstände zerschlägt.

Dabei hungern, dursten, frieren und sterben wir nicht nur im Kapitalismus, wir verkümmern auch, weil wir in ihm nicht sinnvoll dazu beitragen können, in Zukunft versorgt zu sein und wir so nie sicher sein können, in Zukunft versorgt zu werden. Wir können unsere Lebenszeit nicht nutzen, um uns selbst in einer Tätigkeit zu entfalten, sondern müssen im Takt des Kapitals Waren herstellen, von denen wir getrennt sind. Und die Beziehungen zu anderen Menschen sind vergiftet, weil wir unsere Abhängigkeit als Trennung organisieren. Die Krise der Bedürfnisbefriedigung ist nicht nur eine der sinnlich-vitalen Bedürfnisse, also der Bedürfnisse nach Essen, Trinken, einem schönen Dach über dem Kopf und medizinischer Versorgung, sondern auch eine Krise der produktiven Bedürfnisse. Dieses Konzept der kri-

131 Brand/Wissen 2017

tischen Psychologin Ute Osterkamp haben wir bereits in Kapitel 2 eingeführt. Produktive Bedürfnisse haben zwei Dimensionen. Einerseits geht es um das Verlangen auch in Zukunft noch versorgt zu werden und nicht nur jetzt gerade, das zu haben, was notwendig ist, um zu überleben. Anderseits geht es auch darum, sinnvoll zu dieser Vorsorge beitragen zu können und sich in diesem Beitragen zu entfalten. In einer Gesellschaft, in der wir alle durch Arbeitsteilung miteinander verbunden sind, meine Bedürfnisbefriedigung also von deiner abhängt, geht es um das Bedürfnis, sinnvoll zur gesellschaftlichen Versorgung und Vorsorge beizutragen.

Beide Dimensionen von produktiven Bedürfnissen sind im Kapitalismus bedroht. Vorsorge ist individuell und prekär, die Finanzierung für kollektive Form der Vorsorge wie Renten- oder Krankenversicherungen ist nie ausreichend und immer bedroht. In einer Gesellschaft, in der wir selbst täglich erleben, dass wir nur was wert sind, wenn wir etwas leisten können, ist nicht nur die Angst vor Arbeitsplatzverlust und der Krisenanfälligkeit des Marktes immer präsent. Sondern auch die Angst davor, alt zu werden und nichts mehr leisten zu können. Immer düsterer sieht unsere zukünftige Versorgung allerdings vor allem aus durch die dem Kapitalismus eingeschriebene Zerstörung unserer natürlichen Lebensgrundlage.

Und sinnvoll Beitragen ist dadurch beschränkt, dass die gesellschaftliche Bedürfnisbefriedigung über Lohnarbeit organisiert ist. Zwar werden in ihr auch gesellschaftliche Bedürfnisse befriedigt. In Kapitel 7 haben wir sogar schon beschrieben, dass Arbeiter:innen ihre Arbeit dann mögen, wenn sie ihnen sinnvoll erscheint, sie also Einsicht darein haben können, warum ihre Tätigkeit notwendig ist, damit es allen und ihnen gut gehen kann. Doch dadurch, dass die Arbeit eben nicht primär der Bedürfnisbefriedigung dient, sondern der Kapitalakkumulation, und Arbeiter:innen sich diesem Zweck unterordnen (oder organisiert kämpfen) müssen, wenn sie ihre Arbeit und damit ihre Existenzgrundlage nicht verlieren wollen, ist die Sinnhaftigkeit von Arbeit immer beschränkt.

Produktive Bedürfnisse können letztlich nur befriedigt werden, wenn wir Menschen selbst über unsere Lebensbedingungen verfügen. Wenn unsere gesellschaftliche Bedürfnisbefriedigung also nicht für den fremden Zweck der Kapitalakkumulation geschieht, sondern für unsere Bedürfnisbefriedigung selbst und wir über die Mittel verfügen, sie so zu gestalten, wie es uns gut tut. Deswegen können produktive Bedürfnisse letztlich nur in einer auf Commoning basierenden, strukturell solidarischen Gesellschaft wirklich erfüllt werden. Gesellschaftsformen wie der Staatssozialismus wären vielleicht durch eine gerechtere Verteilung in der Lage, mehr Bedürfnisse an Essen, Wohnung und so weiter zu befriedigen. Aber die Tätigkeit wäre immer noch als eine dem Menschen fremde organisiert, die vor allem für den Zweck, dafür Geld zu bekommen und über dieses Geld versorgt zu werden, motiviert wäre. Doch auch die Kämpfe um die Erfüllung von produktiven Bedürfnissen können immer wieder eingehegt werden. Die 68er-Bewegung, die auch gegen die schnöde, sinnentleerte, bürokratisierte Arbeit rebelliert hat, mündete statt in einer strukturell solidarischen Gesellschaft im Neoliberalismus. Das als kollektiver Schrei artikulierte Bedürfnis nach Selbstentfaltung schallte zurück als Zwang zur Selbstoptimierung. Mehr Mitbestimmung in der Arbeit wurde verwirklicht, solange sie durch mehr Selbstausbeutung förderlich war, um in der Marktkonkurrenz zu bestehen. Das Zurückweisen von Entmenschlichung durch das Ausführen von immer gleichen Arbeitsprozessen, wurde eingehegt in eine Individualisierung aller Lebensbereiche.

Und doch lässt diese Umstrukturierung Menschen zurück, mit Ansprüchen an Selbstentfaltung und an sinnhafte Tätigkeit, die nie ganz ins Bestehende integrierbar sind und so immer wieder als Verweigerungen, als Rebellionen, darüber hinausquellen.

Wenn auch der Kapitalismus sowohl sinnlich-vitale als auch produktive Bedürfnisse nur rudimentär befriedigt, so sind für uns in diesem Kapitel gerade die Krisen interessant, in denen diese ohnehin schon prekäre Befriedigung noch weiter bedroht wird. Dies gilt sowohl für die sinnlich-vitalen Bedürfnisse, die wir weniger befriedigen können, weil wir uns etwa die Lebensmittel nicht mehr leisten können, als auch für die produktiven Bedürfnisse, die wir weniger befriedigen können, weil unsere zukünftige Versorgung bedroht ist und sich die Arbeit immer sinnentleerter anfühlt. Denn warum sollten wir noch Autos bauen, wenn wir wissen, dass damit die Klimakrise angeheizt wird? Wie können wir sinnvoll tätig sein, wenn die Sinnhaftigkeit den Notwendigkeiten der Tauschwertorientierung unterordnet wird, die sich gerade dann besonders drastisch zeigt, wenn das Unternehmen ohnehin am Kriseln ist?

Wie wir darauf reagieren, wenn wir unsere Bedürfnisse schlechter befriedigen können, kann aber auch je nach Ort und Zeit völlig unterschiedlich sein. So führte eine Erhöhung der Ticketpreise im Nahverkehr in Chile 2019 zu einer Massenbewegung gegen den Neoliberalismus, während die Inflation im Herbst 2022 in Deutschland keine nennenswerten Sozialproteste auslöste – mit Ausnahme rechter Mobilisierungen vorwiegend in Ostdeutschland.

Hier spielt eine wichtige Rolle, ob und wie die Menschen, die von der Verschlechterung betroffen sind, organisiert sind, ob es also Verbindungen zwischen ihnen gibt, die ihnen gemeinsame Handlungsfähigkeit verleihen. Es spielt auch eine Rolle, ob sie in der Vergangenheit Kämpfe gewonnen haben und dadurch überzeugt sind, dass Aktion ihre Situation verbessern kann.

Dass viele Bedürfnisse nicht befriedigt werden können, wird auch nicht unbedingt als Krise wahrgenommen und dann auch nicht als eine solche zugespitzt. Oft ist es keine Frage der absoluten Verelendung, also davon, dass absolut weniger Bedürfnisse befriedigt werden, sondern eher eine Frage relativer Verelendung, also die Frage danach, ob ein erreichter Stand der Bedürfnisbefriedigung bedroht ist oder eine andere Qualität der Bedürfnisbefriedigung greifbar und vorstellbar ist. Auch eine plötzliche Verschlechterung, statt einer schleichenden, hat mehr Sprengkraft.

So ist der subjektive Faktor, also wie wir uns auf Krisen beziehen, selbst von vielen Faktoren abhängig. Insgesamt mag es seltsam erscheinen, von subjektivem und objektivem Faktor zu sprechen. Denn es geht hier ja um gesellschaftliche Verhältnisse, Verhältnisse, die wir alle schaffen. Somit kommen auch die Krisen nicht einfach von außen auf uns herunter, so wie ein Komet, der auf die Erde einschlägt. Sondern sie sind Produkt der Art und Weise, wie wir unsere Beziehungen gesellschaftlich organisiert haben. Dadurch, dass wir dies allerdings nicht bewusst tun und der Kapitalismus ein verselbstständigter Mechanismus ist, dessen Gesetzmäßigkeiten uns als äußerliche Sachzwänge gegenübertreten, wirken auch die Krisen als unserem Tun äußerlich, als Naturkatastrophen. Und egal, wie wir sie wahrnehmen oder was wir von ihnen denken, haben sie einen objektiven Einfluss auf unsere Bedürfnisbefriedigung. In diesem Sinne können wir von objektiven Faktoren sprechen. Als Produkt gesellschaftlicher Verhältnisse sind diese jedoch auch selbst davon abhängig, wie wir uns subjektiv auf sie beziehen. Objektiver und subjektiver Faktor stehen also in einem Wechselverhältnis.

Im Folgenden werden wir uns anschauen, wie sowohl Wirtschaftskrisen als auch die ökologische Krise Kairoi bieten können für einen revolutionären Bruch mit dem Bestehenden, weil sie dazu führen, dass wir unsere Bedürfnisse, inklusive der produktiven, noch schlechter befriedigen können als ohnehin schon im Normalbetrieb des Kapitalismus.

9.3.1 Der Laden läuft nicht mehr: Wirtschaftskrisen

2008 bevölkerten plötzlich obdachlose Familien, die zuvor noch zur Mittelschicht gehört hatten, die Straßen US-amerikanischer Städte. Eine aufgeblähte Spekulationsblase auf dem Immobilienmarkt war geplatzt, zahlreiche Menschen verloren ihre über Kredit gekauften Häuser. Über den Zusammenbruch der Bank Lehman Brothers rollte die Finanz- und Wirtschaftskrise über die ganze Welt und ergriff andere Bereiche: Die Finanzmärkte stiegen auf Lebensmittelspekulation um und trieben die Nahrungspreise in die Höhe, Staaten verschuldeten sich, um die Krise aufzufangen und lasteten die Folgen in Form von Sparpolitik ihrer Bevölkerung auf. Doch weltweit regte sich auch Widerstand. Am 17. Dezember 2010 zündete sich der tunesische Gemüsehändler Mohamed Bouazizi selbst an, nachdem es ihm immer schwerer geworden war, den Lebensunterhalt für sich und seine Familie zu verdienen. Es folgten Massenaufstände, die sich auf weitere Länder Nordafrikas und des Nahen und Mittleren Osten ausbreiteten. Die Menschen nahmen sich öffentliche Plätze, demonstrierten gegen die steigenden Lebensmittelkosten und wirtschaftliche Prekarität sowie die autoritären Regime, die dieses Elend verwalteten. In Südeuropa gab es ebenfalls Proteste gegen die Sparpolitik, die den Ländern von EU, Europäischer Zentralbank und dem Internationalen Währungsfonds aufgedrückt wurde. Menschen besetzten Plätze, eigneten sich teilweise auch Häuser und Produktionsmittel an (wie die Fabrik Vio.Me) und bauten solidarische Versorgungsstrukturen auf. Auch in den USA blieben Menschen nicht untätig. Nach dem Vorbild der Besetzung des Tahrir-Platzes in Ägypten besetzten sie unter dem Motto «Occupy Wall Street» den Zucotti-Park nahe der Zentren der Finanzmarktspekulation, in der sie die Ursache für die Krise ausmachten.

Damit hatten sie zwar ein Stück weit recht, aber auch nur ein Stück weit.

Denn die Wirtschaftskrisen werden nicht einfach verursacht, weil Banker sich verzockt haben, sondern sind im Kapitalismus angelegt.

Ein Erklärungsansatz für die Krisenhaftigkeit des Kapitalismus ist, dass er sich zunehmend seiner eigenen Grundlage – der Verwertung von Arbeitskraft – beraubt.[132] Der Kapitalismus ist darauf angewiesen zu wachsen und immer mehr Investitionsmöglichkeiten zu suchen, das heißt immer mehr menschliche Arbeitskraft zu verwerten. Gleichzeitig aber drängt die Konkurrenz die einzelnen Unternehmen dazu, möglichst zu sparen und kosteneffizient zu produzieren. Daher werden immer mehr Maschinen und technische Entwicklungen eingesetzt, die zum einen billiger sind als Menschen und zum anderen auch nicht bummeln, krank oder schwanger werden oder streiken. Mit den Maschinen lässt sich dann für die Unternehmen kurzfristig mehr Profit machen, denn sie können damit billiger produzieren als die Konkurrenz. Langfristig untergräbt der Kapitalismus damit aber seine eigene Grundlage: die Verwertung menschlicher Arbeitskraft. Denn die Maschinen bekommen ja keinen Lohn und gehen nach der Arbeit nicht ins Kino oder kaufen Autos. Eine beschränkte Nachfrage trifft so auf den unbeschränkten Drang, die Produktion immer weiter auszuweiten. So bleiben die Unternehmen auf einem Haufen Zeug sitzen, das sie nicht loswerden können. Sie gehen pleite und entlassen ihre Arbeiter:innen, die dann wiederum kein Geld mehr haben, um sich die Sachen zu kaufen, die sie zum Leben brauchen. Das ist absurd, denn auf stofflicher Ebene sind die ganzen Sachen ja da. In den USA wurden so in der Krise Menschen obdachlos, während ihre Häuser nun leerstanden. Aber diese Absurdität hat im Kapitalismus System. Gleichzeitig findet der Kapitalis-

132 Ausführlicher dargelegt etwa bei Lohoff/Trenkle 2013

mus auch immer wieder Wege aus solchen Krisen heraus, etwa indem die Ausbeutung gesteigert wird oder noch nicht marktförmige Bereiche einverleibt werden. Auch die Aufblähung der Finanzmärkte ist ein solcher Ausweg und damit Folge des im Kapitalismus angelegten Krisenprozesses: Wenn in der Realwirtschaft nicht mehr genügend Kapital gewinnbringend angelegt werden kann, wird eben auf den Finanzmärkten damit spekuliert. Es wird letztlich darauf gewettet, dass es in Zukunft bessere Investitionsmöglichkeiten geben wird. Eine Wette, die immer wieder enttäuscht wird, was sich im Platzen von Finanzblasen äußert.

Dieses Kriseln der Kapitalakkumulation ist der objektive Faktor in Wirtschaftskrisen. Aber auch der ist nicht unabhängig von uns, keine Naturkatastrophe, die auf uns hereinkommt. Denn wir sind es, die die gesellschaftlichen Verhältnisse schaffen. Wir selbst stellen das Kapital her, das sich gegen uns richtet, den Reichtum, der unsere Armut schafft. Und genauso verweigern wir uns aber auch immer wieder dem Drang dieses Systems, uns immer mehr auszusaugen. Überall da, wo wir uns weigern, dem Takt der Maschine zu folgen und selbst zu Maschinen zu werden und auch überall da, wo wir höhere Löhne erkämpfen, setzen wir dem Kapital Grenzen. Denn zum einen sorgen wir damit dafür, dass unsere Arbeitskraft teurer und unpraktischer wird als die von Maschinen und befeuern damit die Dynamik, nach der das Kapital seine eigene Grundlage untergräbt. Um der Krise zu entgehen, versucht das Kapital dann wieder, uns entweder noch mehr auszubeuten oder andere Bereiche, die bisher nicht marktförmig organisiert sind, unter sein Diktat zu zwängen. Und auch hier können wir dem Kapital Grenzen setzen, indem wir uns weigern, uns weiter ausbeuten zu lassen oder indem wir die Ausbreitung des Kapitals verhindern, zum Beispiel, indem wir seinen Zugriff auf immer mehr fossile Ressourcen blockieren und sabotieren. So sind Wirtschaftskrisen also vielleicht nicht nur Resultat der Dynamik objektiv verselbstständigter Marktprozesse, sondern auch ein wenig Resultat unseres Widerstands. John Holloway drückt dies vielleicht etwas überspitzt aus, wenn er sagt: «Wir sind die Krise des Kapitals und stolz darauf!»[133]

133 Holloway 2017, ausführlicher und differenzierter entwickelt er seine Krisentheorie in «Hope in Hopeless Times» (Holloway 2022).

Prinzipiell könnten wir auch – wenn wir schon nicht stolz darauf sind – zumindest froh darum sein, wenn die Kapitalverwertung nicht mehr funktioniert. Denn für sie werden wir ausgebeutet und sie zerstört unsere Lebensgrundlagen. Aber das Tückische am Kapitalismus ist ja, dass er auch unsere Bedürfnisbefriedigung, die Herstellung von Gebrauchswert zum Zweck der Kapitalverwertung organisiert. Bricht sie zusammen oder gerät in eine Krise, dann fallen also auch Möglichkeiten weg, unsere Bedürfnisse zu befriedigen. Zum Beispiel, wenn wir arbeitslos werden und plötzlich kein Einkommen mehr haben oder wenn durch eine Inflation das Geld an Wert verliert und wir uns weniger leisten können. Die objektive Krise wird dann auch sehr eindrücklich subjektiv als Krise erfahrbar. Das kann sowohl die sinnlich-vitalen Bedürfnisse, also nach Nahrung, Wohnraum etc., betreffen, etwa wenn wir obdachlos werden oder kein Geld mehr für Lebensmittel haben. Aber auch das Erfüllen unserer produktiven Bedürfnisse verschlechtert sich sprunghaft. Unsere zukünftige Versorgung ist in Gefahr. Und durch den Verlust des Arbeitsplatzes verlieren wir vielleicht auch die Möglichkeit, etwas beizutragen.

Solche Wirtschaftskrisen werden schnell auch zu Krisen der politischen Repräsentation. Wenn Regierungen durch neoliberale Politiken die Kreditfähigkeiten ihres verschuldeten Landes erhalten oder Milliarden nutzen, um Banken zu retten, während Millionen Menschen obdachlos werden, verlieren sie an Zustimmung. Die Regierung wird immer mehr als etwas von der Bevölkerung Losgelöstes wahrgenommen. Im besten Fall wird dann deutlich, dass der Staat eben nur das kapitalistische Elend verwalten kann und wir uns stattdessen selbst organisieren müssen.

So gab es in den vergangenen Wirtschaftskrisen immer wieder ein Aufblühen von Commoning und von kämpferischen Bewegungen von unten. Dazu gehören die Fabrikbesetzungen in Argentinien Anfang der 2000er, oder die Besetzung der Vio. Me Fabrik in Thessaloniki im Rahmen der Wirtschaftskrise von 2008. Auch weitere Formen von Commons wie Suppenküchen, Hausbesetzungen oder Gemeinschaftsgärten entstanden in Griechenland. Oftmals entstehen diese Projekte aus einer unmittelbaren Notwendigkeit. Wenn du deine Bedürfnisse nicht mehr über den Markt und den Verkauf deiner Arbeitskraft befriedigen kannst, musst du neue Formen suchen. So ist es auch denkbar, dass in weiteren Krisenschüben diese Formen der Aneignung und der Konstruktion zunehmen werden. Vielleicht so stark, dass sie nicht nur die Nischen vergrößern, in denen das Überleben im Elend einfacher wird, sondern dass sie sich den gesamten gesellschaftlichen Reichtum aneignen und in eine solidarische Form überführen, den Kapitalismus überwinden können.

Je stärker die objektive Krisenentwicklung wird, desto klarer wird auch auf der subjektiven Seite, dass es andere Formen des Sich-Aufeinander-Beziehens braucht. Wenn etwa das Geld nichts mehr wert ist oder schlichtweg keins mehr aus den Bankautomaten kommt, läge es auf der Hand, dass der gesellschaftliche Fluss des Tuns nicht mehr über Geld organisiert werden kann. Aber selbst vor so einem totalen Crash könnte dies nahegelegt sein, wenn immer weniger Leute genug Geld zum Leben haben. Dabei geht es nicht um absolute Verelendung. Es gibt nicht ein Level an Armut, das Menschen aufbegehren läßt. Aber die plötzliche Verschlechterung des Lebensstandards und das gleichzeitige Zusammenbrechen von Fortschrittserzählungen, von glaubhaften Versprechen, es würde in Zukunft besser werden, befeuern ein Aufbegehren.

Gleichzeitig könnten Kampfformen entstehen, die die Krise selbst weiter befeuern.

Noch größere Zumutungen auf der Arbeit oder der Abbau des Sozialstaats könnten zu Streiks führen. Wenn solche Streiks Massen ergreifen und zu einem Generalstreik werden, der sich möglicherweise auch noch über eine längere Zeit hinzieht, könnte damit die Kapitalverwertung zum Erliegen gebracht werden. So stehen subjektiver und objektiver Faktor auch in den Reaktionen auf die Krise in einem Wechselverhältnis. Wie wir in der Krise handeln, kann die Krise zuspitzen. Und so vielleicht bessere Bedingungen für Commonisierung schaffen.

Doch sind solidarische Antworten nicht die einzig möglichen. In den vergangenen Krisen sahen wir nicht nur ein Erstarken von linken Bewegungen, die die Solidarität ausweiten wollten, sondern auch von rechten, die das schlechte Ganze beibehalten, aber die Krümel davon wenigstens für die jeweilige Volksgemeinschaft sichern wollten. Im Herbst 2022 waren es rechte

Kräfte, die zumindest in Ostdeutschland mit ihren Protesten gegen die Inflation deutlich mehr Menschen mobilisieren konnten als linke. In Griechenland gewann in der Staatsschuldenkrise die faschistische Goldene Morgenröte an Zulauf. In Nordafrika und dem Nahen Osten brachten die Aufstände teilweise islamistische Regierungen an die Macht. Und auf die Wirtschaftskrise in den 1920er-Jahren folgte keine solidarische Gesellschaft, sondern der Nationalsozialismus. Eine wichtige Rolle spielt hierbei auch der Antisemitismus. Krisen und Zerwürfnisse werden darin als Resultat einer jüdischen Verschwörung, die die Finanzmärkte kontrolliert, imaginiert. Die Wut richtet sich dann nicht gegen die marktförmige Organisierung der Gesellschaft, sondern gegen Jüdinnen und Juden. Abgeschwächte Versionen eines solchen Verschwörungsdenkens, das das Problem in persönlichen Charaktereigenschaften vermeintlicher Eliten wittert, finden sich in allen Teilen der Gesellschaft. Auch linke Krisenproteste richteten sich bisweilen gegen «gierige Banker» anstatt gegen das System. Auch wenn solche Erzählungen nicht zwingend antisemitisch sind, bieten sie doch Anknüpfungen an antisemitische Weltbilder. In rechten Krisenantworten wird dies verknüpft mit dem Versuch, männliche und *weiße* Privilegien zu sichern und sich abzuschotten gegen alle vermeintlichen Fremden. Anstatt über den gesellschaftlichen Reichtum in solidarischer Verbundenheit mit allen zu verfügen, wird versucht, ihn für das eigene imaginierte nationale oder religiöse Kollektiv zu sichern.

Aber auch ohne diese rechten Krisenantworten führt eine Wirtschaftskrise nicht automatisch in die solidarische Gesellschaft. Immer wieder gelingt es Staaten, die Krisen mit einer Mischung aus Repression und Befriedungen zu managen und das schlechte Alte in ähnlicher Form weiterzuführen. Eine Krux besteht auch darin, dass die Auswirkungen sich zwischen verschiedenen Staaten sehr unterschiedlich zeigen können. So konnte Deutschland aus der Wirtschaftskrise als Krisengewinner hervorgehen, zulasten von Südeuropa. Die Krisenproteste, die es hierzulande gab, wie die des Bündnisses Blockupy, waren deshalb eher Solidaritätsbekundungen mit den Menschen in Südeuropa und konnten keine wirkliche Massenwirkung entfalten.

Zudem sind auch staatssozialistische Antworten zur Krisenlösung denkbar. Sie könnten zwar den Markt und seine Krisenhaftigkeit überwinden. Dafür aber würden Lohnarbeit und Fremdbestimmung, möglicherweise unter autoritäreren Vorzeichen, fortgeführt.

Es kann deshalb nicht darum gehen, einfach abzuwarten, bis der Kapitalismus zusammenbricht und wir eine bessere Gesellschaft schaffen können. Zum einen, weil eben auch diese anderen Antworten alle möglich sind. Und das bedeuten kann, dass wir in einer faschistischen, statt in einer solidarischen Gesellschaft enden. Es geht also nie darum, «auf die Krise zu warten», sondern darum, uns vorzubereiten, unsere Handlungsfähigkeit kollektiv zu organisieren und Keimformen aufzubauen, in denen Solidarität erfahrbar wird. Somit könnte in Krisenmomenten die Verallgemeinerung von Solidarität stärker nahegelegt sein, als Ausschluss und Autoritarisierung.

Zum anderen aber wird immer deutlicher, dass der Kapitalismus unser aller Lebensgrundlagen beraubt, möglicherweise bevor die Krise der Kapitalverwertung groß genug ist, um einen Kairós zu bieten. Der Moment, in dem auf einem gänzlich zerstörten Planeten die Bewegung von Kapital zu mehr Kapital endlich zum Erliegen kommt, kann keine gute Gelegenheit für eine Gesellschaft sein, in der es um die Befriedigung unserer Bedürfnisse geht. Deshalb wollen wir nun untersuchen, inwiefern die Klimakrise einen Kairós fürs Erreichen einer strukturell solidarischen Gesellschaft sein kann.

9.3.2 *Und er macht auch noch alles kaputt: ökologische Krisen*

«Wasser ist Leben und Leben verteidigt man», rufen Aktivist:innen im Bundesstaat Puebla in Mexiko. Sie kämpfen ums Wasser, das hier von dem multinationalen Konzern Danone seit Jahren abgepumpt, in Flaschen abgefüllt und verkauft wird. Was dazu führte, dass die gesamte Region trocken und staubig wurde, die Obstbäume, von deren Bewirtschaftung die Menschen lebten, vertrockneten und Quellen und Flüsse versiegten. Die Klimakrise verschärft die Dürre noch. Die Menschen aus der Region Cholulteca verarmen. So sind sie auch nicht in der Lage, das abgefüllte Wasser von Danone zu kaufen, denn jetzt, wo das Wasser nicht mehr aus ihren Brunnen und Quellen kommt, hat es einen Preis.

Also tun sich die Menschen aus den Dörfern der Region zusammen und blockieren die Zufahrt zur Trinkwasserfabrik. Nachdem weder die Regierung noch Danone auf ihr Verhandlungsangebot reagiert haben, beschließen sie in einer Versammlung, die Trinkwasserfabrik zu übernehmen. Als sie in die Anlage eindringen, sitzen gerade die Chefs zusammen in Büro und essen Kuchen, um den internationalen Tag des Wassers zu feiern. Den Kuchen essen sie nicht auf, denn als die Anwohner:innen hineinkommen, rennen die Chefs aus dem Gebäude.

Eine Versammlung in der Trinkwasserfabrik wird abgehalten. Jemand macht den Vorschlag, den Brunnen zu nutzen, um selbst Wasser zu pumpen und es als Kommune zu verkaufen. Doch der Vorschlag wird schnell abgelehnt: Das ist Infrastruktur des Todes. Wir können sie nicht nutzen, um für das Leben zu kämpfen. Es wird entschieden, den Brunnen zu zerstören. Einige Tage dauert es, mit den Maschinen, die in der Trinkwasserfabrik zurückgelassen wurde, den Brunnen zu zerstören. Und einige Monate, nachdem der Wasserraub so beendet wurde, kehrt langsam das Wasser zurück in die Häuser, Flüsse, Brunnen und Quellen der Region Cholulteca.

Die Menschen kämpften also in Puebla ums Wasser und gegen die ökologische Zerstörung.

Doch für die Aktivist:innen ist das gleichbedeutend mit: Die Menschen kämpfen für das Leben. Für ihr Leben, das ihrer Familien, Nachbar:innen und Freund:innen. Und das Leben aller. Das schließt sich nicht aus, sondern bedingt sich. Die Effekte von Umweltzerstörung sind hier für die Betroffenen so direkt spürbar, bedrohen so direkt ihre Lebensgrundlage, dass eine Trennung in ökologische und soziale Fragen, wie sie im Globalen Norden oft konstruiert wird, völlig absurd erscheinen würde.

Die Menschen hatten also das Ziel, gut zu leben, was bedeutete, dass das Austrocknen ihrer Region aufhören muss. Außerdem hatten sie die Mittel, um dieses Ziel zu verwirklichen: Sie waren gut genug organisiert, um die Fabrik besetzen und die Brunnen zerstören zu können. Sogar, um diese Infrastruktur des Todes so umzunutzen, dass sie einem guten Leben diente, indem sie das Gebäude als Bibliothek, landwirtschaftliche Kooperative und Schule nutzten.

Ähnliche Mittel bräuchte es, um die solidarische Gesellschaft zu erreichen. Und damit die Klimakrise aufzuhalten, die der Kapitalismus an jedem Tag, an dem wir an diesem Buch gearbeitet haben, weiterverursacht hat.

Doch ist es vorstellbar, dass sich, um die Klimakrise aufzuhalten, eine ähnliche Korrelation von Mitteln, Zielen und Umständen ergibt?

Während wir 2018 und 2019 als Klimabewegung noch dafür kämpften, dass die Klimakrise als Problem wahrgenommen wird, und zwar als ein von Menschen verursachtes, ist das heute weit verbreiteter Konsens. Es ist fast unmöglich, im Supermarkt einzukaufen, ohne dass dir ein Produkt auf die Nase binden will, es sei besonders umweltfreundlich. Leider ist das nicht nur als Erfolg (oder Misserfolg) der Klimabewegung zu verstehen. Die Klimakrise ist erfahrbar geworden, wir können sie spüren, wenn es im Sommer zu heiß ist, um hinauszugehen. Wenn wir Landwirtschaft betreiben, versuchen wir uns an veränderte Bedingungen anzupassen. Plötzlich kennen wir Menschen, die von häufiger und heftiger werdenden Extremwetterereignissen betroffen sind, deren Zuhause vielleicht von Flutkatastrophen zerstört wurde, wie 2021 in der Eifel oder 2022 in Pakistan. Trockenheit sorgt für zunehmende Waldbrände auch in Europa und das auch nicht mehr nur im Sommer. In anderen Teilen der Welt ist der Prozess, in dem ganze Regionen unbewohnbar werden, schon viel weiter fortgeschritten. Während in unserer Grundschulzeit der Klimawandel noch wie eine entfernte Katastrophe, die vielleicht in der Zukunft drohte, wirkte und bei unseren Sorgen gleich nach der Zombieapokalypse kam, ist sie jetzt gegenwärtig und real.

Real, aber doch wie etwas, das nur abstrakt verbunden ist mit uns Menschen. Als wäre «die Welt zu retten» ein edles Ziel, dem man sich anschließen kann, weil unser Planet so schön ist. Aber man kann es genauso gut sein lassen. Als wäre dieses Retten eine Tätigkeit, die außerhalb davon stattfindet, wie wir als Gesellschaft herstellen, was wir brauchen. Als ginge es um die Wälder, die Eisbären oder den Planeten und als würde das nicht genauso bedeuten, dass es um uns geht.

Aber es geht um uns, die Klimakrise ist eine soziale Krise. Nicht nur, weil sie, wie in intersektionalen Analysen oft betont wird, bestehende Ungleichheiten verschärft. Sondern auch, weil die Frage danach, ob wir Umwelt zerstören oder nicht, eine Frage danach ist, wie wir uns als Gesellschaft organisieren, um das herzustellen, was wir brauchen.

Denn der Wachstumszwang des Kapitalismus verschlingt immer mehr Ressourcen, benötigt Energie und gewinnt diese aus fossilen Rohstoffen. Eine komplette Umstellung auf erneuerbare Energien ist angesichts dieses Energiehungers unrealistisch und zudem werden auch für erneuerbare Energie Ressourcen verbraucht und Ökosysteme zerstört. Somit untergräbt der Kapitalismus auch hier seine eigenen Grundlagen. Er muss endlos wachsen, aber die Ressourcen und die Kapazitäten der Ökosysteme sind begrenzt. Im Vergleich zur oben skizzierten Wirtschaftskrise ist hier jedoch das Problem, dass der Kapitalismus nicht nur seine eigene Grundlage untergräbt, sondern auch die stoffliche Grundlage, die wir Menschen überhaupt, auch in anderen Gesellschaften, zum Leben bräuchten. Wenn durch anhaltende Umweltzerstörung die Kapitalverwertung kollabiert, dann stehen wir nicht primär vor einem Verteilungsproblem, das wir mit Aneignung und einer neuen Vermittlungsform lösen können, sondern vor einem Versorgungsproblem. Das macht es besonders dringlich zu handeln.

Das Problem aber ist, dass es eine zeitliche und räumliche Trennung gibt zwischen der Verursachung und den Folgen. Die Klimakrise wird hauptsächlich im Globalen Norden verursacht. Die Menschen, die heute schon an ihr sterben, durch sie hungern und fliehen müssen, sind aber meist Bewohner:innen des Globalen Südens.

Zum Teil liegt das an geografischen Lagen, vor allem aber an fehlendem Geld für eine Anpassung an die Klimakrise.

«Die Ergebnisse des IPCC-Berichts klingen wie ein Albtraum, sind aber für Familien in Kenia und im Globalen Süden tägliche Realität», berichtet Susan Otieno von Action Aid Kenia. «Wir sind gezwungen, jeden Tag mit den Auswirkungen des Klimas zu leben: schwere Dürren, Wasser- und Nahrungsmittelkrisen.»[134] Währenddessen betrugen die Emissionen pro Kopf in Kenia 2015 nur 1,81 Tonnen[135], also nur etwa 20% der Emissionen in Deutschland. Schaut man sich zusätzlich noch die historischen Emissionen seit der Industrialisierung an, wird die drastische Ungleichheit im Verursachen der Klimakrise noch klarer. Zugleich

134 Brinkmann 2022

135 Wikipedia o.J.c

sind es genau diese Emissionen, die Deutschland seit der Industrialisierung emittiert hat, die sich in einer Infrastruktur und einer Vormachtstellung auf dem Weltmarkt materialisieren, die bessere Anpassungsmöglichkeiten an die Klimakrise bieten.

Dieses Problem der örtlichen Trennung wird durch rassistische Grenzziehungen zementiert. Durch *weiße* Vorherrschaft wird das von *weißen* verursachte Leid an rassifizierten Menschen normalisiert und bagatellisiert. Menschen, deren Zuhause aufgrund der Klimakrise oder durch sie mitbedingten Kriegen verlassen müssen, werden an den Grenzen Europas oder der USA sterben gelassen. Die Gewalt, mit der diese Abschottung und damit die Abschottung vor den Folgen der Krise, die wir verursacht haben, durchgeführt wird, ist nur möglich, weil es keine *weißen* Menschen sind, die sie trifft. Sondern Menschen, die rassifiziert und so entmenschlicht werden. Das weitere Verursachen der Klimakrise und ein Abschotten von den Folgen wird also durch Rassismus möglich.

Eine weitere Trennung ist die zeitliche. Die Emissionen, die wir jetzt verursachen, lösen nicht genau jetzt aus, dass es unerträglich warm wird, sondern in Zukunft. Die Vorsorge für Bedürfnisbefriedigung in der Zukunft ist aber in unserer Wirtschaftsweise nicht angelegt. Die Entscheidung, was wie produziert wird, treffen nicht wir und so können wir auch nicht unsere zukünftigen Bedürfnisse mit einbeziehen. Stattdessen wird das produziert, was jetzt gerade am profitabelsten ist. Unternehmen planen zwar in die Zukunft, allerdings isoliert und eingeschränkt durch die Konkurrenz mit anderen Unternehmen in der Gegenwart – wodurch sie nur einen eingeschränkten Zukunftshorizont berücksichtigen können.

Durch diese Trennungen betrifft die Klimakrise zumindest im Globalen Norden, wo sie verursacht wird, weniger die sinnlich-vitalen Bedürfnisse als vielmehr die produktiven. Das Bedürfnis nach Vorsorge ist gefährdet, überall, auch bei reichen Menschen im Globalen Norden. Es gibt nur, je nachdem, ob du arm oder reich bist, unterschiedlich gute Aussichten, individuell für dich vorzusorgen. Weil es ein Bedürfnis nach Vorsorge ist, also eines nach Zukunft, sind es vor allem junge Menschen, die im Globalen Norden rebellieren. Als die Schüler:innen 2019 im Rahmen von *Fridays for Future* jeden Freitag die Schule bestreikten, taten sie das auch, weil es sich sinnlos anfühlte, den normalen Schulstoff zu pauken, der sie auf ein normales Arbeitsleben vorbereiten sollte, so als ob es die Klimakrise gar nicht gäbe. Greta Thunberg hat das in ihrer berühmten Rede auf den Punkt gebracht: «Why should I be studying for a future that soon will be no more, when no one is doing anything to save that future?»[136]

Die Dimension der Nichterfüllung sinnlich-vitaler Bedürfnisse ist verlagert. Die jungen Menschen, die im Globalen Norden rebellieren, hungern nicht und haben nicht ihr Zuhause durch ein Extremwetterereignis verloren. Die Verlagerung erfolgt einerseits auf die Zukunft, wo die Emission, die wir heute verursachen, dazu führen werden, dass wir unsere Bedürfnisse nicht befriedigen können. Anderseits auf den Globalen Süden, wo die Emissionen, die der Norden verursacht, dazu führen, dass die Menschen dort ihre Bedürfnisse nicht befriedigen können. Dadurch wird der Handlungsdruck für viele Menschen im Globalen Norden weniger dringend, die Krise ist hier weniger unmittelbar als solche erlebbar. Der subjektive Faktor wird bei der Klimakrise daher wichtiger. Objektiv ist klar, dass die ökologische Krise das Ende für die menschliche Zivilisation bedeuten kann. Trotzdem muss dieser objektive Fakt vermittelt werden, damit er subjektiv als eine Krise wahrgenommen wird, gegen die wir jetzt handeln müssen.

Diese Vermittlung versucht die Klimabewegung zu schaffen, mit öffentlichkeitswirksamen Blockadeaktionen und Besetzungen, mit Großdemonstrationen und Schulstreiks. Im Laufe der 2010er-Jahre ist sie so kontinuierlich angewachsen bis zu den Großmobilisierungen von Fridays for Future 2019. Damit ist auch das Bewusstsein für die Klimakrise in der Bevölkerung gestiegen, auch wenn momentan unklar ist, wie sich dies angesichts eines rechten Backlashs gegen Klimaschutzmaßnahmen und -proteste weiterentwickeln wird.

Die Klimabewegung macht mit Besetzungen wie in Lützerath oder den zahlreichen Blockaden fossiler Infrastruktur wie zum Beispiel gegen den Bau der Dakota-Access-Pipeline immer wieder deutlich, was nötig wäre, um die Klimakrise zu lösen: Die fossilen Infrastrukturen müssen blockiert und lahmgelegt und

136 Auf deutsch: «Wieso soll ich für eine Zukunft lernen, die es bald nicht mehr geben wird, wenn niemand dafür sorgt, dass diese Zukunft auch gerettet wird?» (Thunberg 2018)

nicht neue gebaut werden. Bisher haben solche Aktionen meist eher symbolischen Charakter, aber wenn sie bei gesteigertem Krisenbewusstsein weiterer Teile der Bevölkerung Massenwirkung entfalten, könnten sie fossile Energien effektiv blockieren. Es ist aber auch klar, dass das allein nicht reicht. Denn das Problem sind ja nicht nur die fossilen Energien, sondern der Wachstumszwang des Kapitalismus an sich, der diese benötigt. Wenn wir also die Fossilen abschalten, aber trotzdem gut versorgt sein wollen, braucht es darüber hinaus Aneignungen und die Schaffung einer solidarischen gesellschaftlichen Vermittlung.

Dafür braucht es eine Verankerung der Bewegung in breiten Teilen der Bevölkerung, die über die bisherige aktivistische Bubble, den bisherigen Kreis überzeugter Klimaaktivist:innen, hinausgeht. Das haben auch viele Klimaaktivist:innen erkannt, die sich unter dem Motto «Wir fahren zusammen» mit Beschäftigten im ÖPNV vernetzen, um diese in ihren Arbeitskämpfen zu unterstützen und mit ihnen gemeinsam für den Ausbau des öffentlichen Nahverkehrs zu kämpfen. Und auch Arbeiter:innen in umweltschädlichen Branchen kämpfen bisweilen für eine ökologische Wende – oft, wenn ihre Arbeitsplätze ohnehin bedroht sind. So besetzten Arbeiter:innen eines Zulieferbetriebs für die Automobilindustrie nahe Florenz 2021 ihren Betrieb und fordern seitdem die Umstellung auf die Produktion wasserstoffbetriebener Busse – und arbeiten dabei mit der Klimabewegung zusammen.[137] Durch solche Verbindungen mit Arbeitskämpfen kann nicht nur Druck aufgebaut werden, um die Reformen in Richtung Klimaschutz, die innerhalb des Kapitalismus machbar sind, durchzusetzen. Es wird auch der Bruch vorbereitet, den es braucht, um die Klimakrise tatsächlich zu lösen. Arbeiter:innen, die die Forderung stellen, dass die Erhaltung unserer Lebensgrundlage in ihrer Arbeit eine Rolle spielen muss, stellen nicht nur eine Forderung, die im Kapitalismus nie erfüllt werden wird und so über ihn hinausreicht. Sie bereiten durch ihre Organisierung auch eine Gesellschaft vor, in der wir alle entscheiden können, wie wir tätig sind, und uns dafür entscheiden können, unsere Umwelt miteinzubeziehen.

Auch der Aufbau von Alternativen, von Commons-Projekten, in denen Güter geteilt werden (wie etwa Leihläden) oder in denen ökologische Landwirtschaft solidarisch betrieben wird,

137 Ferrari/Kaiser 2022

kann eine solche Gesellschaft mit vorbereiten. Denn in ihnen wird neben Commoning auch eine ökologische Lebens- und Produktionsweise erprobt. Wenn dies jedoch isoliert geschieht und nicht als Teil einer Bewegung, die gleichzeitig die bestehenden Strukturen der Zerstörung angreift und auf Aneignung und Umbau der Betriebe zielt, bietet es keinen Ausweg aus der Klimakrise. Denn diese Commons sind nicht nur – wie wir in den vergangenen Kapiteln zur Genüge diskutiert haben – innerhalb des Bestehenden notwendigerweise beschränkt. Sondern es ist auch absurd, kleine Inseln von ökologischen Mensch-Natur-Verhältnissen aufbauen zu wollen, wenn rundherum weiter Kohle verstromt und die Böden ausgelaugt werden. Gerade die Klimakrise spitzt unsere Abhängigkeit voneinander noch einmal zu. Es gibt keine abgeschotteten Inseln, auf der wir vor ihr fliehen können. Auch kleine Gemeinschaften, die alles, was sie brauchen, selbst produzieren, sind mit ihr konfrontiert. Eine Antwort auf sie kann also kein Entfliehen ins Kleine sein, sondern nur eine gesamtgesellschaftliche.

Mit Blockade, Streik und Aneignung sowie dem Schaffen von Commons verfügt die Klimabewegung über ein breites Areal an Mitteln, die auch für das Erreichen einer solidarischen Gesellschaft in einem Bruchmoment erforderlich wären. Doch aufgrund der oben diskutieren zeitlichen und räumlichen Trennungen leitet sich aus dem objektiven Faktor der Klimakrise keineswegs eine unmittelbare Notwendigkeit des Bruchs ab. Deshalb können wir hier noch weniger als bei der Wirtschaftskrise darauf hoffen, dass der Verlauf der Krise in eine solidarische Gesellschaft mündet.

Der subjektive Faktor ist hier noch wichtiger. Dazu gehört neben dem Erkennen der Krise auch die Formulierung einer Alternative. Denn um eine Gelegenheit als Kairós nutzen zu können, braucht es eben nicht nur die geeigneten Umstände, eine Krise, die auch als Krise erkannt wird, und Mittel, mit denen Veränderung erstritten werden kann, sondern das Ziel muss auch bekannt sein. Das Ziel großer Teile der jungen Klimabewegung im Globalen Norden, von Fridays for Future zur Letzten Generation ist ein einfaches: Wir streiken – bzw. blockieren –, bis ihr handelt. Die Regierung soll endlich Verantwortung übernehmen und die Wirtschaft so regulieren, dass sie aufhört, uns zu zerstören. Doch diese Utopie einer Regierung, die den Kapitalismus so zähmt, dass er aufhört, die Umwelt zu zerstören, ist eine unerreichbare und damit eine unzulängliche. Das Ziel, um das es stattdessen gehen sollte, wäre ein Bruch mit dem Kapitalismus, eine Commonisierung der ganzen Welt. In ihrem Appellieren an die Politik adressiert die Klimabewegung zumindest die Allgemeinheit, anstatt nur individuelle Verhaltensweisen zu kritisieren. Doch der Staat ist eine falsche Allgemeinheit, er ist nur der Verwalter des Elends, das wir anrichten, wenn wir unsere Beziehungen über den Markt organisieren. Im Kampf um Klimagerechtigkeit muss es darum gehen, eine neue Allgemeinheit zu schaffen, eine, in der unsere Beziehungen solidarische sind und in der wir unsere natürlichen Lebensgrundlagen erhalten und pflegen können.

Wie bei der Wirtschaftskrise kann auch die Klimakrise nicht nur solidarische, sondern auch ausschließende Antworten hervorbringen. Wenn Menschen im Globalen Süden ihre Lebensgrundlage verlieren, dann scheint es für viele Menschen im Globalen Norden sinnvoller, die Grenzen ihrer Staaten noch mehr hochzurüsten und abzuschotten, um Fluchtbewegungen zu bekämpfen, als die Klimakrise aufzuhalten. Wenn Ressourcen knapper werden, dann führt dies nicht zwingend zu einem solidarischen Umgang mit dem Mangel, sondern es nehmen auch kriegerische Konflikte um die verbleibenden Krümel zu. In den nächsten Jahren wird es wohl zunehmend wichtiger, sich gegen diese Entwicklungen zu stellen und für solidarische, klimagerechte Antworten auf die Krise zu streiten.

Dabei sollte uns auch bewusst sein, dass bereits Kipppunkte überschritten sind, dass wir die Klimakatastrophe nicht mehr vollkommen aufhalten können. Das sollte uns nicht daran hindern, die Commonisierung der Welt anzustreben. Denn die ökologische Krise ist kein plötzlicher Knall und nach diesem Knall ist alles vorbei. Sondern sie ist ein Zerfallsprozess, in dem die Frage, wie wir uns als Gesellschaft organisieren, relevanter wird denn je. Dieser Zerfallsprozess wird bedeuten, dass wir weniger haben, um uns zu versorgen, und dass für die Versorgung mit dem Wenigen mehr menschliche Arbeitskraft notwendig sein wird. Wenn wir uns unter diesen Bedingungen weiter kapitalistisch organisieren, dann wird das bedeuten, dass die wenigen Ressourcen weiter verschwendet werden, für Produktion, die nur der Vermehrung von Kapital dient. Es wird bedeuten, dass die Länder des Globalen Nordens ihre Grenzen noch tödlicher gegen Betroffene des Klimawandels verteidigen, und das wird wahrscheinlich damit einhergehen, dass diese Länder sich generell militärischer, autoritärer und rassistischer organisieren. Es wird bedeuten, dass Superreiche dringend notwendige Ressourcen horten und Arbeitskraft erpressen, um sich Bunker zu bauen und sich selbst vor Naturkatastrophen zu schützen. Diejenigen, die die Bunker gebaut haben, werden sie draußen krepieren lassen. Ob wir also Solidarität aufbauen, die sich in den Momenten, wo aufgrund der Umweltbedingungen politische und wirtschaftliche Zusammenhänge kollabieren, stückweise verallgemeinern kann, ist keine Frage, die sich auf eine entfernte Utopie beschränkt, sondern eine pragmatische danach, wie wir überleben können in der Klimakrise. Ein solidarischer Umgang mit den Umweltbedingungen, auf die wir zurasen, nämlich solche, die menschliches Leben extrem erschweren werden, wird sie für uns erträglicher machen. Eine strukturelle solidarische Gesellschaft ermöglicht also nicht bloß, aufzuhören, die Klimakrise zu verursachen, sondern ist auch die sinnvollste Art, sich in dieser Krise zu organisieren.

Oft wird sich vorgestellt, dass bei einem punktuellen Zusammenbruch menschlicher Zivilisation das Gegeneinander völlig entgleist und Menschen nur an sich und ihr nacktes Überleben denken. Prepper, die davon ausgehen, dass der Zusammenbruch kommt und weder dafür kämpfen, das zu verhindern, noch einen gesellschaftlichen Umgang damit zu finden, spitzen diese Vorstellung zu, wenn sie Wasser, Essen und Waffen horten, um allein auf einer kaputten Welt zu überleben.

Während tatsächlichen Umweltkatastrophen prägen aber nicht bewaffnete Männer, die in Camouflagekleidung auf alles schießen, was sich ihrem Bunker nähert, das Geschehen. Stattdessen bevölkern oft Menschen, die einander helfen, diese Realität.

Eine Studie kommt in den 1970ern zum Ergebnis, dass Naturkatastrophen nicht wie oft angenommen zu Chaos, Mord oder Rücksichtslosigkeit führen, sondern zu mehr «kollektiver Solidarität und Produktivität»[138]. Auch in den letzten fünfzig Jahren können wir dieses Phänomen immer wieder beob-

138 Fritz 1974, S. 323

achten. Rebecca Solnit berichtet 2009 in «A Paradise built in Hell»[139] von ähnlichen solidarischen Reaktionen auf Katastrophen auf der ganzen Welt.

Als der Hurrikan Katarina 2005 New Orleans traf und mehr als 100.000 Menschen in der überfluteten Stadt eingeschlossen waren, berichteten die US-Medien von Plünderungen, Mord und Vergewaltigungen. Diese Darstellung beruhte allerdings auf Gerüchten und nicht auf Fakten und war zudem geprägt von einem rassistischen Weltbild – der größte Teil der Bewohner:innen New Orleans waren zu dem Zeitpunkt Afroamerikaner:innen. Überlebende berichteten stattdessen von vielen Akten der spontanen Solidarität. Die Güter, die geplündert wurden, und durch das Versagen staatlicher Hilfe bitter benötigt wurden, wurden oft an die verteilt, die sie brauchten. Wer stattdessen unsolidarisch reagierte, waren die Vertreter:innen des staatlichen Gewaltmonopols: Mindestens ein Drittel der Polizei verließ ohne Erlaubnis das Stadtgebiet, in vielen Fällen klauten sie dabei ihre Dienstautos. Als nach Tagen Polizei und Militär wieder in die Stadt vordrangen, bauten sie provisorische Gefängnisse, um dort potenzielle Plünderer:innen einzusperren, anstatt die traumatisierten Überlebenden zu versorgen.[140]

Das Out-of-the-Woods-Collective bezeichnet die in solchen Situationen entstehenden Gemeinschaften als «Disaster Communities», die ihre soziale Reproduktion selbstorganisiert und jenseits von Markt und Staat organisieren[141]. Sie überdauern jedoch meist nur solange, bis die vorherrschenden gesellschaftlichen Funktionen und «Stabilität» wieder hergestellt sind, wenn also Hilfeleistungen «von oben» die Selbstorganisation überflüssig machen oder manchmal auch gezielt zerstören[142]. In Zukunft wird es immer mehr Katastrophen, also Extremwetterereignisse wie Hurrikans, Überflutungen, Dürren und dadurch verursachte Brände geben. Diese werden lokale Brüche erzeugen, in denen die Reproduktion über Markt und Staat schlicht unmöglich wird. Je häufiger diese Brüche werden, desto schlechter wird die Unterstützung der betroffenen Region durch den eigenen oder andere Staaten. Das ist eine schreckliche Aussicht,

139 Solnit 2009
140 Wikipedia o.J.d
141 Out of the Woods 2014
142 Schlemm 2020

und trotzdem könnte sie Gelegenheiten bieten, um dauerhafte Formen der solidarischen sozialen Reproduktion aufzubauen. Vor allem, weil staatliche Kontrolle fragil werden wird, wenn es häufiger und an vielen Stellen gleichzeitig brennt. Es wäre auch denkbar, dass durch von der Klimakrise verursachte Naturkatastrophen zu einem weltweiten Bruch führen, wenn durch globale Abhängigkeiten überall innerhalb eines kurzen Zeitraums die Versorgung über den Kapitalismus zusammenbricht.

Allerdings wären dann die Umweltbedingungen so schlecht, dass die freie Gesellschaft eher das Elend verwalten müsste, anstatt das menschliche Potenzial zu entfalten. Die Extremwetterereignisse selbst würden viele Menschenleben kosten. Der Lebensstandard wäre wahrscheinlich niedrig und schlechtere medizinische Versorgung würde zuerst Menschen mit Behinderung, kranke oder alte Menschen treffen und dann alle anderen.

Das Ziel sollte deshalb sein, den Kapitalismus abzuschaffen, bevor er noch weitere Zerstörungen anrichten kann. Wir sollten möglichst viele der natürlichen Lebensgrundlagen retten, hinüber in die solidarische Gesellschaft. Aber auch wenn uns das nicht gelingt – und dieses Szenario ist sehr wahrscheinlich – dann ist unser Bemühen nicht umsonst. Denn mit all dem Aufbau von Keimformen und von Bewegungen, die für solidarische Verhältnisse streiten, den wir heute betreiben, wird es auch wahrscheinlicher, dass wir in den Brüchen, die uns die Klimakatastrophe aufzwingt, Solidarität ausbreiten können.

10. Die Welt commonisieren: Der Dominanzwechsel

Stell dir vor, irgendwo beginnt es. Wahrscheinlich dort, wo es schon lange brodelt, wo es längst für viele nicht mehr tragbar, nicht mehr ertragbar war. Diese untragbare Situation hat sich in kurzer Zeit zugespitzt, sie hat sich so drastisch verschlimmert, dass nun viele merken, dass nicht zu handeln ein größeres Risiko ist als zu handeln.

Vielleicht streiken die Arbeiter:innen zuerst, die Student:innen und Schüler:innen fluten die Straßen und legen den Verkehr still. Vielleicht fluten Menschen mancherorts die Parlamente und halten dort mit Vielen Versammlungen ab. Vielleicht verschanzen sich mancherorts die Regierungen in Parlamenten oder Bunkern oder versuchen das Land zu verlassen.

Die Menschen in den Nachbarschaften beginnen Versammlungen abzuhalten, um die Proteste zu organisieren, und richten Suppenküchen und kollektive Kinderbetreuung ein, damit mehr Menschen protestieren und streiken können.

Alles steht still. Alles ist voll Leben.

Der Streik bringt die Wirtschaft, nicht nur dort, wo es beginnt, zum Erliegen. Durch Unterbrechnung von Lieferketten spitzt sich auch andernorts die Lage zu. Der Streik schwappt zuerst vorsichtig über, dann wie eine Welle, die den Deich gebrochen hat. Dadurch, dass die Arbeit niedergelegt wird, synchronisiert sich die Krise weltweit. Unsere gegenseitige Abhängigkeit wird, weil Menschen sich weigern, sie weiter als Getrenntheit zu organisieren, zur Achillesferse der Kapitalverwertung.

Und nun beginnt die eigentliche Umwälzung.[143]

In den Nachbarschaften herrscht Aufregung, weil die Güter, die es braucht, knapp werden. Es müssen dringend wieder Sachen hergestellt und verteilt werden. Viele Arbeiter:innen kehren zurück. Auf die Felder, in die Fabriken, in die Büros, auf die Containerschiffe, in die Güterzugloks und auf die Autobahnen. Zu

143 In Teilen dieser Erzählung haben wir uns vom Film «Der laute Frühling» (Schellhagen 2022) inspirieren lassen.

manchen Produktionsmitteln gibt es auch kein Zurück. Weil sie eine solche Zerstörung angerichtet haben, indem sie zum Beispiel alles dringend benötigte Wasser verbrauchten, haben die Protestierenden sie zerstört.

Durch die Nachbarschaftsversammlungen wissen die Arbeiter:innen ungefähr, was gebraucht wird. In der Fabrik, in der eigentlich Autos hergestellt werden, wird diskutiert, wie man die Maschinen stattdessen nutzen kann, um mehr Krankenwägen herzustellen, um die Protestierenden medizinisch zu versorgen. Doch um zu produzieren, braucht es das, was andere produziert haben. Über Chatgruppen aus vorherigen Aufständen gibt es Kontakt zu streikenden Arbeiter:innen weltweit. Auch zu denen entlang der Lieferkette. Hitzige Diskussionen entbrennen. Wie regeln wir, wer was bekommt? Wir kennen euch doch gar nicht. Wenn wir euch einfach frei das geben, was wir hergestellt haben, wie stellen wir dann sicher, dass auch wir und unsere Leute versorgt werden?

An manchen Orten wird vielleicht versucht, Tauschsysteme oder Geld wieder einzuführen. Doch in den Nachbarschaften protestieren diejenigen, die die Versammlungen moderieren, die auf die Kinder aufpassen, die in den Suppenküchen aufräumen. Wenn die Fabriken untereinander tauschen, was sie herstellen, was tauschen wir? Wer versorgt uns? Ist unsere Arbeit weniger wichtig?

An anderen Orten wagen die Menschen den Schritt ins Ungewisse. Sie stellen das, was sie herstellen, kollektiv zur Verfügung. Sie fragen diejenigen, die auf ihre Vorprodukte angewiesen sind, was sie brauchen und organisieren den Transport.

Einige Aktivist:innen, die vorher Erfahrung in der Koordination großer Aktionen gesammelt haben, bauen nun Strukturen auf, in denen Produktion und Verteilung geplant werden können. Sie berufen Versammlungen ein, in denen Vertreter:innen der Nachbarschaftsräte ebenso sitzen wie Arbeiter:innen aus Produktion und Logistik. Gemeinsam diskutieren sie darüber, was jetzt wo gebraucht wird. Aus den Logistikzentren werden die Güter schließlich an die Nachbarschaftsversammlungen geliefert und den Leuten dort frei zur Verfügung gestellt.

Und je mehr sich dieser freien Vermittlung anschließen, desto mehr Sicherheit haben die Zweifler:innen, um sich ihr anzuschließen.

…

Leider sind wir keine Wahrsagerinnen. Leider gibt es keine revolutionäre Gewissheit. Die Geschichten, die wir hier erzählen, bleiben Hoffnungen und Auspinselei und nur eine von vielen Möglichkeiten des Bruchs.

Entscheidend für einen realen Dominanzwechsel wäre aber: Menschen eignen sich die Produktionsmittel, die Häuser, das Land und so weiter an. Das, was vorher in Privateigentum war, commonisieren sie.

Die größte Herausforderung beim Commonisieren wird dabei sein, eine Form der gesamtgesellschaftlichen Vermittlung zu etablieren. Das heißt solidarische Beziehungen zu Unbekannten zu etablieren, materielle und beschränkt vorhandene Güter an Unbekannte weiterzugeben, während sich noch nicht die Gewissheit eingestellt hat, auch selbst versorgt zu werden. Das ist auch deshalb so herausfordernd, weil es eine gewaltige Koordinationsaufgabe bedeutet, dafür zu sorgen, dass die Güter dahin kommen, wo sie gebraucht werden.

Hier wird die Konstruktion relevant. Auch wenn es paradox ist: Ohne den Bruch, das heißt das massenhafte Commonisieren von Mitteln, ist nur beschränkt transpersonale Solidarität möglich. Zugleich ist ohne das vorherige Aufbauen von solidarischen Beziehungen ihre Verallgemeinerung schwer vorstellbar.

Das heißt, im Bruch müsste auf schon bestehende Formen der solidarischen Beziehungen zurückgegriffen werden, während sie zugleich ausgeweitet werden und so nicht nur ihre Quantität, sondern auch ihre Qualität verändert würde. Wie wäre das möglich?

Zum Beispiel könnten schon vor dem Bruch viele Commons sich – vielleicht sogar transnational – zusammengetan und eine interne Form der solidarischen Vermittlung etabliert haben. Die wäre zwar immer noch beschränkt durch die marktförmigen Außenbeziehungen, aber je mehr Commons sich zusammenschließen, desto besser könnte diese Einschränkung abgefedert werden. So wäre es denkbar, dass in diesem Commonsnetzwerk schon vor einem Bruch mit dem Kapitalismus ihre Mitglieder jenseits des Marktes versorgt werden. In vorherigen Aneignungswellen könnten auch schon Produktionsmittel in dieses Netzwerk überführt worden sein. Dann gäbe es schon transpersonal funktionierende Institutionen der Koordinierung und der Verteilung, denen sich die «wilden Bewegungen der

Besetzungen»[144] anschließen könnten. Auch wenn diese Institutionen dann in einem geringen Zeitraum skaliert werden müssten.

Auch aus den unterschiedlichen Formen der widerständigen Basisorganisationen, die wir uns im Kapitel 7 angeschaut haben, könnten Institutionen der Koordinierung und Verteilung erwachsen. Eine Mieterinitiative kennt die Bedürfnisse in der Nachbarschaft und kann den Wohnraum verteilen. Eine Suppenküche oder die örtliche Tafel können die Lebensmittelverteilung organisieren. Die Arbeiter:innen in den Betrieben wissen, wer Zulieferer:innen und Abnehmer:innen ihre Produkte sind und könnten sich direkt mit den Arbeiter:innen dort koordinieren. Aus feministischen Nachbarschaftsinitiativen könnte die Care-Arbeit neu organisiert werden.

Diese Formen der solidarischen Beziehungen, die sehr konkret und zwischen Menschen, die in derselben Nachbarschaft wohnen oder im selben Betrieb arbeiten, stattfinden, müssten ergänzt werden. Und zwar durch die Herstellung einer neuen, solidarischen Allgemeinheit. So könnten aus den lokalen Institutionen überregionale Räte wachsen. Befeuert und unterstützt werden könnte das durch soziale Bewegungen, die schon jetzt transpersonale, solidarische Beziehungen aufbauen.

Auch auf einige Institutionen der Koordinierung, die heute staatlich organisiert sind, könnte zurückgegriffen werden. Teile der Verwaltung, die zum Beispiel Müllabfuhr oder Wasserversorgung organisieren, könnten übernommen und zu Koordinations-, Planungs- und Verteilungsinstitutionen umgebaut werden.

Diese unterschiedlichen Ausgangspunkte, von denen aus die Vermittlung verändert werden kann, stehen nicht gegeneinander, sondern ergänzen einander.

Auf das Wissen, die Erfahrungen und die organisatorischen Beziehungen, die die Menschen vorher in Bewegungen und Kämpfen der Commonisierung gemacht haben, wird in diesem Moment zurückgegriffen. Je verbreiteter eine solidarische Form des Sich-aufeinander-Beziehens ist, und je globaler vernetzter diese solidarischen Beziehungen sind, desto wahrscheinlicher ist es, dass sich die Solidarität zu einer strukturellen entfalten kann.

144 Freundinnen und Freunde der klassenlosen Gesellschaft 2018

10.1 Regionale Brüche

Im engeren Sinne können wir nur von Dominanzwechsel reden, wenn er global passiert. Denn wie wir schon festgestellt haben, ist unsere Reproduktionsweise eine globale, eine andere kann sich also auch nur global durchsetzen.

Dem entgegen steht aber, dass Krisenerscheinungen regional unterschiedlich sind und auch Bewegungen, Formen der Selbstorganisation und der Solidarität regional unterschiedlich stark sind. Für eine globale Synchronität spräche allerdings die globale Vernetztheit der Produktion. Durch regionale Streiks oder die Verweigerung für den Markt zu produzieren, würden Lieferketten zusammenbrechen. Durch solche Kampfformen könnte der objektive Faktor der Krise verstärkt und global synchronisiert werden.

Außerdem haben sich Protestbewegungen, selbst bevor das Internet Kommunikation so stark erleichtert hat, oft über Nationalgrenzen hinaus ausgebreitet.

Falls es aber zu einem regionalen Bruch kommen sollte, in dem sich nur in einem bestimmten Gebiet, etwa in einem Nationalstaat, der gesellschaftliche Reichtum angeeignet und solidarisch darüber verfügt wird, könnte das auch die Funktion haben, einen globalen Bruch vorzubereiten. Einerseits, weil er so viel Hoffnung geben würde, und es etwas Handfestes gebe, um das es sich zu kämpfen lohnt. Andererseits, weil dort regional schon eine solidarische Form der Vermittlung aufgebaut werden würde, der sich dann neu erkämpft Commons anschließen könnten.

Allerdings wäre dieses örtlich begrenzte Commons-Netzwerk auch bedroht. Zum einen müsste es weiter monetäre Außenbeziehungen eingehen. Die Logiken, die damit einhergehen, würden bedürfnisorientierter Selbstorganisation entgegenwirken. Es gäbe also ähnliche Probleme wie bei einzelnen Commons auch, nur dass der äußere Marktdruck zwischen vielen Commons besser solidarisch abgefedert werden könnte.

Wahrscheinlich müsste eine solche Commons-Region sich zudem, um international anerkannt zu werden, formal eine Form von Repräsentation geben. Das könnte in einen Konflikt mit der Selbstorganisation geraten, wenn diese repräsentierende Instanz auch nach innen ähnliche Funktionen wie ein Staat übernimmt.

Des Weiteren wären die Regierungen der kapitalistischen Staaten dem Projekt wahrscheinlich feindlich gesonnen. Schon allein, weil auch ausländisches Kapital commonisiert werden würde, aber sicherlich auch aus Angst, die Menschen im eigenen Land könnten sich ein Beispiel nehmen. So würden wahrscheinlich Handelsembargos entstehen, die die Versorgung der commonisierten Region erschweren oder verunmöglichen. Außerdem könnten sich Regierungen entscheiden, militärisch zu intervenieren.

Dass eine Commonisierung in einem Gebiet erfolgreich sein kann, wird wahrscheinlicher, je stärker eine globale Solidaritätsbewegung ist, die sich gegen die Interessen ihrer Regierungen stellt. Auch durch materielle Unterstützung könnten globale Solidaritätsbewegungen helfen, den Marktdruck auf die Commons-Region abzuschwächen.

10.2 Die solidarische Gesellschaft verteidigen

Doch der letzte Punkt, die Militärintervention, führt uns zu dem Thema, vor dem auch wir gerne die Augen verschließen würden. Ein Thema, vor dem aber niemand, der ernsthaft darüber nachdenken will, wie wir die Gewalt, unter der wir leben, endlich beenden können, die Augen verschließen kann.

Weder der Staat noch das Kapital werden sich einfach entmachten lassen, ohne sich zu wehren. Der Staat hat die Gewaltmittel, Militär und Waffen, auf seiner Seite.

Außerdem sind wohl viele Menschen so zugerichtet, dass sie lieber riskieren würden zu sterben, als einen Verlust ihrer tatsächlichen oder vermeintlichen Privilegien in Kauf zu nehmen. Die Trennungslinien des Unterdrückens und des Unterdrücktwerdens verlaufen durch uns alle. In der Vergangenheit waren rechte Akteure sehr erfolgreich darin, diese Spaltungslinien zu nutzen, um Menschen gegen emanzipatorische Projekte in Stellung zu bringen. Auch Menschen, die eigentlich von diesen emanzipatorischen Projekten profitieren würden.

Die Frage der Konterrevolution stellt sich also nicht nur in Bezug auf das Kapital, das sich gegen Enteignungen organisieren wird, sondern auch in Bezug auf jegliche anti-emanzipatorische Bewegungen. Besonders Männer und *weiße* Menschen organisieren sich in den letzten Jahren aktiv gegen ihre Entmachtung durch feministische und antirassistische Bewegungen. Auch für die, die kaum oder keine Privilegien zu verlieren haben, stehen falsche Lösungsansätze für das Elend des Kapitalismus bereit, wie religiöser Fundamentalismus.

Eine Bewegung der Commonisierung wird sich also gegen unterschiedliche Kräfte verteidigen müssen, die bereit sind, Ideologien der Ungleichwertigkeit unter Menschen mit Gewalt durchzusetzen.

Da der Staat über die Gewaltmittel verfügt, ist ein Dominanzwechsel nur denkbar, wenn große Teile der Soldat:innen und Polizist:innen sich weigern, gegen die Streikenden, gegen die, die Privateigentum zu Commons machen, gegen die Protestierenden, vorzugehen. Vielleicht weil sie nicht auf ihre eigenen Nachbar:innen, Kinder und Geschwister schießen wollen. Vielleicht weil der Staat auch sie nicht mehr richtig versorgt hat und sie deshalb wissen, dass sie durch eine Commonisierung viel gewinnen könnten.

Die Bewegung der Commonisierung müsste also begleitet werden von einer Bewegung des massenhaften Desertierens und des Zerfalls der Staatsmacht.

Viele mögen sich hier an den Kopf greifen und diese Vorstellung naiv finden. In Anbetracht der Gewaltmittel, die der Staat zur Verfügung hat, müsste es darum gehen, so früh wie möglich selbst aufzurüsten, könnte man denken. Und in Anbetracht der anderen Bedrohungen durch anti-emanzipatorische Bewegungen müsste es nicht darum gehen, dass die Staatsmacht zerfällt, sondern darum, ihre Gewalt gegen Nazis, Männerbünde und Fundamentalisten einzusetzen.

Warum wir, obwohl wir wissen, dass Revolutionen häufig durch Blutvergießen verhindert wurden, auf den Aufbau von Solidarität und nicht auf den Aufbau einer Armee setzen, hat zwei Gründe.

Erstens halten wir es für extrem unwahrscheinlich, auf dem Terrain der Gewalt stark genug zu werden, um gegen funktionierende Staaten anzukommen. Holloway drückt es so aus: «Wir werden wohl kaum auch nur annähernd so gewaltsam zu sein vermögen, wie die kapitalistischen Gewalten.»[145] Doch der Staat ist auf uns angewiesen, um überhaupt zu existieren und

145 Holloway 2010, S. 59

so auch um sein Gewaltmonopol aufrechtzuerhalten. Er basiert auf Kapitalverwertung, die letztlich dadurch zustande kommt, dass wir für Lohn arbeiten. Ohne unsere Arbeit kein Kapital, ohne Kapital kein Staat. Deswegen muss der Kern transformativen Strebens sein, Lohnarbeit abzuschaffen und das ist nur möglich, indem wir durch bedürfnisorientierte Selbstorganisation eine andere Möglichkeit schaffen, uns zu versorgen. Diese Versorgung müsste auch für die Menschen, die sonst als antiemanzipatorische Bewegung gegen den Verlust von vermeintlichen oder tatsächlichen Privilegien kämpfen, tendenziell offen sein. Sie könnte so dafür sorgen, dass sich weniger Menschen dem organisierten Hass anschließen – auch wenn ebenso klar ist, dass nicht alle Menschen durch materielle Versorgung von ihrem Hass abzuhalten sein werden.

Zweitens ist Gewalt «kein neutraler Grund, sondern das Terrain der Herrschaftsgewalt: Sie zieht uns gerade in jene gesellschaftlichen Beziehungen und Verhaltensweisen hinein, die wir ablehnen»[146].

Gewalt kann sich verselbstständigen und so, auch wenn sie von der Bewegung der Commonisierung selbst zur Verteidigung angewandt wird, Empathie und Solidarität zerstören. Wenn es Milizen oder Militärs mit Waffen gibt, könnten sie diese auch nach innen wenden und ihre Bedürfnisse gegen die Menschen, die Commons schaffen oder reproduzieren, durchsetzen. Gewalt auszuüben lässt auch die Gewaltausübenden nicht unbeschädigt zurück. Statt zu lernen, sich solidarisch aufeinander zu beziehen, lernen sie töten.

Dennoch, selbst wenn große Teile der regulären Armeen desertieren, Befehle verweigern oder überlaufen und so ein Dominanzwechsel überhaupt möglich wird, ist die Gefahr von gewalttätigen Auseinandersetzungen damit weiterhin nicht gebannt.

Bei vergangenen Revolutionen waren die gewaltvollsten Auseinandersetzungen meist die nach der erfolgreichen Revolution. Dann formierten sich die Entmachteten zur Konterrevolution und oft kam es zu blutigen Bürgerkriegen oder zu Angriffen von außen.

Bei einer regional begrenzten Commonisierung wären solche Militärinterventionen von außen wahrscheinlich die größte Bedrohung. Doch auch bei einer weltweiten Commonisierung

146 Ebd.

könnten sich bewaffnete Teile entmachteter Staaten, faschistische oder fundamental-religiöse Banden, die sich auch aus einem zerfallenen Staat herauslösen könnten, als Konterrevolution formieren.

Gegen eine solche Konterrevolution müsste sich also die Bewegung der Commonisierung verteidigen. Man kann also eine befreite Gesellschaft nicht durch Waffengewalt erzwingen. Bedürfnisorientierte Selbstorganisation kann nicht entstehen, weil man Menschen dazu bewaffnet zwingt. Trotzdem ist es wahrscheinlich, dass sich die solidarische Gesellschaft mit Waffengewalt verteidigen muss.

Dann steht sie vor der Aufgabe, sich gegen die Konterrevolution zu verteidigen, ohne selbst zur inneren Konterrevolution zu werden. Als innere Konterrevolution verstehen wir die Verstärkung von reaktionären Tendenzen und die Verselbstständigung der Gewalt in den revolutionären Bewegungen selbst. Diese ist eng verwoben mit der äußeren Konterrevolution, die immer wieder Bewegungen zur inneren Konterrevolution drängte. Denn selbst wenn die Revolutionär:innen in den Bürgerkriegen siegten, scheiterte doch oft das emanzipatorische Bestreben. Es scheiterte an der Notwendigkeit, selbst grausam zu werden, um sich gegen Grausamkeit zu verteidigen. Bini Adamczak fragt in «gestern morgen» in Anbetracht der «entfesselt(en) gnadenlos(en) Brutalität»[147] der weißen Truppen gegen die Kommunist:innen der Russischen Revolution: «Kann die Revolution nicht siegreich sein nur, indem sie sich der Konterrevolution angleicht, sich in eine ihr ebenbürtige Gewalt verwandelt und mehr noch, in eine ihr überlegene?»[148]

Wenn wir über einen Bruch mit dem Kapitalverhältnis nachdenken, müssen wir diesen Widerspruch ernst nehmen. Wir fürchten, dass es keine theoretische Lösung für ihn gibt, sondern revolutionäre Bewegungen beide tödlichen Gefahren, die der Konterrevolution zu erliegen und die, selbst zur Konterrevolution zu werden, ernst nehmen müssen.

Ein hoffnungsvolles Beispiel für den Umgang mit diesem Spannungsverhältnis bietet Rojava. Während sich dort erfolgreich gegen einen so grausamen Gegner wie den IS verteidigt wurde, wurde die Region nicht autoritärer, sondern demokratischer. Dabei dürfte die Eingebundenheit der militärischen Ein-

147 Adamczak 2011, S. 144
148 Ebd., S. 145

heiten in die Gesellschaft, die Idee des demokratischen Konförderalismus und vor allem die feministischen Organisationsstrukturen in der Armee eine entscheidende Rolle gespielt haben.

Schließlich wollen wir noch festhalten, dass keine Herrschaft sich nur durch Gewalt erhalten kann. Es braucht auch immer einen gewissen Grad an Zustimmung der Beherrschten. Das heißt, je besser die junge solidarische Gesellschaft darin ist, Bedürfnisse zu befriedigen und so das Leben zu bereichern, desto weniger Boden bleibt, auf dem die Konterrevolution gedeihen kann. Zugleich wird die Gefahr, dass die Verteidigungseinheiten der commonisierenden Bewegung ihre Waffen nach innen richten, geringer dadurch, dass sie solidarisch eingebunden sind. Je mehr sie die befriedigende Qualität bedingungsloser Versorgung und solidarischer Beziehungen erleben, desto weniger werden sie bereit sein, ihre Waffen gegen ebendiese Errungenschaften zu richten.

10.3 Der Prozess der Umstrukturierung

Erst nach dem Dominanzwechsel beginnt die eigentliche Umstrukturierung der Gesellschaft. Wenn durch den Dominanzwechsel Commoning als Vermittlung gesamtgesellschaftlich nahegelegt wird, können alle Lebensbereiche menschlichen Bedürfnissen angepasst werden.

Während die Aneignung der Produktionsmittel Bedingung für den Dominanzwechsel ist, kann es sein, dass eine Neuverteilung von anderem gesellschaftlichem Reichtum vielleicht auch erst nach der Umstrukturierung passiert. Jetzt kann darüber verhandelt werden, wie eine Villa am See genutzt wird oder wie der Wohnraum in Berlin-Neukölln am besten verteilt wird.

Die Infrastruktur würde ab-, um- und neugebaut werden. Der ökologische Umbau wird wahrscheinlich schon in der Aneignungswelle beginnen. Während manche Produktionsmittel sich einfach angeeignet werden können, um für Bedürfnisse statt fürs Kapital zu produzieren, müssten andere umgenutzt werden, um etwa Straßenbahnen statt Autos zu produzieren und wieder andere müssten einfach lahmgelegt oder zerstört werden. Nach dem Dominanzwechsel kann sich, verbunden mit vielen Aushandlungsprozessen, eine erhaltende und pflegende Nutzung unserer Umwelt herstellen. Dazu wird auch gehören, weniger und lokaler zu produzieren. Trotzdem bedeutet der ökologische und bedürfnisorientierte Umbau einen großen Koordinationsaufwand. Dieser mag von Konflikten begleitet sein, doch Menschen werden wahrscheinlich durch Erfahrung immer besser darin werden, Strukturen der gesellschaftlichen Koordination und Planung, wie etwa ein Rätesystem, zu gestalten.

Die Aufhebung der Sphärenspaltung und die Überwindung des Patriarchats wird sich in veränderter Infrastruktur, die nicht mehr auf Kleinfamilien- oder Single-Haushalte und eine Trennung von Privatem und Öffentlichem ausgelegt ist, materialisieren. Neokoloniale Verhältnisse abzubauen wird auch bedeuten, viel mehr Ressourcen und Arbeitszeit aufzuwenden, um Infrastruktur in ehemals kolonisierten Ländern aufzubauen.

Neben den materiellen Gütern werden sich aber auch die sozialen Formen weiterentwickeln und stark verändern. Unter Inklusionsbedingungen werden Menschen ganz andere Wege finden, Konflikte zu lösen, Kinder großzuziehen oder Arbeitsprozesse zu organisieren. Die Subjektivität der Menschen würde sich in Wechselbeziehung zu den neuen Bedingungen verändern.

11. Was tun?

Zurück aus der Zukunft. Von potenziellen Brüchen, die heute zwar vielleicht schon Haarrisse sind, aber sicher kein Futter für unsere vernünftige Ungeduld, braucht es eine Brücke zurück. Zurück zu unserem Schmerz, zu unserer Unzufriedenheit, zu der quälenden Ungerechtigkeit und der daraus entstehenden Fragen: Was können wir tun?

Schön, es geht darum, Keimformen struktureller Solidarität aufzubauen. Schön, es geht darum, Momente zu erwarten, zu befeuern und zu erkennen, um sich gesellschaftlichen Reichtum anzueignen und diese Keimformen auszuweiten. Aber was bedeutet das für dich und mich, die wir unzufrieden sind? Was bedeutet das für uns heute, die nicht nur das Ende des Kapitalismus brauchen, sondern denen auch die Zeit davonläuft, ihn zu beenden?

In diesem Kapitel versuchen wir eine Brücke aus einer ungewissen Zukunft zurückzubauen, in unsere unsichere Gegenwart. Und stellen die Frage nach der politischen Praxis.

Vielleicht hast du das Buch bis hierher gelesen, weil du gehofft hast, danach klar zu wissen, was zu tun ist. Dann befürchten wir, dass du den Band am Ende dieses Kapitel mit einem bitteren Gefühl der Enttäuschung zuschlägst. Denn das kann dieses Buch dir nicht sagen. Dafür gälte es, die konkreten Umstände, unter denen du lebst und kämpfst, unter denen du fürs Leben kämpfst, zu untersuchen. Es gälte einzubeziehen, was du gerne tust und worin du gut bist. Und selbst dann ließe sich aus den Erkenntnissen nicht einfach eine allgemeingültige To-Do-Liste ableiten, ein Fünf-Punkte-Plan für die Revolution. Weil gesellschaftliche Prozesse einfach nicht so funktionieren. Weil wir vielleicht mit Genauigkeit analysieren können, was gerade falsch läuft, aber was genau wir jetzt tun müssen, damit es in der Zukunft anders wird, von zu vielen unbekannten Faktoren abhängt, um dazu exakte Aussagen zu treffen.

Trotzdem hoffen wir mit dem Praxiskapitel, mit dem wir das Buch beenden, einige von den Gedanken aus diesem Buch auf konkrete Fragen, die wir uns in unserer politischen Arbeit im Hier und Jetzt stellen, anzuwenden. Wenn du aber einige oder alle Gedanken, die in diesem Buch entwickelt wurden, teilst, musst du dir auch selbst Gedanken machen, was das für deine Praxis bedeutet. Und weil nicht mal Denken ein individueller Prozess ist und Gesellschaft zu verändern schon gar nicht, halten wir es für fruchtbarer, sich diese Gedanken kollektiv zu machen. Wir können also, wie wir schon in der Einleitung geschrieben haben, wenig Klarheit bieten, aber dafür eine Einladung zur Diskussion.

In den letzten Kapiteln haben uns streikende Pfleger:innen und Hafenarbeiter:innen begleitet. Wir haben Waldbesetzungen gegen fossile Infrastruktur besucht und uns Kollektive angeschaut, die Lebensmittel bedürfnisorientiert herstellen und verteilen. Es sind Menschen, Organisationen und Bewegungen, die daran arbeiten, die Welt zu commonisieren.

Sie alle tun das auf sehr unterschiedliche Arten, an sehr unterschiedlichen Orten und unter sehr unterschiedlichen Bedingungen. Sie alle hinterlassen Haarrisse, vielleicht sogar Brüche in der Eisdecke der gefrorenen Verhältnisse und bereiten so vor, dass sie ganz zerbricht.

Es gibt also unterschiedliche Ausgangspunkte für transformatorische Praxis. Die Ausgangspunkte, die wir uns in diesem Buch angeschaut haben und die wir für eine Commonisierung der Welt für relevant halten, haben wir als Pole eines Dreiecks visualisiert:

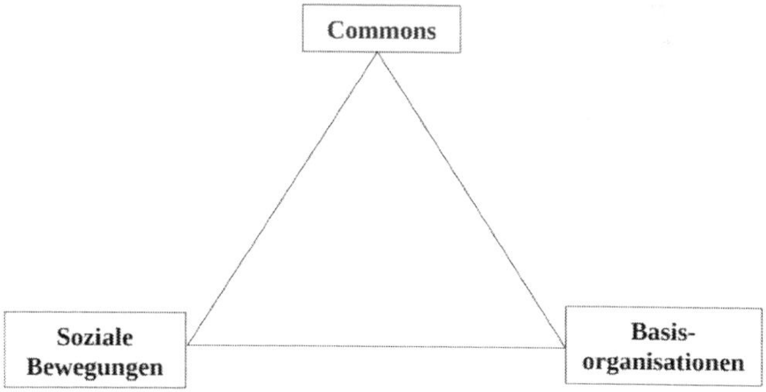

Einer der Pole ist der der Commons. Wir haben festgestellt, dass es notwendig ist, die Gesellschaft, die wir wollen, als Keimform aufzubauen und die Keimformen einer solidarischen

Gesellschaft Commons sind. Commons bereiten einen Bruch mit dem Kapitalismus vor, indem wir in ihnen lernen können, uns solidarisch aufeinander zu beziehen. Wir entwickeln solidarische Formen der gesellschaftlichen Vermittlung. Durch Commons kann eine Vorstellung davon entstehen, wie eine solidarische Gesellschaft aussehen soll. Wenn es uns gelingt, auch Teile unserer materiellen Versorgung nicht im Kapitalismus zu organisieren, sondern über Commoning, dann können diese Erfahrungen intensiviert werden und solidarische Formen der Vermittlung können verstetigt und erprobt werden. Außerdem können wir leidenschaftlicher gegen den Kapitalismus kämpfen, wenn das nicht auch bedeutet, gegen das zu kämpfen, das uns versorgt.

Leider haben wir aber auch festgestellt, dass das Aufbauen von Commons im Kapitalismus sehr beschrankt ist. Die meisten Versorgungscommons richten sich nur an eine kleine, beschränkte Gruppe von Menschen. So entwickeln sich auch keine transpersonalen Formen der solidarischen Versorgung. Sie tragen keine Dynamik der Ausweitung in sich, sondern machen es sich oft in den Nischen des Kapitalismus gemütlich.

Anders ist das bei sozialen Bewegungen. Sie bilden einen weiteren Pol des Dreiecks. Bewegungen wollen eine Veränderung durchsetzen, eine Verallgemeinerung erzielen. Emanzipatorischen sozialen Bewegungen ist es nahegelegt, potenziell alle Menschen einzubeziehen, um diese Veränderung zu erreichen. Um Menschen miteinzubeziehen, macht es Sinn, mit ihnen solidarisch zu sein. So praktizieren soziale Bewegungen transpersonales Commoning.

Zugleich problematisieren sie die bestehenden Verhältnisse, überzeugen also Menschen davon, dass es so nicht weitergehen kann. Soziale Bewegungen prägen Diskurse und so den Alltagsverstand vieler Menschen. Durch gemeinsame Erfahrungen im Kämpfen wird für viele Menschen die Möglichkeit von Veränderung denkbarer.

Commoning in Bewegungen kann sich aber oft nicht verstetigen. Es wächst mit den Bewegungen, und wenn sich Bewegungswellen brechen, scheint es zu versickern, zudem bleibt es häufig auf die symbolische und soziale Ebene beschränkt. Eine materielle solidarische Versorgung, die sich auch verstetigt, wird nur selten aus Bewegungen aufgebaut.

Zudem kämpfen Bewegungen oft um eine andere, solidarischere Allgemeinheit. Das ist wichtig und notwendig. Vielleicht können daraus in der solidarischen Gesellschaft Institutionen, die Allgemeinheit herstellen, indem sie Beziehungen zwischen den einzelnen Commons knüpfen, wachsen. Um die Welt zu commonisieren brauchen wir aber auch einer Veränderung des Konkreten, des Alltäglichen. Der revolutionäre Bruch muss beinhalten, dass die Menschen sich in den Betrieben, in denen sie arbeiten, zusammenschließen und den Laden übernehmen. Und dass sie dort, wo sie leben, die produzierten Dinge bedürfnisgerecht verteilen. Oft organisieren soziale Bewegung aber nicht Menschen primär dort, wo sie wohnen oder arbeiten. Stattdessen schließen sich alle zusammen, denen ein bestimmtes Thema wichtig ist, was ja auch gerade dazu führt, dass neue solidarische Beziehungen aufgebaut werden. Um aber auch eine Veränderung der bestehenden Beziehungen zu erreichen, braucht es auch eine Verankerung im Alltag. Es braucht also Praxen, durch die die Zusammenhänge, in denen wir arbeiten, wohnen und leben commonisiert werden. Deswegen ist der dritte Pol der der Basisorganisationen. Das können die Arbeitskämpfe um eine größere Orientierung am Gebrauchswert, Kämpfe um bedingungslose Versorgung und organisiertes Bemühen, eine patriarchale Verteilung von Care-Arbeit zurückzudrängen, die wir uns im 7. Kapitel angeschaut haben, sein. Oft werden dabei keine Commons aufgebaut, aber das Bestehende wird ein wenig in Richtung von Commonisierung verschoben.

Die Basisorganisationen lassen sich nicht wirklich von sozialen Bewegungen getrennt betrachten, denn oft weiten sie sich zu Bewegungen aus. Trotzdem sind sie stärker verankert im Alltag von Menschen. Dadurch, dass Menschen in ihrem Alltag, zum Beispiel in Betrieben oder Nachbarschaften, anhand von ihren Bedürfnissen und Interessen angesprochen werden, ist es oft auch leichter Menschen zu erreichen, die sich selbst als unpolitisch verstehen.

Kämpfende Zusammenschlüsse, die im Alltag der Menschen verwurzelt sind, fassen wir also als Basisorganisationen. Auch wenn sie nicht die Betriebe oder Nachbarschaften Stück für Stück in Commons umwandeln können, können sie doch genau diese Umwandlung vorbereiten, indem sie solidarische Beziehungen zwischen den Menschen aufbauen und gemeinsame Kampferfahrungen sammeln. Gleichzeitig laufen Basisorganisationen Gefahr, sich sehr daran festzufahren, die Situation von einigen Menschen im Kapitalismus etwas zu verbessern. Im schlechtesten Fall auf Kosten einer anderen Gruppe. Durch die lokale Gebundenheit kann es erschwert werden, Solidarität mit anderen, unbekannten Menschen aufzubauen. Außerdem ist es so unwahrscheinlicher, dass eine neue solidarische Allgemeinheit entsteht.

Alle drei Ansätze, Commons, Bewegungen und Basisorganisation, sind also für sich betrachtet beschränkt. Allein kann sich aus ihnen nicht die Solidarität entwickeln, die sich verallgemeinern kann und auch nicht die Kraft, die bestehenden Verhältnisse zu sprengen. Deshalb braucht es alle drei Ausgangspunkte für Veränderung. Und es braucht die Verbindung zwischen ihnen.

Auch die Trennung dieser drei Ansätze ist teilweise konstruiert. So organisieren sich Bewegungen und häufig auch Basisorganisationen über Commoning und deshalb könnte man sie auch als Commoning bezeichnen. Basisorganisationen können Bewegungscharakter haben und Bewegungen aus Basisorganisationen bestehen.

Dennoch haben die einzelnen Ansätze verschiedene Qualitäten. Commons haben Keimformcharakter, Bewegungen tragen eine Dynamik der Verallgemeinerung und damit der Ausweitung in sich und Basisorganisationen sind in der Gesellschaft verankert und können so dazu beitragen, die eigenen Lebens- und Arbeitsbedingungen zu politisieren. Die Ansätze zu verbinden bedeutet also auch, die unterschiedlichen Stärken zu kombinieren. Und es entsteht die Möglichkeit, die Schwächen auszugleichen.

Die Verbindung zwischen diesen Ansätzen können in der Grafik des Dreiecks noch klarer verdeutlicht werden:

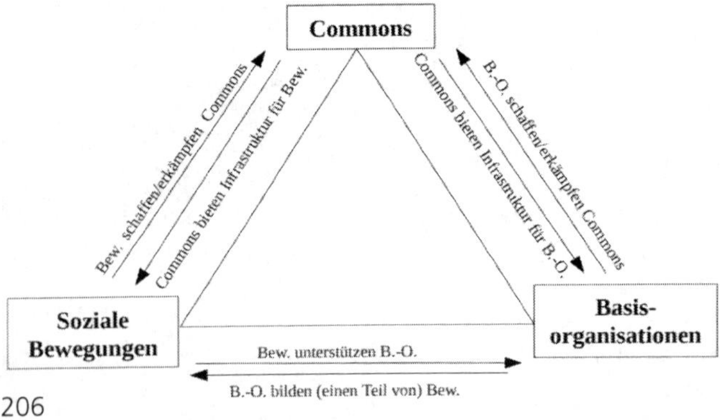

Es geht also darum, dass Bewegungen, Commons und Basisorganisationen erstens weiterwachsen, zweitens Verbindungen zu den anderen Polen des Dreiecks aufbauen und drittens eine Perspektive des Bruchs mit der bestehenden Gesellschaftsform entsteht. Wenn wir die unterschiedlichen Praxen daraufhin untersuchen, ob sie eine solidarische Gesellschaft vorbereiten können, dann steht im Mittelpunkt, ob sie bedürfnisorientierte Selbstorganisation ausweiten. Und ob sie eine Stärke aufbauen, die es ermöglicht, sich die Mittel anzueignen, die notwendig sind, um diese Praxis zu verallgemeinern und zu verteidigen.

Auf diese Punkte hin wollen wir jetzt Commons, Bewegungen und Basisorganisationen untersuchen und überlegen, was es in der Praxis bedeuten würde, sie in den Mittelpunkt zu stellen. Gleichzeitig wollen wir konkretisieren, wie die Verbindung zwischen den einzelnen Polen, die nur gemeinsam ein Dreieck bilden, aussehen kann.

11.1 Basisorganisationen

Beginnen wir dort, wo Menschen leben und arbeiten. Beginnen wir also mit den Basisorganisationen. Die können sehr unterschiedliche Formen annehmen. Wichtig ist für uns, dass sie bei den bestehenden gesellschaftlichen Beziehungen ansetzen.

Diese bestehenden gesellschaftlichen Beziehungen können zum Beispiel die in der Lohnarbeit sein. Vor allem Kämpfe um Gebrauchswert, um die Sinnhaftigkeit der Arbeit, können, wie wir in Kapitel 7 darlegen, emanzipatorisches Potenzial entfalten.

Um die Sinnhaftigkeit ihrer Arbeit kämpfen Pfleger:innen, die darauf bestehen, Patient:innen wirklich zu pflegen. Und Autoteilhersteller:innen, die darauf bestehen, stattdessen etwas zu produzieren, was dem Klima nicht schadet und den Menschen nutzt. Und Hafenarbeiter:innen, die sich weigern, Waffen zu verladen.

In diesen Kämpfen zeigt sich ganz eindeutig, dass Menschen danach streben, mit ihrer Arbeit zu etwas beizutragen, das nicht oder nur beschränkt mit der Kapitalakkumulation vereinbar ist. Sie streben damit andere gesellschaftliche Beziehungen an, solidarische Beziehungen, und stellen damit in der Konsequenz die Trennungen, die die Vermittlung über Geld zwischen uns zieht, infrage.

Manchmal artikulieren sich diese Kämpfe innerhalb des dafür vorgesehenen Rahmens. Innerhalb von Tarifverhandlungen und mithilfe von großen Gewerkschaften. Meistens wirken dabei aber auch soziale Bewegungen mit, die die Anliegen der Beschäftigten unterstützen, eben weil es auch ihre Anliegen sind. So wurden die Krankenhausstreiks um einen «Tarifvertrag Entlastung» über die Gewerkschaft Verdi organisiert. Unterstützt wurden sie aber auch durch das Bündnis «Gesundheit statt Profite», das sich aus feministischen Gruppen und anderen Bewegungsakteuren zusammensetzt. Innerhalb von Verdi wurde diese Art der Auseinandersetzung vorangetrieben von Menschen, die eine gewerkschaftliche Erneuerung fordern, eine kämpferischere und basisdemokratische Gewerkschaft.

Manchmal finden aber diese Kämpfe auch jenseits eines solchen Rahmens statt. Zum Beispiel bei den Hafenarbeit:innen in Genua, die sich selbst kollektiv organisieren. Oder bei den Arbeiter:innen der Fabrik Vio.Me in Griechenland. Dort konnte, weil der rechtliche Rahmen, in dem Interessenskonflikte zwischen Arbeiter:innen und ihren Chefs stattfinden, gesprengt wurde, durch die Betriebsbesetzungen auch die Produktionsmittel commonisiert werden. Bei solchen Auseinandersetzungen wird die Veränderung selbst in die Hand genommen, weil es eben nicht darum geht, die Bedingungen, unter denen wir für unsere Chefs arbeiten, zu verändern, sondern darum, ihnen die Produktionsmittel und damit die Mittel, unsere Arbeit zu kontrollieren, zu entziehen.

Bei dem Streik der Lehrer:innen in Oaxaca im Jahr 2006 haben die gesellschaftlichen Forderungen, die sie stellten, eine Sprengkraft, entwickelt, die, zumindest temporär, die gesellschaftliche Ordnung ganz auf den Kopf gestellt hat. Die Lehrer:innen begannen nicht nur zu streiken, weil sie mehr Lohn forderten, sondern auch, weil sie feststellten, dass es keinen Sinn machte, Schüler:innen, die hungrig zur Schule kamen, zu unterrichten. Stattdessen müsste man zuerst dafür sorgen, dass sie zu essen haben. Sie forderten eine bessere Ausstattung der Schulen und ein Frühstück für die Schüler:innen. Während Politik und Medien ihren Kampf diskreditierten, solidarisierte sich die Bevölkerung mit ihnen. Gemeinsam mit den streikenden Lehrer:innen wurde nicht nur ein zentraler Platz besetzt und zum Protestcamp gemacht, sondern auch Fernseh- und Radiostationen übernommen und große Versammlungen abgehalten.

In Sydney weigerten sich in den 1970-Jahren Bauarbeiter:innen der Gewerkschaft NSWBLF, Bauvorhaben umzusetzen, die negative ökologische und/oder soziale Folgen gehabt hätten.[149] Sie bestärkten damit nachbarschaftliche Organisierungen, die sich gegen die Zerstörung von Grünflächen oder gegen Gentrifizierung und Verdrängung wandten. Der rechtlich eingehegte Rahmen des Protests wurde aber auch hier gesprengt, da die Bauvorhaben auch durch Besetzungen, an denen sich die Bauarbeiter:innen z. T. aktiv beteiligten, blockiert wurden.

Forderungen um die Sinnhaftigkeit der eigenen Arbeit legen es also nahe, mehr Menschen einzubeziehen und Commoning zu intensivieren.

Aber auch Arbeitskämpfe um Lohnforderungen können dazu beitragen, die solidarischen Organisations- und Kampferfahrungen zu machen, die es braucht, um den ganzen Laden zu commonisieren. Und auch sie sprengen immer wieder den vorgegebenen Rahmen, wie die Kämpfe der Lkw-Fahrer, die auf der Autobahnraststätte Gräfenhausen 2023 sogar in den Hungerstreik traten, um ihren Lohn ausgezahlt zu bekommen.

Wie solche Konflikte ausgetragen werden und wie es sinnvoll ist, sie auszutragen, hängt immer von den spezifischen Bedingungen ab, unter denen man kämpft. So kann es sinnvoll sein, einen solchen Konflikt mit den großen Gewerkschaften gemeinsam zu führen, weil dann die Aussichten, ihn zu gewinnen, viel größer sind. Schließlich sind dann die Beschäftigten rechtlich und finanziell abgesichert, was es wahrscheinlicher macht, dass sie es riskieren, sich einen Streik anzuschließen.

Dabei sollte man aber nicht vergessen, dass zumindest in Deutschland die Gewerkschaften auch schwerfällige, mitunter klebrige Apparate sind. Sie verfolgen eine Strategie der Sozialpartnerschaft, das heißt, sie kämpfen nicht primär gegen die Bosse, sondern wollen mit ihnen gemeinsam die Arbeitsplätze erhalten und den Wirtschaftsstandort fördern. Deshalb haben sie wenig Interesse daran, dass die betrieblichen Konflikte

149 Burgmann 2008

über eine Tarifverhandlung hinauswachsen. Und deshalb ist es unwahrscheinlich, dass eine große Gewerkschaft fordert, die deutsche Autoindustrie abzuschaffen, denn daran hängen der Wirtschaftsstandort Deutschland und die Arbeitsplätze. Genau das wäre aber in Anbetracht der Klimakrise und der Externalisierung von ökologischen Folgen in den Globalen Süden notwendig. Auch Konflikte um unbezahlte Care-Arbeit können eher nicht auf gewerkschaftliche Unterstützung zählen. Migrantische Arbeiter:innen können das leider oft auch nicht, denn die Gewerkschaftsapparate haben v.a. ein Interesse Arbeitskämpfe zu organisieren, in denen sie langfristig zahlende Gewerkschaftsmitglieder generieren können, was etwa Arbeitsmigrant:innen, die nur vorübergehend in Deutschland in der Landwirtschaft oder im Baugewerbe arbeiten, ausschließt.

Vielleicht sind das Phänomene, die durch ein anderes Kräfteverhältnis innerhalb der Gewerkschaft veränderbar sind. Das Verschieben dieses Kräfteverhältnisses und das Schaffen einer antirassistischen und global solidarischen Gewerkschaft wird aber dadurch erschwert, dass sie nunmal Interessenvertretungen von deutschen Arbeiter:innen sind. Und der Wohlstand deutscher Arbeiter:innen baut zumindest zum Teil auf der Überausbeutung von Menschen mit anderen Nationalitäten auf. Gewerkschaften müssten also eine andere Form von Wohlstand entwickeln und anstreben, um nicht in diese Form von Wohlstand und damit die nationalistische, rassistische Überausbeutung zu verteidigen.

In der Praxis werden Gewerkschaften auch tendenziell immer zuerst die Arbeiter:innen organisieren, die sie für wichtig halten und die einfach zu organisieren sind. *Weiße* Arbeiter:innen mit guten Deutschkenntnissen werden so in den Mittelpunkt der Politik gerückt, weil sie ohne Sprachbarriere erreichbar sind und auch ohne dass erst gegen den Rassismus der Arbeiter:innen im Betrieb selbst angegangen werden muss.

Auch in prekären Arbeitsverhältnissen, in denen es keine unbefristeten Arbeitsverträge gibt, manchmal nicht einmal mehr Anstellungen, sondern bloß Scheinselbstständigkeit und so auch keine formellen und institutionalisierten Tarifverhandlungen sind Gewerkschaften meist wenig präsent. Das sind aber auch meistens die Bereiche, in denen die meisten migrantischen Arbeiter:innen und die meisten Frauen arbeiten. So streikten die Rider von den Gorillas auf eigene Faust gegen ihre Arbeitsbedingungen. Doch weil sie nicht gewerkschaftlich abgesichert waren, führte das zu Kündigungen, gegen die sie noch immer vor Gericht kämpfen. Gleichzeitig führte ihr Mut, einen wilden Streik anzuzetteln, zu einem großen Beben und viel Solidarisierung.

Trotz all der berechtigten Kritik an großen Gewerkschaften sind sie letztlich die Institutionen, durch die die meisten Arbeitskämpfe ausgetragen werden. Sie einfach zu ignorieren und stattdessen zu versuchen wilde Streiks zu organisieren, wird uns wahrscheinlich in unserer jetzigen Situation nicht weit bringen, denn gewerkschaftlich organisierte Streiks sind sicherer und deshalb lassen sich mehr Beschäftigte dafür gewinnen. Außerdem wäre es hilfreich, die vielen Mittel, über die Gewerkschaften verfügen, zu nutzen.

Es erscheint uns also sinnvoll, mit den großen Gewerkschaften zu kämpfen, ohne in ihnen aufzugehen. Also nicht nur mit der Gewerkschaft um Veränderung zu kämpfen, sondern gleichzeitig eine Autonomie von den bürokratischen Gewerkschaftsapparaten zu wahren und auch um Veränderung innerhalb der Gewerkschaft zu streiten. Gerade Arbeitskämpfe um eine größere Orientierung am Gebrauchswert scheinen sich dazu zu eignen. Denn um sie führen zu können, reicht es nicht, festzustellen, was eine angemessene Lohnerhöhung ist. Es geht viel mehr darum, herauszufinden, was die Beschäftigten an ihrer Arbeit mögen und wichtig finden und was sie brauchen, um sie besser zu machen. Das wissen aber nur die Beschäftigten selbst und nicht der Gewerkschaftssekretär. Deshalb ist, allein um diese Auseinandersetzungen führen zu können, eine viel größere Einbeziehung der Beschäftigten nötig. Das führt zu einer Demokratisierung der Gewerkschaft.

Ein anderer Weg ist der Aufbau von radikaleren Basisgewerkschaften außerhalb des DGBs, wie es etwa die anarchistische FAU (Freie Arbeiter*innen-Union) versucht, die Arbeitskämpfe mit dem Ziel einer Gesellschaft jenseits von Kapitalismus und Staat verbindet. Da die rechtlichen Regulierungen wie das Tarifeinheitsgesetz, das vorsieht, dass es in jedem Betrieb nur einen Tarifvertrag geben kann, in Deutschland aber größere Gewerkschaften begünstigen, bleiben diese Ansätze meist marginal. Erfolgreich sind sie höchstens in Bereichen, die von den großen Gewerkschaften ignoriert werden. Das könnte man aber auch dafür nutzen, die großen Gewerkschaften vor sich herzutreiben und sie dazu zu bringen, auch in diesen Bereichen tätig zu sein. Auch radikale Betriebsgruppen aufzubauen, die dann mit den Gewerkschaften zusammenarbeiten, könnte ein Weg sein, um sowohl Arbeitskämpfe führen, als auch eine Autonomie von den Gewerkschaftsapparaten wahren zu können.[150]

Welcher Weg der beste ist, um sich nicht nur in Lohnkämpfen ein bisschen mehr gesellschaftlichen Reichtum und in Kämpfen um Gebrauchswertorientierung etwas mehr Gesellschaftlichkeit anzueignen, sondern sich auch die Gewerkschaften von unten anzueignen, wissen wir nicht. Das wissen Menschen viel besser, die in Gewerkschaften oder Betriebsgruppen aktiv sind oder sich intensiver mit Arbeitskämpfen beschäftigt haben als wir. Wir glauben aber, dass es auch für eine Aneignung und Veränderung von Gewerkschaften und Arbeitskämpfen wichtig ist, mit sozialen Bewegungen zusammenzuarbeiten. Durch eine solche Zusammenarbeit können Arbeitskämpfe gestärkt und die kämpferischen Kräfte innerhalb der Gewerkschaften unterstützt werden.

Es reicht aber nicht, nur in der Lohnarbeit Basisorganisationen aufzubauen. Denn es geht ja nicht nur darum, dass sich Arbeiter:innen die Produktionsmittel aneignen, sondern auch darum, die gesellschaftliche Vermittlung zu ändern, bedingungslose Versorgung zu erkämpfen, Care-Arbeit zu kollektivieren und letztlich die ganze Art und Weise, wie wir miteinander leben, zu verändern hin zu bedürfnisorientierter Selbstorganisation, zu Commoning. Hierfür könnten Organisierungen auf Nachbarschafts- oder Stadtteilebene einen Ansatzpunkt bieten. Kämpfe in der Lohnarbeit können eine Commonisierung der Produktion vorbereiten, manchmal betreffen sie auch den Bereich von Reproduktion und Verteilung. Aber neben dem, was heute Betriebe und vielleicht eines Tages Versorgungscommons sind, braucht es auch noch soziale Zusammenhänge, die zu Reproduktions- und Verteilungscommons wachsen können. Diese Zusammenhänge müssten alle einschließen, nicht nur die Menschen, die heute Lohnarbeiter:innen sind, sondern auch diejenigen, die heute Hausfrauen, Schüler:innen, Rentner:innen und

150 Diese verschiedenen Optionen diskutiert auch Alexander Neupert-Doppler in «Organisation» (Neupert-Doppler 2021, S. 99ff)

Erwerbslose sind. Diese Rolle könnten Basisorganisationen im Stadtteil einnehmen.

Stadtteilorganisationen formieren sich oft um Mietverhältnisse, es sind also Organisationsformen, mit denen sich Mieter:innen gegen ihre Vermieter:innen wehren. In diesem Kampffeld sind etablierte Organisationen wie Gewerkschaften wenig aktiv. Daher bietet es mehr Raum für radikale Antworten. So entstand auch die Kampagne *Deutsche Wohnen & Co Enteignen* wesentlich aus Mieter:inneninitiativen wie Kotti & Co. Menschen organisieren sich also ausgehend von ihren Bedürfnissen und Interessen im Stadtteil, fordern, dass der immer höhere Anstieg von Mieten ein Ende nehmen muss und diese Kämpfe quellen dabei über. Die Mieter:innen fordern dann nicht mehr, dass die Vermieter:innen weniger Profite mit der Miete machen sollten, sondern gar keine mehr. Sie fordern, Wohnraum zu vergesellschaften, damit wir alle in demokratischer Selbstorganisation über die Wohnungen verfügen können, damit wir also nicht nur weniger Miete und perspektivisch gar keine mehr zahlen müssen, sondern auch, damit wir entscheiden können, wie wir überhaupt wohnen wollen.

Aber auch andere Themen können von Stadtteilorganisationen behandelt werden. So gibt es auch zahlreiche lokale Zusammenschlüsse, die in die Stadtplanung intervenieren. So kämpfte die Initiative Kotti & Co nicht nur um Mietfragen, sondern auch gegen den Bau einer neuen Polizeiwache am Kottbusser Tor, in einer Gegend, in der die Polizei ohnehin schon oft die Anwohner:innen mit rassistischen Polizeikontrollen drangsaliert. Zahlreiche Bürgerinitiativen kämpfen für mehr Radwege und autofreie Innenstädte. Andere kämpfen gegen die Schließung von Schwimmbädern oder gegen die Bebauung von Grünflächen. Und während der Inflation im Herbst 2022 gab es in zahlreichen Städten lokale offene Treffen gegen die Preiserhöhungen.

Letztlich sind die Themen, denen sich Stadtteilorganisationen annehmen können, so breit wie die Bedürfnisse und Interessen der Bewohner:innen eben aufgestellt sind. Das bedeutet auch, dass sie nicht zwingend emanzipatorisch sein müssen. Rechte Kräfte sind leider gut darin, Nachbarschaftsinitiativen gegen Geflüchtetenheime aufzubauen. Und auch Bürgerinitiativen, die sich gegen Windparks stellen, aber die Frage ignorieren, wie denn eine ökologische Stromversorgung aussehen kann, können nicht wirklich Anknüpfungspunkte für eine emanzipatorische Praxis sein. Wenn wir dafür plädieren, Stadtteilorganisationen aufzubauen, dann bedeutet das zwar einerseits zu untersuchen, welche Bedürfnisse es in den Stadtteilen gibt, andererseits aber auch diese Bedürfnisse daraufhin zu befragen, ob sie potenziell verallgemeinerbar oder aber ausschließend sind. Und welche Potenziale sie bieten, dass die Kämpfe zu ihrer Erfüllung über die von Staat und Kapital vorgegebenen Formen überquellen und eine größere Dynamik der Commonisierung entfalten.

Noch viel unausgeschöpftes Potenzial sehen wir darin, auch die Verteilung und Organisierung von Care-Arbeit auf Stadtteilebene zu politisieren. Es gibt zwar KiTas, Jugendzentren und Küchen für alle, die auf lokaler Ebene Care-Arbeit kollektivieren. Auch Polikliniken versuchen auf Stadtteilebene Care-Arbeit, in diesem Fall Gesundheitsversorgung bedürfnisorientierter zu organisieren. Dies geschieht nicht isoliert von den Menschen im Stadtteil, sondern der Aufbau wird oft verknüpft mit einer aktiven Stadtteilarbeit, in der Gesundheit auch sozial verstanden wird: Es geht nicht nur darum, Krankheiten zu behandeln, sondern auch krank machende Wohnverhältnisse zu bekämpfen.

Aber meist gehen Ansätze zur Kollektivierung von Care-Arbeit nicht mit einer widerständigen Organisierung von Frauen und anderen unbezahlten Care-Arbeiter:innen einher. Und ein Großteil der Care-Arbeit bleibt im Haushalt isoliert. Über die Verteilung wird höchstens dort in Paarbeziehungen und Familien gestritten. Feministische Stadtteilarbeit könnte sich zum Ziel setzen, diese Isolierung aufzuheben, Orte zu schaffen, an denen Frauen und andere unterdrückte Geschlechter sich austauschen und davon ausgehend Kämpfe führen. Es könnten Care-Räte gebildet werden, in denen Menschen in einem Stadtteil gemeinsam überlegen, wie sie Care-Arbeit organisieren. Dann könnten sie entweder entsprechende Forderungen an die Stadtpolitik stellen – wie mehr KiTa-Plätze – und darum kämpfen oder entsprechende Strukturen selbst aufbauen. Oder eine Mischform von beidem, indem sie selbst Strukturen aufbauen, aber Ressourcen dafür vom Staat fordern. Die Isolierung von Frauen aufzuheben, kann auch eine wichtige Grundlage sein, um patriarchale Gewalt zu bekämpfen. Auch das wäre auf nachbarschaftlicher Ebene denkbar, wenn die Nachbarschaft eben aktiv und organisiert ist.

Basisorganisationen, ob sie nun im Betrieb oder Stadtteil ansetzen, haben den Vorteil, dass sie Menschen dort, wo sie leben und arbeiten, erreichen und dass die bestehenden Lebens- und Arbeitsverhältnisse politisiert und verändert werden können. Sie können diese gradweise commonisieren, aber dabei auch materielle Versorgungscommons schaffen. Dies passiert etwa, wenn sich Arbeiter:innen einen Betrieb aneignen oder eine Stadtteilorganisation Kämpfe um Vergesellschaftung von Wohnraum führt oder die Häuser gleich selbst besetzt. Es kann aber auch heißen, dass eine Stadtteilorganisation auf andere Art und Weise Commons aufbaut, um die Bedürfnisse der Menschen im Stadtteil zu befriedigen, wie etwa Stadtteilzentren, Gemeinschaftsgärten oder Institutionen, in denen Care-Arbeit kollektiviert wird. Commons aufzubauen kann vielleicht sogar manchmal helfen, Proteste, die sich an Themen entfachen, die nicht eindeutig emanzipatorisch zu deuten sind, umzudeuten. So zerstritten sich einige Dörfer auf Rügen über einen geplanten Windpark. Die Windpark-Gegner:innen schafften es schließlich, das Projekt zu verhindern. Um nicht dabei stehenzubleiben, taten sich aber alle aktiven Dorfbewohner:innen jenseits der Windkraftfrage zusammen und bauten eine Bürgerenergiegenossenschaft auf, die die Menschen auf der Insel selbstorganisiert mit erneuerbaren Energien versorgt. Das Versammlungshaus der Bürgerenergiegenossenschaft konnte wiederum von Gruppen genutzt werden, die Protest gegen das geplante LNG-Terminal organisierten.

Solche Commons können also auch Infrastruktur für Basisorganisationen bieten, indem sie Räume stellen, in denen sich Menschen treffen. Und indem sie Menschen – etwa durch die Kollektivierung von Care-Arbeit – entlasten und somit dafür sorgen, dass mehr Menschen sich an der Organisierung und den Kämpfen beteiligen können.

Dabei können Basisorganisationen Gefahr laufen, zu sehr im Konkreten und Lokalen stecken zu bleiben. Anstatt um den Kampf gegen den Kapitalismus geht es dann um ein wenig mehr Lohn, etwas niedrigere Miete oder einige Parkflächen mehr. Dieser Isolierung kann durch eine Zusammenarbeit mit sozialen Bewegungen entgegengewirkt werden. Einerseits bringen Basisorganisationen selbst solche Bewegungen hervor: Wenn Mieter:innen merken, dass es nicht ausreicht, sich im Stadtteil gegen die steigenden Mieten zu wehren, vernetzen sie sich mit anderen und initiieren vielleicht Kampagnen wie *Deutsche Wohnen & Co Enteignen*, die stärker einen Bewegungscharakter haben. Wenn soziale Bewegungen andererseits Basisorganisationen in ihren Kämpfen unterstützen, können sie dazu beitragen, die Basisorganisationen zu erweitern, sodass sie weiter auf ihre konkreten Lebensbedingungen, aber auch aufs Allgemeine ausgerichtet sind. Dies kann bedeuten, eine Orientierung an Klimagerechtigkeit in Arbeitskämpfen oder lokalen Kämpfen gegen umweltschädliche Projekte hineinzutragen. Und Aktivist:innen aus feministischen Bewegungen können ihre theoretische und praktische Erfahrung nutzen, um eine feministische Orientierung in Stadtteilorganisationen oder auch Arbeitskämpfen zu stärken.

Durch solche Verbindungen kann schließlich der commonisierende Charakter von Basisorganisationen gestärkt werden. Sie können zu Kräften werden, die sich – teilweise vor, aber noch viel stärker in – Bruchmomenten Produktionsmittel und Häuser aneignen, bedürfnisorientierte Versorgungsstrukturen schaffen und die Care-Arbeit commonisieren.

11.2 Soziale Bewegungen

Unter sozialen Bewegungen verstehen wir, wie schon in Kapitel 6 ausgeführt, Netzwerke von Organisationen und Einzelpersonen, die sich gemeinsam dafür einsetzen, etwas zu verändern.[151] Sie sind also ein eher diffuser Zusammenschluss aus verschiedenen Akteur:innen, die ein gemeinsames Ziel teilen.

151 Ähnlich werden sie auch in der Bewegungsforschung definiert: «Von Bewegungen soll dann die Rede sein, wenn (1) Netzwerke von Gruppen bzw. Organisationen vorliegen, (2) diese sich vor allem des Mittels kollektiver öfffentlicher Proteste bedienen und (3) Proteste auf grundlegende Veränderungen einer sozialen Ordnung zielen. Bewegungen schließen Organisationen ein; sie haben Organisationen, aber sie sind nicht Organisationen» (Rucht 1996, S. 33). Wir haben uns für eine weitergefasste Definition entschieden, da neben öffentlichem Protest auch andere Mittel genutzt werden und weil es auch Bewegungen gibt, die sich lediglich für kleine Reformen und nicht für eine «grundlegende Veränderung» der sozialen Ordnung einsetzen.

Anders als Basisorganisationen setzen sie nicht unbedingt an den konkreten Lebenszusammenhängen wie Betrieben und Stadtteilen an, sondern formieren sich überregional, manchmal sogar weltweit. Das bedeutet nicht, dass nicht auch Basisorganisationen Teil von Bewegungen sein können. Was soziale Bewegungen ausmacht, ist, dass sie tendenziell auf einer größeren Ebene als nur dem Lokalen Veränderung anstreben. So können sie gesamtgesellschaftliche Diskurse beeinflussen.

Für uns sind soziale Bewegungen wichtiger Bestandteil einer transformatorischen Praxis, weil sie die Ebene der Allgemeinheit ansprechen und damit Krisenbewusstsein schaffen und die Notwendigkeit grundlegender Veränderung in den Köpfen verankern können. Sie sind auch wichtig, weil sie eine Dynamik der Ausweitung in sich tragen und weil Menschen in ihnen lernen zu kämpfen. Und sie sind wichtig, weil sie sich über Commoning organisieren und zwar im großen Maßstab. Sie sind gelebte transpersonale Solidarität.

Meistens steht aber, auch nach dem Empfinden der Bewegten selbst, nicht im Mittelpunkt, ob sich bedürfnisorientierte Selbstorganisation ausweitet, sondern ob sie ihre Ziele erreichen. Diese Ziele werden immer wieder als konkrete Reformen formuliert, denn so erscheint das Erreichen realistischer. Gleichzeitig fordern Bewegungen oft Dinge, die mit dem Kapitalismus nicht vereinbar sind, wie die Einhaltung der 1,5-Grad-Grenze oder bedingungslose Bewegungsfreiheit für alle. Trotzdem werden daraus dann unzureichende Forderungen abgeleitet, die der Staat umsetzen soll, wie eine CO_2-Steuer oder das Recht auf Asyl. So wird eine Verallgemeinerung der Forderung angestrebt. Das Ansprechen einer Allgemeinheit ist gerade das, weswegen Bewegungen transpersonale Solidarität nahegelegt ist. Doch wenn sie an den Staat appellieren, sprechen sie die falsche Allgemeinheit an. Denn was eine globale Allgemeinheit herstellt, ist die globale Tätigkeitsteilung, die gerade über den Markt organisiert ist. In dieser ist ein einzelner Staat zwar handlungsfähig, aber nur beschränkt. Trotzdem ist er erst einmal für viele Bewegungen der größte Hoffnungsträger, wenn es um das Umsetzen von Verbesserungen im Hier und Jetzt geht. Manchmal bilden sich aber auch starke Bewegungen, ohne den Staat zum Hauptadressaten ihrer Politik zu machen. Die zweite Welle der feministischen Bewegung in Deutschland setzte unter anderem darauf, Selbsterkenntnisgruppen für Frauen aufzubauen. Frauen sollten kollektiv ihre Leben verändern, um das Patriarchat zu überwinden. Die Hausbesetzer:innenbewegung besetzte einfach selbst Häuser, auch wenn sie dabei vom Staat oft zumindest eine Duldung forderten.

Oft formieren sich Bewegungen auch einfach, weil klar ist, dass sich etwas ändern muss, ohne konkret zu benennen, wie oder von wem das veränderbar wäre. Die Klimabewegung etwa ist erst einmal darüber vereint, dass sie die Klimakatastrophe stoppen will. Ob dies dadurch gelingt, Reformen zu erstreiten, fossile Infrastruktur selbst lahmzulegen oder einen revolutionären Bruch mit dem Bestehenden herbeizuführen, beantworten die verschiedenen Bewegungsakteur:innen unterschiedlich. Und auch in Occupy und den anderen Krisenprotesten Anfang der 2010er war es auf den zahlreichen Platzbesetzungen höchst umstritten, ob überhaupt Forderungen aufgestellt werden sollten. Auf die Straße gebracht hatte die Menschen nicht eine Idee für ein konkretes Gesetzesvorhaben, sondern erst einmal ihre Empörung über die herrschende Krisenpolitik. Es scheinen vor allem solche Krisenmomente zu sein, in denen Menschen auf die Straße strömen und ihrem Schrei der Wut und Empörung über die Verhältnisse Gehör verschaffen, auch wenn sie nicht direkt eine konkrete Lösung präsentieren. Solche Momente können dann Ansatzpunkte liefern, eine Perspektive auf eine grundlegende Veränderung zu verbreiten, die sich nicht in Reformvorhaben gießen lässt.

Außerhalb davon gilt jedoch oft: Um motiviert zu sein, auf ein Plenum, eine Demo oder eine Blockade zu gehen, braucht es meistens Erfahrungen aus der Vergangenheit, auf die verwiesen werden kann, bei denen genau diese Handlungen etwas bewirkt haben. Ein verlegenes Lächeln und die Antwort: «Wir bereiten damit irgendwie den Bruch mit den Verhältnissen vor, die uns kaputtmachen, in dem wir im Kämpfen Solidarität entwickeln», wird kaum reichen um Menschen vom Sofa zu holen.

Es kann also manchmal sinnvoll sein, an konkreten Forderungen, vielleicht sogar an welchen, die der Staat tatsächlich umsetzen kann, anzusetzen und anhand dieser Forderungen Menschen mitzunehmen und mehr zu werden. Trotzdem gilt es dann, sich nicht in dem Erkämpfen von Reformen zu verlieren. Denn wenn wir nicht auch das fordern, was richtig ist – ein gutes Leben für alle innerhalb der planetaren Grenzen – und nur noch das, was innerhalb des Bestehenden möglich und einfach umsetzbar ist, dann fordert das Richtige niemand mehr. Dann verschwindet auch die Möglichkeit einer grundlegenden Veränderung. Und das Konzentrieren auf einfach zu gewinnende Reformkämpfe kann dazu führen, dass das, was eigentlich die größte Kraft von Bewegungen ist, in den Hintergrund gerät – die Solidarität.

Denn wenn es nur noch darum geht, möglichst viel Einfluss im Staat zu bekommen, dann ist auch die Idee nicht mehr weit, einfach selbst in eine Partei zu gehen oder eine zu gründen und Teil des Staats zu werden. Parteien und Parlamente haben aber eine eigene Form und Logik, die der von Commoning entgegensteht. Dort gedeihen Konkurrenz und Ausschluss. Und wenn man es schafft, sich im Ellenbogenkampf durchzusetzen, dann scheint es plötzlich zweckmäßig, die sinnvollen Anliegen der Bewegungen, die dich in diese Position gebracht haben, dem Funktionieren der Kapitalakkumulation unterzuordnen.

Ferat Koçak, selbst Abgeordneter der Linkspartei in Berlin und Klima- und Antirassismus-Aktivist, hat das so ausgedrückt: «Der unsolidarischste Ort, an dem ich je war, war das Parlament. Der solidarischste war Lützerath.»[152]

Wir stehen also vor der schweren Aufgabe, die Solidarität, die wir schaffen und ausweiten, ernst zu nehmen und nicht bloß als Mittel zum Zweck zu sehen, um quantifizierbare Ziele zu erreichen. Das bedeutet aber nicht, uns in die völlige Bedeutungslosigkeit zu katapultieren, indem wir jeglichen Bezug auf Staat und Reformen von vornherein ausschließen. Wie im Umgang mit Gewerkschaften gilt es hier situativ zu entscheiden. Manchmal mag es hilfreich sein, eine einfach erfüllbare Forderung zu stellen und zu gewinnen, weil wir dann mehr werden und die konkrete Veränderung unser Leben und unsere Kampfbedingungen verbessert. Manchmal wird das aber auch zu Integration und Befriedung führen. Manchmal mag es sinnvoll sein, mit allen Parteien Bündnisse zu schmieden, die unser Anliegen teilen. Manchmal wird das aber auch zur Demobilisierung unserer Bewegungen führen. Wie bei Vielem in diesem Buch, so gilt auch hier: Wir können keine Patentrezepte liefern. Wir können

152 Koçak 2023

höchstens Tendenzen und Gefahren benennen, die dann stets in der konkreten Praxis abgewogen werden müssen.

Das gilt auch für die Frage, ob und wie Bewegungen das Parlament nutzen sollten. Immer wieder wird diskutiert, ob Parteien ein «parlamentarischer Arm» von Bewegungen sein können. Nur ist das Bild von dem Arm falsch, weil ein Arm Teil des Körpers ist und sich eher nicht gegen ihn verselbstständigt. Bei den «parlamentarischen Armen» ist es aber immer wieder passiert, dass sie sich gegen die Bewegung verselbstständigt haben, wie die Grünen, die als Umweltpartei gestartet haben und dann Lützerath räumen ließen. Im Bild wäre dieser parlamentarische Arm ein Arm, der sich der Kontrolle durch den Kopf entziehen kann, um dann an den restlichen Körper Faustschläge auszuteilen. Oder einer, der statt einer Hand aus Fleisch und Blut die magische Hand trägt, die Voldemort für Peter Pettigrew gemacht hat, und die ihn erwürgte, als er Mitleid zeigte.

Und doch kann es sinnvoll sein, Verbündete im Parlament zu haben. So können linke Parteien, die aus der Opposition heraus den Forderungen der Bewegungen Gehör verschaffen, die kritische Anfragen stellen und die Gelder, die sie über das Parlament bekommen, zum Bewegungsaufbau nutzen, Bewegungen unterstützen.

Auch linke Regierungen können Möglichkeitsfenster bieten. In Allendes Chile 1970–1973 gab Demonstrationen mit einer Million Teilnehmer:innen. Die Arbeiterselbstverwaltung wurde von der sozialistischen Regierung gefördert und trieb die Regierung zugleich vor sich her. Andere linke Regierungen führten aber zu einer Demobilisierung von Bewegungen. So brachten die Krisenproteste in Griechenland 2015 die Partei Syriza an die Macht, die dann aber damit fortfuhr, das Spardiktat der EU gegen die eigene Bevölkerung durchzusetzen.

Es gälte noch einmal ausführlich zu untersuchen, welche Faktoren dazu führen, dass linke Regierungen zu einem Mehr an Konstruktion von Selbstorganisation und Machtaufbau von unten führen und wann sie genau das behindern. Es hängt wohl auch davon ab, mit welcher Intensität die Regierungen mit Sachzwängen konfrontiert sind. Diese Sachzwänge haben in den letzten Jahrzehnten mit zunehmender Weltmarktkonkurrenz und Krisenhaftigkeit des Kapitalismus vielleicht noch mehr zugenommen und so schrumpft der Handlungsspielraum für linke Regierungen noch weiter.

Wahrscheinlich spielt es auch eine Rolle, wie sehr sich die Menschen in den Parteien der Fallstricke parlamentarischer Politik bewusst sind. Was Johannes Agnoli einst seinen Genoss:innen geraten hat, die aus sich aus feministischer, Umwelt,- und Friedensbewegungen zu der Partei «Die Grünen» zusammengeschlossen haben, gilt noch immer: «Vor allem dürfen sie [die linken Grünen] nicht vergessen, daß eine der großen Vorzüge bürgerlicher Institutionen ihre Klebrigkeit ist»[153]. Um sich gegen diese Klebrigkeit zu wehren, kann es vielleicht hilfreich sein, an Bewegungen angebunden zu bleiben und Kandidat:innen zur Wahl im Parlament, wenn dann gut organisiert, aufzustellen. Denn gegen Klebrigkeit kannst du dich besser schützen, wenn du nicht allein bist. Und wenn du Menschen außerhalb der klebrigen Institutionen hast, die dich immer wieder packen und rausziehen, wenn du zu sehr festklebst. Gleichzeitig besteht dabei aber auch die Gefahr, dass du schon so voller Kleber bist, dass diese Leute direkt mit kleben bleiben. So wie die reformistischen Teile der Klimabewegung, die sich in den Grünen repräsentiert sehen. Während sie 2019 noch mit uns auf die Straße gingen, glauben sie den Grünen nun, dass einfach nicht mehr drin ist und dass wir es auch mit Flüssiggas schon irgendwie schaffen, die Klimaziele einzuhalten. Parlamentarische Möglichkeitsräume auszunutzen, ohne im Parlamentarismus aufzugehen, bleibt also ein gefährliches Spannungsfeld. Und schließlich ist klar, dass wir die Veränderung, die wir eigentlich brauchen, nicht über die Parlamente erreichen können. In einem strategischen Verhältnis zu Parteien können wir ihre Möglichkeiten manchmal nutzen, müssen uns aber gleichzeitig ihrer Klebrigkeit bewusst sein.

Es besteht aber auch die Gefahr, dass Menschen an ihren Sofas festkleben, wenn sie nicht den Eindruck haben, etwas bewegen zu können. Soziale Bewegungen haben dabei gerade die Kraft, Menschen, die unterschiedliche Vorstellungen von Veränderung und Gesellschaft haben, mobilisieren zu können. Es werden also nicht nur die Menschen angesprochen, die eine Kritik an Staat und Markt haben, sondern alle, die das Gefühl haben, etwas läuft falsch. Dass sich all diese Menschen in sozialen Bewegungen und nicht in Parteien organisieren, ist dabei auch so

153 Agnoli 1983, S. 124

wichtig, weil dann mehr Menschen Commoning erfahren und Kampferfahrungen sammeln.

Es geht also darum, wie die Kämpfe geführt werden. Durch lobbyhaftes Einflussnehmen auf die Politik oder dadurch selbst zur Politik zu werden kann die Erfahrung von bedürfnisorientierter Selbstorganisation oder von dem kollektiven Außerkrafttreten von Privateigentum nicht gemacht werden. Auch dann wird zwar versucht, mehr Menschen zu erreichen, aber vor allem um sich wählen zu lassen oder als Fördermitglieder für eine Partei oder NGO. Das Commoning weitet sich also nur bedingt aus.

Es ist aber nicht nur relevant, wie wir kämpfen, sondern auch wofür. Weil wir über Reformkämpfe nicht Stück für Stück den Kapitalismus abschaffen können, kann dies nicht das Kriterium sein, nach dem wir auswählen, welche Kämpfe wir führen.

Wir halten es also für sinnvoll, Reformkämpfe zu führen, die unsere Ausgangsbedingungen verbessern. Das können Abwehrkämpfe sein, wie die gegen eine Verschärfung von Polizeigesetzen, die jede Form der organisierten Solidarität erschweren würden. Auch feministische und antirassistische Kämpfe halten wir für wichtig, weil wir glauben, dass eine Verallgemeinerung von Commoning nur möglich ist, wenn zuvor schon patriarchale und rassistische Strukturen zurückgedrängt werden, wenn es ein weitverbreitetes feministisches und antirassistisches Bewusstsein und entsprechende Organisierung gibt. Kämpfe gegen klimaschädliche Infrastruktur können uns vielleicht ein bisschen Zeit kaufen und je mehr erneuerbare Energien schon heute ausgebaut werden, desto weniger anspruchsvoll wird der ökologische Umbau im Bruchmoment. Den Ausbau der Versorgung durch öffentliche Güter zu erstreiten, macht nicht nur, dass Menschen mehr Zeit haben, sich zu organisieren und Existenzängste, die uns kaputtmachen und vereinzeln lassen, abgefedert werden, sondern auch, dass eine Entkopplung von Geben und Nehmen für viele Menschen schon erfahrbar wird. Eine solche Erfahrung kann noch intensiver entstehen, wenn es Bewegungen schaffen, dem Staat Ressourcen abzuringen, um selbst Commons aufzubauen, wie es zum Beispiel bei *Deutsche Wohnen und Co Enteignen* versucht wird.

Uns scheint auch relevant, dass die Reformen, für die gekämpft wird, in Richtung struktureller Solidarität weisen, also nicht ein Problem auf Kosten einer anderen Gruppe lösen. Ein Beispiel für diese falschen Lösungen ist der Handel mit CO_2-Zertifikaten, in dem Emissionen, die in reichen Ländern gemacht wurden, ausgeglichen werden sollen, indem Land im Globalen Süden privatisiert wird, um Bäume zu pflanzen.

Außer konkreten Verbesserungen gewinnen Bewegungen auch immer Diskursmacht. Diese Diskursmacht sollten wir nutzen, um einerseits den Kapitalismus zu problematisieren und andererseits eine Alternative zu artikulieren. Dafür sind manche Reformkämpfe besser geeignet als andere. *Deutsche Wohnen und Co Enteignen* hat den Horizont der Vergesellschaftung bis weit ins bürgerliche Spektrum hinein geöffnet, indem sie das Thema sehr konkret auf den Tisch gebracht haben. In dem Kampf um Lützerath ist zwar gelungen, die Dringlichkeit der Klimakrise und das Scheitern der deutschen Klimapolitik, inklusive der Grünen, zu verdeutlichen. Aber es war deutlich schwerer, Kapitalismuskritik über die Presse zu artikulieren, obwohl die Presse-AG dies versucht hat. Denn die Geschichte, die die Presse interessierte, war primär der Abriss des alten Dorfes.

Bei all diesen Überlegungen ist aber auch klar, dass wir immer wieder Kämpfe verlieren werden. Es kann zwar wichtig sein, Kämpfe zu gewinnen, damit Menschen motiviert sind, weiterzukämpfen. Aber es ist auch wichtig, das Richtige zu fordern, auch wenn es im Bestehenden nicht erreicht werden kann. Und auch wenn wir Dinge fordern, die eigentlich selbst unter falschen Umständen möglich wären, werden wir immer wieder scheitern und verlieren. Es gilt dann, dieses Scheitern einzubetten und daran die Grenzen aufzuzeigen, die der Kapitalismus uns auferlegt. Um dann aus der Wut, die dadurch entsteht, neue Kämpfe zu entfachen, anstatt sie in der Ohnmacht ersticken zu lassen. Außerdem bleibt von diesen Kämpfen, auch wenn wir sie verlieren, die Erfahrung aus dem, was wir geschaffen haben und die solidarischen Beziehungen, die wir gepflegt haben.

Einige verlieren wir an Parteien, mehr Menschen verlieren wir an das Gefühl der Ohnmacht verbunden mit einer Vereinnahmung durchs bürgerliche Leben. Eines Tages wird es dann doch scheinbar wichtiger, Karriere zu machen und eine Kleinfamilie zu gründen, als immer wieder daran zu scheitern, die Welt zu verändern. Und die anderen, die mit uns gekämpft haben, sind schon lange dazu übergegangen, sich selbst abzusichern. Nicht, dass du am Ende die Einzige bist, die leer ausgeht. Das Wegbrechen der Bewegten ist zugleich Ursache und Folge der Kurzlebigkeit von Bewegungen.

Vielleicht könnten Bewegungen das abfedern, wenn sie mehr Versorgungscommons aufbauen würden. Bewegungen selbst können als Commons betrachtet werden, weil sie ihre eigene Reproduktion in einem selbstorganisierten Prozess erschaffen. Meist bleibt das auf einer symbolischen und sozialen Ebene. Zugleich aber materialisiert sich diese selbstorganisierte Solidarität immer wieder in materiellen Commons. Bewegungsorte, wie Dorfbesetzungen oder Camps lassen uns temporär und meist prekär erleben, wie es wäre, füreinander tätig zu sein, ohne getrennt zu sein, uns solidarisch zu versorgen. Zudem materialisieren sich Bewegungswellen oft in Formen der selbstorganisierten Versorgung, die auch über die Bewegungsaktiven hinaus Menschen zugutekommen. So entstanden aus der zweiten Welle des Feminismus Frauenhäuser, Kinderläden und Beratungsstellen, die noch heute das Leben von Betroffenen des Patriarchats etwas erträglicher machen. Aus den Hochzeiten der Hausbesetzungen gibt es noch heute zahlreiche Hausprojekte, die Räume für Plena zur Verfügung stellen und Alternativen zur Kleinfamilie leben, wodurch auch Kinder-Haben und Politisch-aktiv-Bleiben stärker vereinbar werden kann. Bürgerenergiegenossenschaften und solidarische Landwirtschaften sind aus der Umweltbewegung hervorgegangen, und versorgen ihre Mitglieder selbstorganisiert mit sauberem Strom und ökologischem Gemüse.

Immer wieder gibt es auch Versuche von Menschen in Bewegungen, den Druck der Lohnarbeit auf die Individuen abzufedern. Zum Beispiel, indem sie sich zu gemeinsamen Ökonomien zusammenschließen, und das Geld, was sie haben, teilen. All dies sind Verbindungen von Commons und Bewegungen, die zeigen, dass Bewegungen Commons schaffen und diese wiederum Bewegungen als Infrastruktur unterstützen können.

Auch Basisorganisationen und Bewegungen können einander unterstützen. Real lassen sie sich eigentlich kaum voneinander trennen – Bewegungen haben immer Elemente von Basisorganisation. Und Basisorganisationen werden meist erst dann wirksam, wenn sie über das konkrete Lokale hinaus die Allgemeinheit ansprechen, was auch nahegelegt ist, wenn sie gegen das Kapital kämpfen. Zum einen können sie einander unterstützen, indem – wie oben schon diskutiert – aus Basisorganisationen Bewegungen entstehen können, zum anderen aber auch, wenn Bewegungsaktivist:innen gezielt Basisorganisationen aufbauen oder unterstützen. Denn immer wieder machen wir in Bewegungen die Erfahrung, dass wir doch zu wenige sind, um wirklich wirkmächtig werden zu können. Mit unseren Demo-Aufrufen lassen sich dann doch immer nur die gleichen Leute mobilisieren. Das sahen auch etliche Klimaaktivist:innen so, die sich entschieden, anstatt weiter Bäume zu besetzen, in Gespräche mit Busfahrer:innen zu gehen. Die Kampagne «Wir fahren zusammen» versucht, Arbeitskämpfe der Beschäftigten im ÖPNV mit Klimathemen zu verbinden, wodurch wiederum eine größere Basis für die Klimabewegung geschaffen werden kann. Und so verstehen sich nun mehr und mehr Busfahrer:innen nicht nur als Lohnabhängige, die für bessere Arbeitsbedingungen kämpfen, sondern auch als Klimaaktivist:innen. Auch dass immer mehr Menschen aus Bewegungen sich Stadtteilarbeit zuwenden, ist Ergebnis der Reflexion der eigenen Schwäche, die es nötig macht, eine größere gesellschaftliche Verankerung zu erreichen. So werden in Basisorganisationen auf Stadtteilebene auch Menschen angesprochen, die vorher nie auf linke Demos gekommen wären und demonstrieren dann schließlich gemeinsam mit Bewegungsakteur:innen gegen Inflation und hohe Mieten.

Wenn Bewegungen sich sowohl über Basisorganisationen in der Gesellschaft verankern als auch durch Versorgungscommons ihre eigene Reproduktion sichern und dies beides miteinander kombinieren, könnte vielleicht die Kampfkraft von Bewegungen gestärkt und zugleich Solidarität ausgeweitet werden. Politische Praxis wäre dann nicht so isoliert von unserem restlichen Leben. Das würde bedeuten, nicht mehr kollektiv Aktivistin zu sein, aber allein Lohnarbeiterin, Mutter oder Mieterin. Aus der Notwendigkeit solidarische Strukturen aufzubauen, um gemeinsam zu kämpfen, könnten Commons aufgebaut werden, die im Alltäglichen verankert sind. Dabei könnten sie auch offen sein für Menschen, die diesen Alltag teilen, aber nicht in Bewegungen organisiert sind, vielleicht aber auch über diese Versorgungsstrukturen einen Zugang zu den Bewegungen finden. Auch eine Veränderung unserer eignen Bedürfnisstruktur durch ein organisiertes Angehen von nicht verallgemeinerbaren Bedürfnissen scheint Erfolg versprechender, wenn es nicht getrennt vom restlichen Leben ist. So könnte politisch aktiv sein unser Leben auch schon im Hier und Jetzt bereichern.

Es geht also nicht darum, sich für einen zukünftigen Zustand aufzuopfern, sondern Solidarität aufzubauen, in der wir unsere menschlichen Potenziale besser entfalten können.

Zugleich kann die Solidarität sich eben nicht voll entfalten. Und dort, wo sie gedeiht, befindet sie sich im Widerspruch zum Kapital, im Kampf gegen das Kapital. Das bedeutet, dass es manchmal auch Entbehrung bringt, anstrengender ist, als einfach Kapitalismus zu machen, gerade für Menschen, die in diesem System Privilegien haben. Aber auch diese Anstrengung und die Entbehrung gilt es kollektiv abzufedern.

11.3 Commons

Materielle Commons, die im Hier und Jetzt schon Menschen versorgen, machen eine Versorgung aller über Commoning einfacher vorstellbar als Arbeitskämpfe oder soziale Bewegungen. Hier steht nicht das Kämpfen im Mittelpunkt, sondern ganz direkt Versorgung und Fürsorge. Menschen erfahren, dass sie Gemüse bekommen, auch wenn sie keinen Festbetrag gezahlt haben, sondern die Produktion solidarisch finanziert wird. Sie erleben, dass sie Wohnraum gemeinsam verwalten können. Sie erleben, dass sie sich aus Umsonstläden einfach nehmen können, was sie brauchen und trotzdem oder gerade deshalb immer wieder andere Dinge in den Laden gestellt werden. Sie lernen, dass sie keine Chefs brauchen und es viel erfüllender sein kann, die Arbeit kollektiv selbst zu organisieren und dabei weniger den Marktzwängen zu unterliegen. Zudem werden dadurch auch Fähigkeiten entwickelt: Fähigkeiten, sich kollektiv, solidarisch und bedürfnisorientiert selbst zu organisieren und zwar nicht nur in Bezug auf gemeinsame politische Arbeit und Kämpfe, wie in Bewegungen und Basisorganisationen, sondern auch in Bezug darauf, materielle Dinge herzustellen und zu verteilen. Zugleich werden Skeptiker:innen immer wieder sagen: «Ja, schön, in eurer kleinen Gruppe Gleichgesinnter funktioniert das, aber mit Gesellschaft hat das wenig zu tun.»

Damit beschreiben sie ein reales Problem: Materielle Commons sind oft auf überschaubare Gemeinschaften beschränkt. Trotzdem ziehen die Skeptiker:innen aus diesem Problem die falschen Schlüsse. Denn diese Beschränktheit liegt, wie wir vorher gezeigt haben, nicht im Wesen der Commons, sondern ist nur für Commons im Kapitalismus bestimmend.

Mit dieser Beschränktheit müssen also materielle Commons einen Umgang finden, wenn sie anstreben, dass die Praxis des Commoning sich zu struktureller Solidarität verallgemeinert. Wenn sie das nicht tun, dann bleiben sie auf kleine Nischen beschränkt, sodass eine solidarische Gesellschaft jenseits der Gemeinschaft durch sie nicht vorstellbar wird. Zugleich breiten sie sich nicht weiter aus.

Gerade die Qualität von Commons, nämlich dass bei ihnen nicht das Kämpfen, sondern die Fürsorge im Mittelpunkt steht, wird hier zum Nachteil. Denn es gibt kaum etwas, über das man fürsorglich und kollektiv verfügen kann, wenn einem wenig gehört. Der Raum für solidarische, materielle Beziehungen ist im Kapitalismus beschränkt. Wenn diese Beschränktheit angegangen werden soll, dann müssen auch materielle Commons kämpfen. Das kann eine Verbindung mit kämpferischen Basisorganisationen und sozialen Bewegungen befeuern.

Oft sind auch Commons-Projekte in Stadtteilen verankert. Mit Umsonstläden, Gemeinschaftsgärten oder offenen Werkstätten erreichen sie Menschen aus der direkten Umgebung.

Andere Commons sind nicht so sehr auf einen schon bestehenden sozialen Zusammenhang beschränkt. In Solidarischen Landwirtschaften schließen sich, ähnlich wie bei sozialen Bewegungen, oft eher Menschen zusammen, denen eine gemeinsame Sache wichtig ist, als Menschen, die denselben Alltag teilen.

Vielleicht könnte es materiellen Commons helfen, ihre Nische zu verlassen, wenn sie, ähnlich wie Stadtteilorganisationen, schauen würden, was die Bedürfnisse von Menschen in einem konkreten sozialen Zusammenhang sind. Und wie sie dann diese Bedürfnisse über Commoning befriedigen können. Dabei wäre es relevant, solidarische Beziehungen über Trennungen durch Klasse oder Herkunft hinweg aufzubauen. Oft nehmen solche Beziehungen dann eher den Charakter von Charity an. Anstatt sich also auf Augenhöhe bedürfnisorientiert und selbstorganisiert gegenseitig zu versorgen, helfen *weiße*, reiche Menschen in armen Vierteln, etwa indem sie kostenlose Kleidung oder Essen verteilen. Damit Solidarität und nicht nur Charity entsteht, müsste es darum gehen, nicht Commons für Menschen in armen Vierteln aufzubauen, sondern mit ihnen. Alle, die an solchen Versorgungsstrukturen beteiligt sind, müssten potenziell auch mit über die Mittel verfügen können, die dafür genutzt werden. Wenn Commons sich nicht nur selbst stärker in Stadtteilen verankern und sich an den dort existierenden Bedürfnissen orientieren, sondern sich zudem mit bestehenden Basisorganisationen, die etwa gegen hohe Mieten kämpfen, zusammenschließen, könnten sie auch diese Kämpfe unterstützen und die Basisorganisationen attraktiver machen. Denn dann würde sich einer Basisorganisation im Stadtteil anschließen nicht nur bedeuten, gemeinsam mit den Nachbar:innen für die gemeinsamen Belange zu kämpfen, sondern auch gemeinsam versorgt zu werden und diese Versorgungsstrukturen mitzugestalten.

Eine andere Möglichkeit, die Nische zu verlassen, besteht darin, dass sich Commons als Teil von sozialen Bewegungen verstehen und Bewegungspraktiken unterstützen.[154] Das würde bedeuten, dass etwa eine SoLaWi überschüssiges Gemüse an die Küche eines Klimacamps liefert. Oder dass ein Hausprojekt auch politischen Gruppen Räume zur Verfügung stellt. Auf ähnliche Art und Weise könnten auch Arbeitskämpfe und damit betriebliche Basisorganisationen unterstützt werden, etwa wenn eine «Küche für Alle»-Gruppe den Streikposten bekocht. Somit können Commons eine Infrastruktur bieten, die sowohl soziale Bewegungen als auch Basisorganisationen stärkt und gleichzeitig in ihnen die Vorstellbarkeit von Commoning als Vermittlungs-

154 Wie de Angelis schreibt: «Der Prozess der sozialen Revolution muss […] Wege finden, soziale Bewegung und Commons zu verbinden […], die Subjekte von Bewegungen in Commoners zu verwandeln und Commoners in Protestierende» («The process of social revolution [...] must seek ways to couple social movement and commons, […] to turn the subjects of movements into commoners and make commoners protestors.», De Angelis 2017, S. 371)

form verbreitet. Bewegungen und Basisorganisationen können wiederum, wie schon in den vergangenen Abschnitten diskutiert, Aneignungskämpfe führen und damit Ressourcen für den Aufbau von Commons erstreiten, was es diesen ermöglicht sich stärker auszubreiten.

Dabei sind Commons auch intern nie «fertige» Commons, in denen Solidarität, Bedürfnisorientierung und Selbstorganisation stets perfekt funktionieren. Neben der Ausbreitung und dem Verlassen der Nische, was durch Verbindung mit sozialen Bewegungen und Basisorganisationen geschafft werden kann, braucht es deshalb auch eine Intensivierung des internen Commonings, eine Commonisierung der Commons. Das bedeutet, die eigenen Selbstorganisationsprozesse zu reflektieren und zu verbessern, aber vor allem auch an patriarchalen und anderen ausschließenden Strukturen zu arbeiten, die in uns Menschen in dieser Gesellschaft eingeschrieben sind. Auch hierfür ist eine Verbindung zu sozialen Bewegungen, etwa der feministischen, die diese Strukturen adressieren, förderlich.

11.4 Verbindungen

Commons, soziale Bewegungen und Basisorganisationen können sich also gegenseitig unterstützen. Soziale Bewegungen können Basisorganisationen aufbauen oder deren Kämpfen größere Reichweite verleihen. Und sie selbst können über Basisorganisationen und deren gesellschaftliche Verankerung eine größere Anzahl an Menschen erreichen und mobilisieren. Sowohl Bewegungen als auch Basisorganisationen können – auch kämpferisch durch Aneignung – Commons schaffen, welche wiederum eine Infrastruktur bieten und das Leben der Menschen in Bewegungen und Basisorganisationen erleichtern. Durch solche Verbindungen könnten die verschiedenen Praktiken, die ohnehin auch heute nicht immer klar voneinander zu trennen sind, noch mehr miteinander verschmelzen, die verschiedenen Stärken können kombiniert und die Schwächen abgefedert werden. So sind Basisorganisationen und Commons stärker auf Langfristigkeit angelegt und könnten die Kurzlebigkeit von Bewegungen ausgleichen. Die Bewegungen wiederum können immer wieder in passenden Gelegenheiten eine Dynamik der Ausweitung hervorbringen.

Ein Beispiel für eine Bewegung, die die drei Elemente von Commons, Bewegung und Basisorganisation vereint und dabei konkret die Lebensbedingungen der Menschen verbessert, aber auch klar antikapitalistisch ausgerichtet ist, ist «Movimento Sem Terra», die Landlosenbewegung in Brasilien. Durch Landbesetzungen, die sie durch großen Protest mit Mitteln wie Autobahnblockaden legalisierten, konnten 350.000 Familien mit Land versorgt werden. Dieses angeeignete Land wurde aber nicht einfach privat bewirtschaftet. Stattdessen baut MST Kooperativen auf und mit dem eingenommenen Geld werden Schulen eröffnet. Auch eine sorgende Beziehung mit der Umwelt wird geschaffen, indem immer mehr auf biologische Bewirtschaftung gesetzt wird. Durch eine eigene Frauen-Organisation und eine «LGBT Sem Terra»-Fraktion wird der Kampf zugleich feministisch geführt.

Über die weltweite Organisation «Via Campesina», von der MST ein Teil ist, wird auch Solidarität über nationale Grenzen hinweg aufgebaut.

Genau solche Momente, in denen die Ausweitung von emanzipatorischer Bewegung, Aneignung und der Aufbau von Commons, feministische und transnationale Bestrebungen verbunden werden, gilt es auch in anderen Bewegungen zu schaffen oder auszuweiten. Dabei müssen diese Aspekte selbstverständlich auf die Ausgangsbedingungen übertragen werden, die nicht dieselben sind, wie bei den Landlosen in Brasilien.

In der MST sind diese Verbindungen zwar in der gemeinsamen Praxis angelegt, sie werden aber auch unter dem Dach einer Organisation gebündelt. Wir glauben, dass eine solche verbindende Organisation auch in anderen Kontexten helfen kann, die verschiedenen Pole emanzipatorischer Praxis zusammenzubringen, Unterstützungen zwischen ihnen zu organisieren und sie so zu stärken. Denn durch eine gemeinsame Organisation können die Verbindungen institutionalisiert werden und sind dadurch langlebiger. Bei der MST werden diese Verbindungen innerhalb der Kämpfe von Landlosen geschaffen, doch prinzipiell wäre es auch möglich, über eine verbindende Organisation nicht nur Verbindungen zwischen verschiedenen Praktiken innerhalb eines Kampfes zu schaffen, sondern auch Verbindungen zwischen verschiedenen Kämpfen.

Das Konzept der «verbindenden Organisation» übernehmen wir von Alexander Neupert-Doppler. Er beschreibt eine mögliche Praxis von verbindenden Organisationen wie folgt:

«Eine verbindende Organisation müsste in der Lage sein, durch thematische AGs an den Kämpfen in Betrieben, in der Öffentlichkeit und in den Stadtteilen teilzuhaben und zugleich Erfahrungen und Ressourcen zu bündeln. Sie wäre in allen Sphären präsent. So könnten z. B. Recht-auf-Stadt-AGs sowohl in Basisorganisationen im Stadtteil mitmischen als auch Kontakte zu Genossenschaften pflegen, deren Strukturen etwa bei der Legalisierung von besetzten Häusern oder besetzten Betrieben hilfreich sind. Soziale-Kämpfe-AGs sollten Betriebsorganisationen unterstützen, die ihrerseits eine Gewerkschaftsopposition mit aufbauen, welche die Gewerkschaften antreibt. Weiterhin müssten z. B. Klima-AGs der verbindenden Organisation in der Klimagerechtigkeitsbewegung wirken, um hier mit Wissen, Know-how und Ressourcen einen Gegenpol zu Parteienfixierung bieten. Die Stärken verschiedener Ansätze, etwa der zivile Ungehorsam von Bewegungen, sind zu koordinieren, ihre Schwächen, z. B. die Unstetigkeit von Bewegungen, wären auszugleichen. Persönlich riskante Praktiken, wie der Aufbau von Betriebsorganisationen, oder zeitraubende Praktiken, wie der Aufbau von Basisorganisationen, würden durch Unterstützung bzw. Arbeitsteilung strategisch berechenbarer.»[155]

In Bezug auf die von uns diskutierten Verbindungen würde das bedeuten, dass Menschen aus sozialen Bewegungen, aus Basisorganisationen in Betrieben und Stadtteilen sowie aus Commons-Projekten sich in einer verbindenden Organisation zusammenschließen.

Darüber könnten zum einen konkrete Unterstützungsmöglichkeiten vermittelt werden. Transpersonale Solidarität könnte sich festigen. Auch der ökonomische Druck, dem Commons-Projekte ausgeliefert sind, ebenso wie die finanzielle Unsicherheit von Vollzeit-Aktivist:innen könnten ausgeglichen werden, wenn über kleine Projekte hinweg Geld und Mittel miteinander geteilt werden. In Arbeitskämpfen müssten die Menschen viel-

155 Neupert-Doppler 2021, S. 305f

leicht weniger Angst um ihren Arbeitsplatz haben, wenn sie von einer Organisation, die auch Versorgungscommons beinhaltet, im Fall des Jobverlusts mitgetragen werden können. Dadurch könnten Arbeitskämpfe rücksichtsloser geführt werden. Eventuell könnten sogar ganze Betriebe in den Bankrott gestreikt und dann aufgekauft werden. So schlägt dies etwa das «Hans-Jürgen Krahl-Institut» in seiner Broschüre «Praktischer Sozialismus. Antwort auf die Krise der Gewerkschaften»[156] vor. Bei ihnen ist dies Aufgabe einer erneuerten Gewerkschaft, die einen gemeinwirtschaftlichen Sektor Solidarischer Ökonomie unterhält. Auch Robert Kurz schrieb in «Antiökonomie und Antipolitik»:

«Wenn man kein anderes Schiff hat, wird man auf hoher See bereit sein, selbst unter miesesten Bedingungen sich in sein Geschick zu fügen und alles zu tun, damit das Schiff als solches intakt bleibt. Wenn aber schon ein anderes Schiff bereitsteht, auf das man ohnehin überwechseln will, kann man das alte getrost in Brand stecken und den verrückten Kapitän Ahab an der obersten Rahe aufknüpfen. Solange eine andere Reproduktion bloß in der Vorstellung existiert und auch diese noch auf dieselben Gesetzmäßigkeiten der alten Form beschränkt bleibt, ist eine Radikalität innerhalb der Form gar nicht möglich. Ironischerweise kann der soziale Kampf auf dem Boden von Lohnarbeit und Sozialstaat erst in dem Maße zugespitzt werden, wie das Ziel gar nicht mehr der Geldlohn ist. Nur wenn Sektoren einer autonomen, emanzipatorischen Reproduktion greifbar sind, ist es möglich, den system-immanenten sozialen Kampf völlig rücksichtslos und in Bezug auf das Schicksal der famosen Marktwirtschaft nihilistisch zu führen.»[157]

Gleichzeitig glauben wir aber, dass der Aufbau einer solchen «anderen Reproduktion» innerhalb des Kapitalismus immer beschränkt sein wird, weshalb auch diese Verbindung von Streik und Aneignung nicht als linearer Prozess gedacht werden kann. Denn auch die so geschaffenen Commons würden zum einen weiter den in diesem Buch diskutierten Beschränkungen unterliegen.

Zum anderen würde eine verbindende Organisation es auch ermöglichen, die Erfahrungen aus den verschiedenen Kontex-

156 Hans-Jürgen-Krahl-Institut 2008

157 Kurz 1997

ten zusammenzutragen und zu theoretisieren. Dadurch kann die Theorie sowohl was die Kritik der bestehenden Gesellschaft angeht als auch in Bezug auf Strategien der Transformation weiterentwickelt werden. Aber auch ganz praktisches Wissen darüber, wie Selbstorganisation am besten funktioniert und welche Strukturen sich als nützlich erwiesen haben, können gebündelt und zugänglich gemacht werden. Organisationen bieten eine Plattform, in der Menschen voneinander und auch von der Vergangenheit lernen können, wenn Wissen aus vergangenen Kämpfen in der Organisation angesammelt wird. So können die einzelnen Kämpfe und Projekte sich nicht nur materiell, sondern auch mit Erfahrungswissen unterstützen. Wir glauben, dass durch eine Verbindung von verschiedenen Themen, Kämpfen und Projekten die Unvereinbarkeit des Strebens nach Solidarität mit der bestehenden Gesellschaftsform erlebbar wird. Denn dadurch werden Ansätze, die ein Problem auf Kosten anderer lösen, schneller als solche erkannt. Das gilt umso mehr, je mehr die Organisation auch transnationale bis globale Verbindungen aufbaut. Wenn Menschen in einer Organisation gemeinsam Strategien entwickeln, die auf einen Bruch mit dem Bestehenden zielen, ist die Gefahr kleiner, dass sie sich in der Alltagspraxis etwa von Reformkämpfen oder Gemeinschaftsgärten verlieren.

Theorie und Erfahrungswissen können von der verbindenden Organisation dann auch wieder in die einzelnen Bewegungen, Basiskämpfe und Commons-Projekte hineingetragen werden. Sie sollte jedoch nichts aufzwingen. Politische Organisationen laufen manchmal Gefahr, von sich selbst so sehr überzeugt zu sein, dass sie denken, sie wüssten es besser als alle anderen und müssten diese nun auf die «richtige Linie» bringen. Das ist letztlich das Organisationsmodell von leninistischen Parteien. Anstelle von Selbstaufklärung und Erkenntnisgewinn tritt dann die Schulung, in der die Partei die richtige Linie vorgibt. In dieser Vorstellung ist es auch letztlich die Partei, die die Revolution macht. Eine antiautoritäre Organisation darf nicht einem solchen avantgardistischen Anspruch folgen. Wenn wir eine strukturell solidarische Gesellschaft wollen, dann kann diese kein Herrschaftsprojekt einer Organisation sein, auch nicht in der den Bruch vorbereitenden Praxis. Stattdessen ist das Ziel theoretischer Intervention stets eine Debatte. Es muss darum gehen, uns mit allen anderen, die ein solidarisches Miteinander wollen, darüber auszutauschen, wie wir dies am besten erreichen. Denn schließlich liegt es in unser aller Interesse, uns selbst über die Bedingungen und die Möglichkeiten sie zu ändern, aufzuklären. Es geht also um die kollektive Selbstermächtigung aller, sowohl in Theorie als auch in Praxis.

Wenn im Mittelpunkt unseres Strebens nach Veränderung kollektive Selbstermächtigung steht, dann bedeutet das auch, die Politik von Organisationen daran auszurichten. Ziel sollte es also nicht primär sein, die eigene Organisation zu stärken, sondern die Basisorganisationen, die Bewegungen und die Commons, weil es viel wahrscheinlicher ist, dass sie viele Menschen die Möglichkeit von Selbstermächtigung bieten. Zugleich stärkt es Organisationen für gewöhnlich am meisten, wenn sie eine überzeugende Praxis haben.

Das bedeutet auch, dass es nicht die eine verbindende Organisation braucht. Denn die Revolution wird nicht durch die Machteroberung einer Organisation gemacht, sondern durch die massenhafte Aneignung der Produktionsmittel und die Commonisierung aller Lebensbereiche von unten. Linke Organisationen haben hierbei nur unterstützenden Charakter. Und so können auch mehrere Organisationen solidarisch zusammenarbeiten und sich auch über Differenzen hinweg unterstützen. Es kann also auch mehrere Arten von verbindenden Organisationen geben: Welche, die sich hauptsächlich auf praktische gegenseitige Unterstützung fokussieren und welche, die eher mit inhaltlich-theoretischen Impulsen in die verschiedenen Bereiche intervenieren. Welche, die Bewegungen, Basisorganisationen und Commons-Projekte anhand eines bestimmten Themas verbinden (wie etwa die Landfrage bei MST) und welche, die sich themenübergreifend für eine solidarische Gesellschaft einsetzen. Auch Organisationen, die erst einmal nur innerhalb eines der drei Pole ansetzen und zum Beispiel verschiedene Bewegungen miteinander verbinden oder finanziellen Ausgleich zwischen verschiedenen Commons-Projekten schaffen, können die Transformation voranbringen.

Wenn solche Organisationen nicht nur lokal, sondern auch überregional organisiert sind, können sie auf größerer Ebene handlungsfähig werden und zudem auch einen größeren Erfahrungsaustausch ermöglichen. Da die Probleme, die wir bekämpfen, globale Probleme sind und sich eine solidarische

Gesellschaft nur als globale wirklich entfalten kann, halten wir auch transnationale Verbindungen oder globale Organisierung für wichtig. Organisierte transnationale Solidarität ist aber nicht nur relevant für das Ziel eines solchen Bruches, sondern auch schon für die Kämpfe hier und heute. Wenn Streiks dadurch gebrochen werden, dass die Arbeit verlagert wird, dann kann dies verhindert werden, indem direkt transnational an mehreren Standorten gestreikt wird, wie das etwa bei Amazon immer wieder passiert. Und wenn die deutsche Regierung der Klimabewegung erzählt, ein grüner Kapitalismus sei möglich, dann ist es hilfreich, wenn Verbindungen zu Menschen im Globalen Süden bestehen, die unter den Folgen dieses grünen Kapitalismus – etwa Lithiumabbau – leiden. So kann den Bewegungen gegen Extraktivismus auch im Globalen Norden Gehör und Unterstützung verschafft werden.

Auch die Veränderung an uns selbst, an unseren Bedürfnisstrukturen, die von Kapitalismus, Patriarchat und Rassismus geformt werden, gelingt wahrscheinlich am besten, wenn sie organisiert angegangen wird. Also innerhalb einer Organisation, die zudem gesamtgesellschaftliche Veränderung anstrebt und Kämpfe führt. In einem kollektiven Rahmen können sich Menschen gegenseitig kritisieren und gemeinsam lassen sich die von uns verinnerlichten Strukturen am besten durchleuchten. Wenn solche Prozesse nicht isoliert von den Kämpfen stattfinden, laufen sie zudem weniger Gefahr, zu einer reinen Selbstreflexionsspirale zu werden. Und die Gefahr, diese Reflexion einfach abzubrechen, wenn sie gerade unangenehm wird, nimmt ab, wenn sie verbindlicher Bestandteil der eigenen Organisation ist. Dazu ist es auch wichtig, dass es in den Organisationen autonome Strukturen, etwa von Frauen und anderen unterdrückten Geschlechtern gibt, die einander unterstützen und gemeinsam patriarchale Strukturen innerhalb der Organisation kritisieren und bekämpfen können.

Organisationen, die bewusst das Ziel verfolgen, eine strukturell solidarische Gesellschaft zu erreichen, können also kämpferisches Commoning ausweiten, verstetigen und die Wissensweitergabe und Theoriebildung fördern. Außerdem können sie Verbindungen herstellen zwischen Basisorganisation, Bewegungen und Commons und durch diese Verbindung dazu beitragen, dass isolierte Praxen transformatorisches Potenzial entfalten. In unserem Dreieck lassen sich verbindende Organisationen in Mitte darstellen, zwischen den drei Ecken und mit Verbindungen zu ihnen:

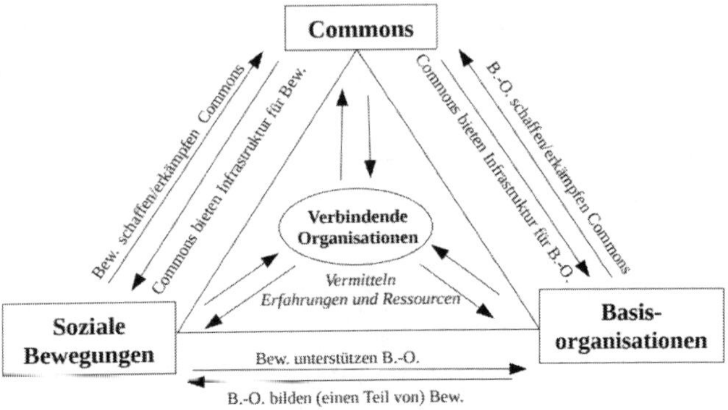

Dass sie in der Mitte stehen, könnte das Missverständnis hervorrufen, dass diese Organisationen das Wichtigste seien. Aber das sind sie nicht, sie sind kein Selbstzweck. Sondern nur ein Mittel, um emanzipatorische Praktiken miteinander zu verbinden und so zu unterstützen, dass bedürfnisorientierte Selbstorganisation sich ausbreitet. Nicht hilfreich sind sie, wenn sie dieser nur instrumentell begegnen, um der eigenen Organisation zu nutzen.

Ein solches Dreieck ist schließlich auch nur ein Modell. Natürlich können wir nicht alle Aspekte, die für eine transformatorische Praxis wichtig sind, darin abbilden. Vielleicht kann es aber dir, euch, uns helfen, unsere Praxis zu verorten und Verbindungen zu suchen. Denn all das, was wir tun, wenn wir auf die eine oder andere Art und Weise solidarische Beziehungen aufbauen und für diese kämpfen, ist nicht umsonst. Wir sähen damit die Hoffnung auf eine Welt, in der die Solidarität nicht immer wieder eingezwängt wird und sich behaupten muss, sondern sich voll entfalten kann. Wir sähen damit also Keime. Wenn diese sprießenden Keime zusammenwachsen und sich mit aller Kraft gegen den Asphalt, der sie vom Sonnenlicht trennt, drücken und dieser eines Tages spröde wird, dann können hundert Blumen aus diesen Keimen erblühen. Auch wenn sie vielleicht in einer Welt blühen werden, in der das Leben schwerer geworden ist durch die Klimakatastrophe. Aber gerade unter solchen Umständen wäre eine Welt, in der der Keim der Solidarität aufgegangen ist, bitter nötig. Und wir sind überzeugt, dass sie auch möglich ist.

11.5 Die Hoffnung, für die es sich zu kämpfen lohnt

Manche werden dieses Buch für zu utopisch halten. «Zu utopisch» fasst die Utopie als Nicht-Ort, als etwas, was so schön ist, dass es nicht zu erreichen ist. Tatsächlich ist aber die Vorstellung, wir könnten so weitermachen wie jetzt, vielleicht mit einigen veränderten Stellschrauben, eine unerreichbare. Der scheinbare Realismus entpuppt sich als Eskapismus an einen Nicht-Ort. Er verdammt uns zur Dystopie. Viele wissen oder spüren das und schöpfen daraus nichts als Ohnmacht.

An den meisten Tagen gehen die meisten Menschen zur Arbeit. Dort stellen wir alle zusammen das her, was uns am Leben hält, und zugleich stellen wir den Kapitalismus her. Wir können unglaublich komplexe Dinge produzieren. Doch wir können sie nicht so verteilen, dass niemand hungert. Und wir können sie nicht so herstellen, dass wir unseren Planeten nicht zerstören.

Manchmal scheint es schon ein Akt der Rebellion zu sein, in diesem Wahnsinn nicht die eigene Menschlichkeit zu verlieren. Aber Menschen tun so viel mehr als das. Real sind nicht nur die Grenzen, sondern auch die Durchlässigkeit der Grenzen. Real ist nicht nur die rassistische und patriarchale Gewalt, sondern auch das Auflehnen gegen das Identifiziert- und Unterdrückt-Werden. Real ist nicht nur die Herstellung von Kapital und Trennung, sondern auch die Verbindung. Und die Aufstände gegen die Trennung, für die Solidarität.

Wie viele Rebellionen braucht es noch? Wie oft müssen wir noch aufstehen, kämpfen, niedergeschlagen werden, aufstehen?

Wir wissen es nicht. Aber wir wissen, dass mit jedem Mal, wenn wir aufstehen, ein Bruch wahrscheinlicher wird. Und dass Veränderung ein Prozess ist, der längst begonnen hat.

Wir wissen nicht, wohin er uns führt. Wir wissen nicht, ob und wo wir ankommen. Aber wir wissen, dass dadurch, dass der Prozess weitergeht, die Möglichkeit anzukommen am Leben bleibt.

Die Möglichkeit, eines Tages dazusitzen. Lachfalten und Zornesfalten werden sich tief in unsere Gesichter gegraben haben und Kinder werden um uns herumsitzen. Und wir werden versuchen, ihnen von dieser Welt zu erzählen.

Von dieser Welt, in der wir jung waren. In der Menschen verhungert sind, während woanders bergeweise essbare Nahrung vernichtet wurde. Von dieser Welt, in der Menschen, die vor Krieg und Hunger flohen, gestorben sind, weil wir sie nicht über Grenzen gelassen haben, die jemand in eine Karte gemalt hat, an denen jemand einen Zaun gebaut hat, Menschen mit Waffen gestellt hat, um den Überfluss zu schützen, in dem wir erstickten. In der Menschen durch Krieg reich geworden sind. Wir werden versuchen ihnen von dem Gefühl zu erzählen, von all dem zu wissen, in all dem zu leben und sich so hilflos zu fühlen. Wir werden ihnen von den Menschen erzählen, die ein Drittel ihrer Zeit etwas getan haben, das sie oft in keinster Weise sinnvoll fanden. Und wie sie sich dann Dinge kauften, die die Zeit nicht ersetzten konnten, die sie verloren hatten und von dem zunehmenden Gefühl, dass sich die verstreichende Zeit selbst sinnlos anfühlte. Und wir werden ihnen natürlich auch erzählen, was wir mit unserem Planeten gemacht haben. Wie wir allein in großen Autos saßen und Rohstoffe aus dem Inneren der Erde gerissen haben, um sie zu verbrennen, damit unsere Welt noch schneller und heller und dreckiger werden konnte. Wir werden ihnen von den Tieren erzählen, von denen wir die letzten ausgerottet haben, bevor sie geboren wurden. Wir werden ihnen davon erzählen, dass wir alle wussten, dass wir gerade etwas zerstören, was dann unwiderruflich kaputt ist, etwas, das größer ist als wir.

Wir hoffen, die Kinder werden uns nicht glauben. Vielleicht werden sie sogar lachen und sich gruseln, so wie wir gelacht und uns gegruselt haben, wenn uns Märchen vorgelesen wurden. Hoffentlich können sie einfach nicht verstehen, worauf eine solche Welt aufgebaut sein soll, warum irgendjemand so leben sollte.

Und wir werden uns zurücklehnen und durchatmen, glücklich, dass wir es gerade noch geschafft haben und doch so erschöpft. Und immer noch voller Trauer und Wut darüber, dass wir in einer solchen Welt aufwachsen mussten, dass sich ihre Muster und Strukturen in uns gebohrt haben, dass da Wunden geschlagen wurden, die nicht heilen können, nicht mehr in diesem Leben. Die zu heilen ein Prozess sein wird, der auch noch die Kinder, die vor uns sitzen, beschäftigen wird und ihre Kinder, wenn wir schon lange nicht mehr sein werden.

Für diese traurige, für diese unvollständige Hoffnung, lohnt es sich zu kämpfen.

Literatur

Adamczak, Bini (2011): *Gestern Morgen. Über die Einsamkeit kommunistischer Gespenster und die Rekonstruktion der Zukunft,* 2. Auflage. Münster: edition assemblage.

Adamczak, Bini (2017): *Beziehungsweise Revolution. 1917, 1968 und kommende.* Berlin: Suhrkamp.

Agnoli, Johannes (1983): *Zwischen Bewegung und Institution.* In: Kraushaar, Wolfgang (Hg.): Was sollen die Grünen im Parlament? Frankfurt a.M.: Verlag neue Kritik, S. 120-–28.

Agnoli, Johannes (2019): *Staat und Kapital. Theorie und Kritik.* Hrsg. von Hewener, Michael / Agnoli, Niccoló. Stuttgart: Schmetterling.

Alder, Tilman Wendelin (2020): *Schleicht sich Commoning in die Marktlogik?* Im Internet unter: https://keimform.de/2020/schleicht-sich-commoning-in-die-marktlogik/, abgerufen 13.11.2023

Atzeni, Maurizio / Ghigliani, Pablo (2007): *Labour process and decision-making in factories under workers' self-management: empirical evidence from Argentina.* In: Work, employment and society. Volume 21(4): 653–671. Los Angeles / London / New Delhi / Singapore: SAGE Publications.

Autorinnenkollektiv Zora Zobel findet die Leiche (2018): *«Frauen, die Schweine haben Adressen!» Feminismus und Militanz.* In: Linkerhand, Koschka (Hg.): Feministisch Streiten. Texte zu Vernunft und Leidenschaft unter Frauen. Berlin: Querverlag, S. 175–187.

Azzelini, Dario (2018): *Vom Protest zum sozialen Prozess. Betriebsbesetzungen und Arbeiten in Selbstverwaltung.* Hamburg: VSA.

Benjamin, Walter (2010[1940]): *Über den Begriff der Geschichte.* Werke und Nachlaß / kritische Gesamtausgabe Bd. 19. Berlin: Suhrkamp

Brand, Ulrich / Wissen, Markus (2017): Imperiale Lebensweise. Zur Ausbeutung von Mensch und Natur im globalen Kapitalismus. München: oekom verlag

Brinkmann, Tjade (2022): *«Ein Albtraum, der im globalen Süden tägliche Realität ist»*. Im Internet unter: https://www.klimareporter.de/gesellschaft/ein-albtraum-der-im-globalen-sueden-taegliche-realitaet-ist, abgerufen 15.11.2023

Burgmann, Verity (2008): *The Gren Bans Movement. Workers` Power and Ecological Radicalism in Australia in the 1970s*. In: Joumal for the Study of Radicalism 2 (1), S. 63–89.

Chibber, Vivek (2018): *Postkoloniale Theorie und das Gespenst des Kapitals.* Berlin: Dietz.

Cockshott, William Paul / Cottrell, Allin (1993): *Towards a new socialism.* Nottingham: Spokesman.

Cropp, Jan-Hendrik (2015): *Solidarische Landwirtschaft, Charity und unbezahlte Arbeit.* https://keimform.de/2015/solidarische-landwirtschaft-charity-und-unbezahlte-arbeit/, abgerufen 5.9.2023

Cruschwitz, Julia / Haentjes, Carolin (2023): *Femizide. Frauenmorde in Deutschland.* Stuttgart: S. Hirzel.

De Angelis, Massimo (2017): *Omnia Sunt Communia. On the Commons and the Transformation to Postcapitalism.* London: Zed Books.

Deutsche Wohnen & Co Enteignen (2020): *Vergesellschaftung und Gemeinwirtschaft. Lösungen für die Berliner Wohnungskrise*, 2. Auflage. Berlin: Eigenverlag.

Devine, Pat (2002): Participatory planning through negotiated coordination. Science & Society, 66(1), 72–85.

Doc Sportello (Hg.) (2014): *Die Revolution als Kommunisierung.* Wien: bahoe books.

Ein Teil des Europas von unten und EZLN (2021): *Erster Teil: Eine Erklärung… für das Leben.* Im Internet unter: https://www.ya-basta-netz.org/europa-von-unten-und-ezln-zapatistas-reise/, abgerufen 6.11.2023

Euler, Johannes (2018): *Conceptualizing the Commons: Moving Beyond the Goods-based Definition by Introducing the Social Practices of Commoning as Vital Determinant.* In: Ecological Economics 143 (2018), S. 10–16

Exner, Andreas / Kratzwald, Brigitte (2012): *Solidarische Ökonomie & Commons.* Wien: Mandelbaum.

Federici, Silvia (1977): *Lohn gegen Hausarbeit.* Berlin: Eigenverlag der Lohn-für-Hausarbeits-Gruppen Berlin und Bremen.

Ferrari, Lukas / Kaiser, Julia (2022): *#Insorgiamo – Fabrikbesetzung fürs Klima.* Im Internet unter: https://zeitschrift-luxemburg.de/artikel/insorgiamo/, abgerufen 15.11.2023

Freundinnen und Freunde der klassenlosen Gesellschaft (2018): *Umrisse der Weltcommune.* Im Internet unter: https://kosmoprolet.org/de/umrisse-der-weltcommune, abgerufen 14.11.2023

Fritz, Charles E. (1974): *Human Response to Disaster.* In: Proceedings of the Human Factors Society Annual Meeting, 18(3), S. 241–375.

Goldman, Emma (1983[1911]): *Der Anarchismus und seine wirkliche Bedeutung*. Anarchistische Texte 11. Berlin: Libertad.

Gramsci, Antonio (1992): *Gefängnishefte, Bd. 4*. Hamburg: Argument Verlag.

Habermann, Friederike (2008): *Der homo oeconomicus und das Andere. Hegemonie, Identität und Emanzipation.* Baden-Baden: Nomos.

Habermann, Friederike (2016): *Ecommony. UmCARE zum Miteinander.* Sulzbach: Ulrike Helmer Verlag.

Habermann, Friederike (2018): *Ausgetauscht! Warum gutes Leben für alle tauschlogikfrei sein muss.* Roßdorf: Ulrike Helmer Verlag.

Hahnel, Robin (2021): *Democratic economic planning.* London: Routledge.

Hans-Jürgen-Krahl-Institut (2008): *Praktischer Sozialismus. Antwort auf die Krise der Gewerkschaften.* Bonn: Pahl-Rugenstein Verlag.

Helfrich, Silke (2012): *Gemeingüter sind nicht, sie werden gemacht.* In: Helfrich, Silke / Heinrich-Böll-Stiftung (Hg.) (2014): Commons. Für eine neue Politik jenseits von Markt und Staat, zweite Auflage, Seite 85–91. Bielefeld: transcript.

Helfrich, Silke / Bollier, David (2019): *Frei, fair und lebendig – Die Macht der Commons.* Bielefeld: transcript.

Hermann, Ulrike (2022): *Das Ende des Kapitalismus. Warum Wachstum und Klimaschutz nicht vereinbar sind – und wie wir in Zukunft leben werden.* Köln: Kiepenheuer & Witsch

Herausgeberinnenkollektiv (2023): *Schwarzbuch Krankenhaus. Das Schweigen brechen.* Berlin: Rosa-Luxemburg-Stiftung.

Herausgeberinnenkollektiv (o.J.): *Schwarzbuch Krankenhaus. Notruf NRW.* Im Internet unter: https://schwarzbuch-krankenhaus.net/kampagnen/notruf-nrw, abgerufen 13.11.2023

Holloway, John (2002): *Die Welt verändern, ohne die Macht zu übernehmen.* Münster: Verlag Westfälisches Dampfboot.

Holloway, John (2010): *Kapitalismus aufbrechen.* Münster: Verlag Westfälisches Dampfboot.

Holloway, John (2017): *Wir sind die Krise des Kapitals… und stolz darauf. Die San-Francisco-Vorträge.* Münster: Unrast.

Holloway, John (2022): *Hope in Hopeless Times.* London: Pluto Press.

Holzkamp, Klaus (1985[1983]): *Grundlegung der Psychologie.* Frankfurt/M.: Campus.

Holzkamp-Osterkamp, Ute (1982[1976]): *Grundlagen der psychologischen Motivationsforschung 2. Die Besonderheit menschlicher Bedürfnisse – Problematik und Erkenntnisgehalt der Psychoanalyse.* Frankfurt a.M.: Campus.

Honecker, Erich (1989): Festansprache zur Tagung des Thomas-Müntzer-Komitees.

Icha, Petra / Lauf, Thomas (Umweltbundesamt) (2023): *Entwicklung der spezifischen Treibhausgas-Emissionen des deutschen Strommix in den Jahren 1990–2022.* Dessau-Roßlau: Umweltbundesamt.

King, Kathi (2022): *Der arbeitslose Krisentheoretiker.* Im Internet unter: https://www.nd-aktuell.de/artikel/1165882.marxistische-theorie-der-arbeitslose-krisentheoretiker.html, abgerufen 13.11.2023

KIZ / May, Henning (2015): *Hurra, die Welt geht unter.* Berlin: Vertigo.

Koçak, Ferat (2023): *Ohne Titel.* Instagram-Reel vom 26.2.2023. Im Internet unter: https://www.instagram.com/reel/CpHrsL1gjxo/?igshid=YmMyMTA2M2Y%3D, abgerufen 19.11.2023

Kow, Anna / Pflücke, Virginia Kimey [A.V. Schmidt] (2018): *[work in progress]*. In: Linkerhand, Koschka (Hg.): Feministisch Streiten. Texte zu Vernunft und Leidenschaft unter Frauen. Berlin: Querverlag, S. 134–145.

Kratzwald, Brigitte (2014): *Das Ganze des Lebens. Selbstorganisierung zwischen Lust und Notwendigkeit.* Sulzbach: Ulrike Helmer Verlag.

Kropotkin, Peter (2021[1892]): *Die Eroberung des Brotes*. Aschaffenburg: Alibri Verlag.

Kurz, Robert (1997): *Antiökonomie und Antipolitik. Zur Reformulierung der sozialen Emanzipation nach dem Ende des «Marxismus».* https://www.exit-online.org/link.php?tab=autoren&kat=Robert%20Kurz&ktext=Antioekonomie%20und%20Antipolitik, abgerufen 5.9.2023

Labournet (2023): *Hafenarbeiter: «Dass wir in Genua die Waffenlieferung an Saudi-Arabien bestreikt haben, entspricht der Tradition: Das haben wir auch schon bei Lieferungen für den Krieg gegen Vietnam und gegen den Irak gemacht»*. Im Internet unter: https://www.labournet.de/internationales/italien/gewerkschaften-italien/dass-wir-in-genua-die-waffenlieferung-an-saudi-arabien-bestreikt-haben-entspricht-der-tradition-das-haben-wir-auch-schon-bei-lieferungen-fuer-den-krieg-gegen-vietnam-und-gegen-den-irak-gema/, abgerufen 13.11.2023

Lavaca (Hg.) (2015): *Sin Patrón – Herrenlos. Arbeiten ohne Chefs. Instandbesetzte Betriebe in Belegschaftskontrolle*. Neu-Ulm: AG SPAK Bücher.

Lenin, Wladimir Iljitsch (1917): *Ein Vortrag über die Revolution von 1905*. In: Ders. (1958): Werke Bd. 23. Berlin: Dietz, S. 244–262.

Linebaugh, Peter (2008): *The Magna Carta Manifesto. Liberties and Commons for All*. Berkeley, CA: University of California Press.

Lohoff, Ernst / Trenkle, Norbert (Gruppe Krisis) (2013): *Die große Entwertung. Warum Spekulation und Staatsverschuldung nicht die Ursache der Krise sind*, 2. Auflage. Münster: Unrast.

Lorde, Audre (1982): Learning from the Sixties. Im Internet unter: https://www.blackpast.org/african-american-history/1982-audre-lorde-learning-60s/, abgerufen 6.11.2023

Lutosch, Heide (2022): *«Wenn das Baby schreit, dann möchte man doch hingehen»*. Im Internet unter: https://communaut.org/de/wenn-das-baby-schreit-dann-moechte-man-doch-hingehen, abgerufen 6.11.2023

Luxemburg, Rosa (1899): *Sozialreform oder Revolution?* In: Dies. (1974): Gesammelte Werke Band 1. Berlin: Dietz Verlag, S. 367–466

Luxemburg, Rosa (1906): *Massenstreik, Partei und Gewerkschaften*. In: Dies. (1972): Gesammelte Werke Band 2. Berlin: Dietz Verlag.

Malm, Andreas (2020): *Klimalx*. Berlin: Matthes & Seitz.

Marx, Karl (1982 [1844]): *Ökonomisch-philosophische Manuskripte (erste Wiedergabe)*. In: Marx-Engels Gesamtausgabe MEGA I.2, S. 234–247.

Marx, Karl / Engels, Friedrich (1958): *Die deutsche Ideologie. Kritik der neuesten deutschen Philosophie in ihren Repräsentanten Feuerbach, B. Bauer und Stirner, und des deutschen Sozialismus in seinen verschiedenen Propheten (geschrieben 1845–1846, nach den Handschriften).* MEW3. Berlin: Dietz.

Marx, Karl / Engels, Friedrich (1977[1848]): *Manifest der Kommunistischen Partei.* In: MEW4, S. 459–493. Berlin: Dietz.

Marx, Karl (1977[1875]): *Kritik des Gothaer Programms.* In: MEW19, S. 11-32. Berlin: Dietz.

Marx, Karl (1983): *Grundrisse der Kritik der politischen Ökonomie.* MEW42. Berlin: Dietz.

Marx, Karl (1962): *Das Kapital. Kritik der politischen Ökonomie. Erster Band.* MEW23. Berlin: Dietz.

Meretz, Stefan (2008): Auskooperieren. https://keimform.de/2008/auskooperieren/, abgerufen 5.9.2023

Meretz, Stefan (2011): Fünfschritt Methodische Quelle des Keimform-Ansatzes https://keimform.de/2011/fuenfschritt-methodische-quelle-des-keimform-ansatzes/, abgerufen 5.9.2023

Moody, Kim (2012): *Generalstreik und Massenstreik.* In: emanzipation. Zeitschrift für sozialistische Theorie und Praxis 2/2

Neupert-Doppler, Alexander (2019): *Die Gelegenheit ergreifen. Eine politische Philosophie des Kairós.* Wien: Mandelbaum.

Neupert-Doppler, Alexander (2021): *Organisation. Von Avantgardepartei bis Organizing.* Stuttgart: Schmetterling.

Nies, Sarah (2019): *Kritik oder Affirmation? Zum anhaltenden Kritikpotenzial subjektiver Ansprüche an Arbeit.* In: Kannler, Kim / Klug, Valeska / Petzold, Kristina / Schaaf, Franziska (Hg.): Kritische Kreativität. Perspektiven auf Arbeit, Bildung, Lifestyle und Kunst. Bielefeld: Transcript, S. 103–119.

Notruf.NRW (2022): *FAQ*. Im Internet unter: https://notruf-entlastung-nrw.de/#faq, abgerufen 13.11.2023

Ostrom, Elinor (1990): *Governing the Commons. The Evolution of Institutions for Collective Action.* Cambridge: Cambridge University Press.

Out of the Woods (2014): *Disaster communism part 1 – disaster communities.* Im Internet unter: https://libcom.org/article/disaster-communism-part-1-disaster-communities, abgerufen 15.11.2023

Pouget, Émile (1907): *Die direkte Aktion.* Im Internet unter: https://anarchistischebibliothek.org/library/emile-pouget-die-direkte-aktion, abgerufen 13.11.2023

Prebisch, Raúl (1950): *The Economic Development of Latin America and its Principal Problems.* New York: United Nations Publications.

Raha, Nat (2023): *Ein queer-marxistischer Transfeminismus: Zur queeren und trans sozialen Reproduktion.* In: Beier, Friederike (Hg.): Materialistischer Queerfeminismus. Theorien zu Geschlecht und Sexualität im Kapitalismus, S. 105–139.

Rost, Stefan (2014): *Das Mietshäuser Syndikat.* In: Helfrich, Silke / Heinrich-Böll-Stiftung (Hg.): Commons. Für eine neue Politik jenseits von Markt und Staat, 2. Auflage. Bielefeld: transcript, S. 285–287.

Rucht, Dieter (1996): *Multinationale Bewegungsorganisationen – Bedeutung, Bedingungen, Perspektiven.* In: FJ NSB 1996/2, S. 30–33.

Schellhagen, Johanna (2022): *Der laute Frühling.* LabournetTV.

Schlemm, Annette (2020): *Commoning als strukturelle Solidarität. Neue Formen von Solidarität und Solidarisierung.* In: Außerschulische Bildung 1/2020, S. 26–32.

Siemens, Stefan / Frenzel, Martina (2016): *Das Unternehmerische Wir. Formen der indirekten Steuerung in Unternehmen* (2. Aufl.). Hamburg: VSA.

Solnit, Rebecca (2009): *A Paradise Built in Hell. The Extraordinary Communities That Arise in Disaster.* London: Penguin Books.

Strobl, Natascha (2021): *Umweltschutz von Rechts – Ökofaschismus.* In: Fachstelle Radikalisierungsprävention und Engagement im Naturschutz (Hg.): Die extreme Rechte zwischen Klimawandelleugnung und Klimanationalismus. Berlin: Eigenverlag, S. 6–8.

Subcommandante Moisés (2015): *Neujahrsansprache der EZLN*, zitiert nach: Friedrich, Paul (2015): Die «Kleine Zapatistische Schule». Lektionen der Befreiung aus Chiapas, Mexiko. Bachelorarbeit, S. 2. Im Internet unter: https://www.chiapas.eu/news.php?id=8639, abgerufen 6.11.2023

Sutterlütti, Simon / Meretz, Stefan (2018): *Kapitalismus aufheben. Eine Einladung, über Utopie und Transformation neu nachzudenken.* Hamburg: VSA.

Tarnoff, Ben (2020): *The Making of the Tech Workers Movement.* Im Internet unter: https://logicmag.io/the-making-of-the-tech-worker-movement/, abgerufen 13.11.2023

Thunberg, Greta (2018): *The disarming case to act right now on climate change.* Im Internet unter: https://www.ted.com/talks/greta_thunberg_the_disarming_case_to_act_right_now_on_climate_change, abgerufen 15.11.2023

Tillich, Paul (1963): Kairos III. In: Der Widerstreit von Raum und Zeit: Schriften zur Geschichtsphilosophie, Gesammelte Werke. Berlin: Walterde Gruyter.

Trede, Oliver (2012): *Misstrauen, Regulation und Integration. Gewerkschaften und «Gastarbeiter» in der Bundesrepublik in den 1950er bis 1970er Jahren.* In: Oltmer, Jochen / Kreienbrink, Axel / Díaz, Carlos Sanz (Hg.): Das «Gastarbeiter»-System. Arbeitsmigration und ihre Folgen in der Bundesrepublik Deutschland und Westeuropa. München: Oldenbourg Verlag.

Trumann, Andrea (2019): *Feministische Theorie.* 9. Auflage. Stuttgart: Schmetterling.

van Dyk, Silke / Haubner, Tine (2021): *Community-Kapitalismus.* Hamburg: Hamburger Edition.

Vaneigem, Raoul (2008[1967]): *Handbuch der Lebenskunst für die jungen Generationen.* Hamburg: Edition Nautilus.

von Redecker, Eva (2020): *Revolution für das Leben. Philosophie der neuen Protestformen.* Frankfurt/M.: S. Fischer.

Washington Post (2023): *Police Shooting Database.* Im Internet unter: https://www.washingtonpost.com/graphics/investigations/police-shootings-database/, abgerufen 14.11.2023

WWF (2015): *Das große Wegschmeißen. Vom Acker bis zum Verbraucher: Ausmaß und Umwelteffekte der Lebensmittelverschwendung in Deutschland.* Berlin: Eigenverlag.

Wikipedia (o.J.a): *Cochabamba Water War.* Im Internet unter: https://en.wikipedia.org/wiki/Cochabamba_Water_War, abgerufen 13.11.2023

Wikipedia (o.J.b): *Kindergarten.* Im Internet unter: https://de.wikipedia.org/wiki/Kindergarten, abgerufen 13.11.2023

Wikipedia (o.J.c): *Liste der Länder nach Treibhausgas-Emissionen.* Im Internet unter: https://de.wikipedia.org/wiki/Liste_der_L%C3%A4nder_nach_Treibhausgas-Emissionen, abgerufen 15.11.2023

Wikipedia (o.J.d): *Hurricane Katrina.* Im Internet unter: https://en.wikipedia.org/wiki/Hurricane_Katrina, abgerufen 15.11.2023

Winker, Gabriele (2021): *Solidarische Care-Ökonomie. Revolutionäre Realpolitik für Care und Klima.* Bielefeld: transcript.

Gisela Notz:

Theorien alternativen Wirtschaftens

Fenster in eine andere Welt

3. Auflage 2022, 15,00 EUR, 192 S., kartoniert, ISBN 3-89657-644-5
Reihe theorie.org

Die Einführung liefert eine übersichtliche und zugleich fundierte Darstellung exemplarischer Theorien alternativen Wirtschaftens und ihrer Umsetzung in die Praxis. Vorgestellt werden zunächst theoretische Modelle und ihre Protagonisten, von den Frühsozialisten, über die Zeit der beginnenden und fortschreitende Industrialisierung bis heute. Um eine Verständigungsbasis herzustellen, nimmt die Autorin Begriffsserklärungen vor und erklärt Betriebe und Betriebsformen, die Ansätze eines solchen Wirtschaftens verfolgen. Es folgen aktuelle Beispiele aus der Genossenschaftsbewegung, aus der Alternativbewegung der 1970er-Jahre, der Kommunebewegung, der Ökonomie des Gemeinwesens, der Tauschökonomie und Umsonstökonomie und der Kommunalen Gemeinschaftsgärten.

Am Ende steht die Frage, wie es angesichts des Siegeszugs der Globalisierung der warentauschenden Gesellschaft und der weltweiten Krisen gelingen kann, Theorien für eine andere, herrschaftsfreie Welt in weitere Kreise zu tragen. Auch wenn utopisches Denken heute nicht gerade hoch im Kurs steht.

Giesela Notz:

Genossenschaften

Geschichte, Aktualität und Renaissance

2. Auflage 2023, 19,80 EUR, 274 Seiten, kart., ISBN 3-89657-030-7

Ausgehend von der Notwendigkeit Alternativen zum kapitalistischen profitorientierten und Mit- und Umwelt zerstörenden Wirtschaften zu entwickeln, wird in diesem Buch die Geschichte der Genossenschaften aus der sozialistischen und der bürgerlichen Begründungsperspektive beleuchtet. Anschließend werden Aufstieg und Fall der Genossenschaften während verschiedener Epochen nachgezeichnet. Schließlich fragt die Autorin nach dem utopischen Gehalt der «neuen Genossenschaften», die heute vor allem im Wohnungsbau, als Energiegenossenschaften und Verbraucher-/Erzeugergenossenschaften entstehen.

Alexander Neupert-Doppler:

Utopie
Vom Roman zur Denkfigur

196 Seiten, kartoniert, 15,00 EUR,
ISBN 3-89657-683-6, Reihe theorie.org

Debatten über utopisches Bewusstsein scheitern leider sehr oft daran, dass verschiedene Verwendungsweisen des Begriffs Utopie nicht ausreichend unterschieden werden. Dieser Band verfolgt daher eine doppelte Zielsetzung: Zum einen werden literarische Roman-Utopien, (früh-)sozialistische Siedlungs-Utopien und politische Utopien unterschieden und historisch eingeordnet. Zum anderen liegt der Schwerpunkt des Buches bei den Utopiedebatten des 20. Jahrhunderts, in denen sich diverse AutorInnen darum bemüht haben, die Funktionen von Utopie für eine emanzipatorische Linke auszuloten. Utopien sind dabei nicht das Abbild einer besseren Zukunft, sondern Gegen- und Leitbilder ihrer Gegenwart.

Alexander Neupert-Doppler (Hg.):

Konkrete Utopien
Unsere Alternativen zum Nationalismus

381 Seiten, kartoniert, 16,80 EUR, ISBN 3-89657-199-0

Care-Revolution, Computer-Sozialismus, Demokratischer Konföderalismus, Kommunismus 2.0, Kommende Nachhaltigkeit, No Border, Recht auf Stadt, Post-Wachstum, Solidarity-Cities, Sozialistische Erziehung … Welche utopischen Ideen und Ansätze sind mit diesen Begriffen aus aktuellen politischen Debatten verbunden?

Dazu kommen hier Menschen aus kritischer Wissenschaft und politischen Bewegungen, aus Netzwerken, Gewerkschaften, Verbänden und Organisationen zu Wort, die etwas zur Frage nach konkreten Utopien heute beizutragen haben. Dieser Band ist die Fortsetzung und Vertiefung des Buches «Utopie. Vom Roman zur Denkfigur».